《中国国家创新生态系统研究》丛书编委会

主　编　汤书昆
副主编　褚建勋　徐雁龙
编　委　汤书昆　褚建勋　徐雁龙　李　士
　　　　王　明　方媛媛　李　昂　李林子
　　　　林爱兵　周　全　孙文彬　谢起慧
　　　　洪　进　贺小桐　常　鹤　朱安达

"十三五"国家重点出版物出版规划项目

国家出版基金项目

中国国家创新生态系统研究

中国城市知识型发展的新模式研究

王 明 著

New Mode

Research on

Knowledge-based

Urban

Development

in China

中国科学技术大学出版社

内容简介

在创新生态系统框架下,城市应该选择怎样的可持续发展模式?今天,依托新兴媒介的革命,超大数据流动和交互的升级正在倒逼各类组织建立优质方案管理知识与信息,知识已经成为创新的核心元素。"基于知识而发展"的理念已经深入人心,因此,"知识型城市"作为一种新型城市发展模式被提出来,并被视为全球城市面向21世纪转型发展的优选模式。本书在对知识型城市进行系统解析的基础上,重点探讨中国城市如何走知识型发展的道路,希望能够为正在寻求城市创新生态系统建设的中国各级政府提供参考路径与方案。

图书在版编目(CIP)数据

中国城市知识型发展的新模式研究/王明著.—合肥:中国科学技术大学出版社,2018.8

(中国国家创新生态系统研究)
国家出版基金项目
"十三五"国家重点出版物出版规划项目
ISBN 978-7-312-04092-4

Ⅰ.中… Ⅱ.王… Ⅲ.城市发展—研究—中国 Ⅳ.F299.2

中国版本图书馆CIP数据核字(2017)第009549号

出版	中国科学技术大学出版社
	安徽省合肥市金寨路96号,230026
	http://press.ustc.edu.cn
	https://zgkxjsdxcbs.tmall.com
印刷	安徽联众印刷有限公司
发行	中国科学技术大学出版社
经销	全国新华书店
开本	710 mm×1000 mm 1/16
印张	19
字数	287千
版次	2018年8月第1版
印次	2018年8月第1次印刷
印数	1—1000册
定价	118.00元

总　序

PREFACE

21世纪初,随着移动网络技术的发展和创新要素的大范围自由流动,在知识创新、技术突破与社会形态跃迁深度融合的情境下,创新生态系统作为一种新理论应运而生,并引起广泛关注。

创新生态系统理论从自然生态系统的视角来认识和解析创新,把创新看作一个由创新主体、创新政策、创新机制与创新文化等要素构成的动态开放系统。这一理论认为创新主体的多样性、开放性是系统保持旺盛生命力的重要基础,是创新持续迸发的基本前提。多样性的创新主体之间的竞争与合作,为创新系统的发展提供了演化的动力,使系统接近或达到最优目标;开放性的创新文化环境,通过与外界进行信息和物质的交换,实现系统的均衡持续发展。这一理论由重点关注创新要素构成的传统创新理论,向关注创新要素之间、系统与环境之间的演进转变,体现了对创新活动规律认识的进一步深化,有助于研究和解析不同国家和地区的创新战略和政策。

从创新生态系统要素来看,我国既有明显的优势,也存在一定的短板。一方面,我国研发经费已经位列世界第二位,科研人员数量已经位列世界第一位,科研基础设施和科研条件持续优化改善,特别是以习近平同志为核心的党中央把创新作为引领发展的第一动力,摆在国家发展全局的核心位置,并对深入实施创新驱动发展战略、深化创新体制机制改革等作出一系列重大部署,提升了创新体系的效能,有效激发了创新活力。另一方面,我国高端顶尖创新人才仍然匮乏,鼓励创新、宽容失败的创新文化氛围尚不浓厚,科技创新支撑高质量发展的有效供给仍显不足。

近年来,中国科学院深入实施"率先行动"计划,不断加强创新文化建设,在科研管理中坚持"规划森林,让树木自由生长",着力为人才成长发展提供"肥沃的土壤"和"充足的阳光"。创新体制机制更加完善,创新队伍结构不断优化,创新人才活力不断迸发,重大创新成果不断涌现,初步形成了充满活力、包容兼蓄、和谐有序、开放互动的创新生态系统。

2012年,国家纳米科学中心与中国科学技术大学的研究团队联合开展了国家创新生态系统研究,于2015年出版了《国家创新生态系统研究报告》。在此基础上,中国科学技术大学又组织编写了《中国国家创新生态系统研究》丛书,建立了一套创新生态系统理论框架、指标体系。丛书共分5册,分别从不同维度刻画了创新生态系统的领域演化与实践路径,归纳了不同国家和地区创新生态实践的多元模型,特别是当代中国创新路径选择的价值与内涵。

希望本丛书的出版,能引发社会各界对我国科技创新事业改革发展的深入思考和研究,推动我国构建适应创新型国家建设和实现科技强国目标需要的创新生态系统。

前　言

FOREWORD

纵观人类发展历史，创新始终是一个国家、一个民族发展的重要力量，始终是推动人类社会进步的重要力量。中国自2006年提出"创新型国家战略"以来，国内各级政府已经在转变经济发展方式、引领经济新常态、促进人与社会自然和谐发展的道路上进行了有益的探索与创新。

在推进"创新驱动发展"实践中，人们普遍认识到，构建"经济-社会-生态-文化"多维领域协同发展的创新生态系统是实现高质量创新活动的基础，也是区域城市实现可持续发展的必然要求。本书需要探讨的问题是，在创新生态系统的框架下，城市应该选择怎样的发展模式，以便更好地促进城市创新生态系统建设和城市可持续发展。

今天，知识经济和数字化发展趋势日益明朗，数据量的倍增已经强烈要求整个社会、组织和个人实时管理自己的知识与信息。时代的急剧变化也在改变我们的发展观，基于知识发展（Knowledge-based Development，KBD）的理念已经渗透到各个领域，并对城市未来发展的方向产生了重要影响。在此背景下，"知识型城市"作为一种新型城市发展模式被提出，并被视为全球城市面向21世纪转型发展的优选模式。

研究界指出,知识型城市综合了"科技城市""创新城市""智慧城市""生态城市"的发展特质(Arbonies,Moso,2002;Yigitcanlar et al.,2008),是基于知识发展的理念,以数字技术促进城市智慧化发展,以知识创新促进城市知识经济发展,以知识网络促进城市空间结构虚拟化发展,以知识管理促进城市善治的一种城市综合发展模式。这种城市模式与城市创新生态系统建设共同秉持着"基于知识发展"的理念,二者具有高度契合性。可以说,城市知识型发展可以作为促进城市创新生态系统建设的一种可行路径。为了论证此问题,本书将知识型城市作为研究对象,对中国城市如何走向知识型发展的道路进行探究。

全书共分9章。第1章主要论证城市知识型发展与城市创新生态系统建设的协同性;第2章系统解析知识型城市的内涵、标准以及发展脉络等问题,重点回答"什么是知识型城市"问题;第3章分析知识型城市的发展机制,包括发展要素、发展主体、发展动力和发展模式等;第4章以历史与现实的双重视角研究中国发展知识型城市的现实可行性和可能面临的挑战;第5章介绍国际知识型城市的发展态势,并从中总结若干发展经验和启示;第6章、第7章阐述资源能力是城市实施知识型发展战略的基础,为此设计了相关评价模型,并选取安徽省合肥市进行实测分析;第8章以评价为基础,系统阐述知识型城市发展的主要领域和行动路径;第9章从政府的视角探讨政府在城市知识型发展过程中应扮演的角色与应有的功能。

研究发现,知识型城市是综合当前主流城市形态发展特质的一种新型城市模式,目前在国内已经具备发展的现实条件。发展知识型城市是构建城市创新生态系统的一种可行路径,二者相辅相成。寻求最佳的知识型发展路径需要城市正确评估自身的能力与资源。

本书设计的评价模型可以用于评价城市在经济、社会、技术和治理等四个领域及其细分维度上的能力优势与不足,以此为城市制定知识型发展战略提供参考。不同城市的知识型发展路径尽管存在差异性,但是都需要在改善城市环境与提升生活品质、促进知识经济发展、构建数字网络以推动智慧化发展、提升城市治理水平与促进社会公平上做出积极努力并保持平衡。

目 录

CONTENTS

总序 ·· (ⅰ)

前言 ·· (ⅲ)

第 1 章
城市创新生态系统与知识型发展 ·· (1)

1.1 城市创新生态系统概述 ··· (1)
1.1.1 创新生态系统的源起 ··· (1)
1.1.2 创新生态系统的诠释 ··· (3)
1.1.3 城市创新生态系统的内涵 ······································· (4)

1.2 城市创新生态系统与知识型发展的协同机理 ····················· (7)
1.2.1 城市知识型发展的内涵 ·· (7)
1.2.2 城市创新生态系统：知识型发展的基本生境 ·············· (9)
1.2.3 知识型发展：城市创新生态系统建设的一种路径 ········ (10)

1.3 知识型城市：城市知识型发展的目标 ······························ (11)

1.3.1　创新生态系统情境下城市创新发展的新需求 ………………… (11)
　　1.3.2　知识型城市是城市知识型发展的目标形态 …………………… (12)
　　1.3.3　从创新生态角度思考知识型城市的发展 ……………………… (13)
1.4　知识型城市研究的现实背景与核心论题 ……………………………… (14)
　　1.4.1　知识型城市研究的现实背景 …………………………………… (14)
　　1.4.2　知识型城市研究的核心论题 …………………………………… (15)

本章小结 ……………………………………………………………………… (17)

第2章
知识型城市的内涵与发展脉络 …………………………………… (18)

2.1　知识型城市的内涵与标准 ……………………………………………… (18)
　　2.1.1　知识型城市的定义 ……………………………………………… (18)
　　2.1.2　知识型城市的标准 ……………………………………………… (22)
　　2.1.3　知识型城市的典型特征 ………………………………………… (24)
2.2　知识型城市的发展脉络辨析 …………………………………………… (28)
　　2.2.1　城市形态的概念演化 …………………………………………… (28)
　　2.2.2　当前主流城市形态的比较分析 ………………………………… (31)
　　2.2.3　城市形态演化的关联性分析 …………………………………… (34)
2.3　知识型城市发展的关键动因 …………………………………………… (38)
　　2.3.1　知识价值的发现推动了知识经济的发展 ……………………… (38)
　　2.3.2　智慧技术为知识型城市的发展创造了条件 …………………… (39)
　　2.3.3　知识管理运动推动了城市治理模式的变革 …………………… (40)
2.4　知识型城市发展的多重价值 …………………………………………… (42)

本章小结 ·· (45)

第 3 章
知识型城市的发展机制分析 ·· (46)

3.1 知识型城市的发展要素 ··· (46)
  3.1.1 发展要素之一：知识基础 ····································· (47)
  3.1.2 发展要素之二：经济基础 ····································· (48)
  3.1.3 发展要素之三：生活质量 ····································· (49)
  3.1.4 发展要素之四：城市包容性 ·································· (50)
  3.1.5 发展要素之五：交通网络 ····································· (50)
  3.1.6 发展要素之六：城市规模 ····································· (50)
  3.1.7 发展要素之七：社会公平 ····································· (51)

3.2 知识型城市的发展主体 ··· (51)
  3.2.1 发展主体之一：城市管理者 ·································· (52)
  3.2.2 发展主体之二：知识型企业 ·································· (53)
  3.2.3 发展主体之三：研究与教育机构 ··························· (53)
  3.2.4 发展主体之四：媒介与传播机构 ··························· (54)
  3.2.5 发展主体之五：信息与通信网络组织 ···················· (54)
  3.2.6 发展主体之六：社会组织及公民 ··························· (55)

3.3 知识型城市的发展动力 ··· (55)

3.4 知识型城市的典型发展模式 ·· (58)
  3.4.1 政府主导的需求驱动模式 ····································· (58)
  3.4.2 市场主导的供给驱动模式 ····································· (59)

  3.4.3 政府-市场-社会的综合互动模式 ·············· (60)
3.5 知识型城市的发展流程 ························· (61)
本章小结 ··· (63)

第 4 章
中国发展知识型城市的可行性与挑战 ················ (65)

4.1 中国城市化的演进、态势与新进程 ················ (65)
  4.1.1 改革开放以来中国城市化的历程演进 ·········· (65)
  4.1.2 中国国内城市面临发展转型的态势 ············ (70)
  4.1.3 中国城市发展的未来趋势 ···················· (75)
4.2 基于社会转型的知识型城市发展可行性 ············ (78)
  4.2.1 国内社会转型的态势与走向 ·················· (79)
  4.2.2 知识型城市发展与社会转型的契合性 ·········· (80)
  4.2.3 中国知识型城市发展的现实迹象 ·············· (85)
4.3 中国发展知识型城市的挑战与思考 ················ (88)
  4.3.1 中国城市知识型发展面临的挑战 ·············· (88)
  4.3.2 应对知识型发展挑战的总体思考 ·············· (89)
本章小结 ··· (92)

第 5 章
国际知识型城市的发展态势与经验 ··················· (94)

5.1 国际知识型城市的发展态势 ······················ (94)
5.2 国际知识型城市发展的关键要素 ·················· (97)

5.2.1 政治意志与社会意愿 …………………………………………（97）

5.2.2 战略愿景与行动计划 …………………………………………（98）

5.2.3 财政支持与金融投资 …………………………………………（98）

5.2.4 知识基础与知识专区 …………………………………………（98）

5.3 国际知识型城市发展的共同策略 …………………………………（99）

5.3.1 设立知识型城市发展战略主管机构 …………………………（99）

5.3.2 通过各种渠道广泛获取社会支持 ……………………………（99）

5.3.3 改善城市生态环境并提升生活品质 …………………………（100）

5.3.4 强化卓越知识机构的整合与投资 ……………………………（100）

5.3.5 鼓励与吸引资本进入城市发展专区 …………………………（101）

5.3.6 促进知识型城市发展价值普惠于民 …………………………（101）

5.4 国际知识型城市发展经验的启示 …………………………………（102）

5.4.1 知识型城市发展周期较长且过程复杂 ………………………（102）

5.4.2 传统优势产业是知识经济的发展基础 ………………………（102）

5.4.3 政府引导支持有助于城市发展转型 …………………………（103）

5.4.4 知识型城市的发展是多样化资本聚集的过程 ………………（103）

5.5 城市知识型发展存在失败的风险 …………………………………（105）

本章小结 …………………………………………………………………（106）

第6章
城市知识型发展的能力与资源 ……………………………………（107）

6.1 城市知识型发展能力 ………………………………………………（107）

6.1.1 城市知识型发展能力的结构 …………………………………（107）

6.1.2 城市知识型发展能力的评估价值 ·············· (109)

6.2 城市知识型发展能力的评估指标体系 ················ (111)
  6.2.1 评估指标体系的构成 ····················· (111)
  6.2.2 评估指标的测度方法 ····················· (114)
  6.2.3 评估指标的评价基准值 ··················· (129)

6.3 城市知识型发展能力的评估模型 ··················· (135)
  6.3.1 基于 AHP 方法对指标赋权 ················ (135)
  6.3.2 知识型发展能力评价思路 ················· (144)
  6.3.3 评价结果的分析与应用 ··················· (150)

6.4 知识型发展能力与资源优势的匹配 ················· (151)
  6.4.1 关键资源与比较优势的识别 ··············· (151)
  6.4.2 发展能力与资源优势的匹配 ··············· (152)

本章小结 ··· (156)

第 7 章
案例研究：城市知识型发展能力演化分析 ············ (157)

7.1 评价城市的选取 ································· (157)
7.2 数据采集与处理 ································· (159)
  7.2.1 指标数据采集 ··························· (159)
  7.2.2 数据无量纲化 ··························· (166)
  7.2.3 数据处理与计算 ························· (168)
7.3 2010 年、2015 年合肥市知识型发展能力评价 ········· (171)
  7.3.1 知识经济发展能力评价 ··················· (171)

7.3.2 社会发展资本能力评价 ………………………………………（176）
　　7.3.3 城市发展治理能力评价 ………………………………………（180）
　　7.3.4 数字发展应用能力评价 ………………………………………（183）
　　7.3.5 城市知识型发展能力综合评价 ………………………………（186）
7.4 2010年、2015年合肥市知识型发展能力演化分析 ……………………（189）
　　7.4.1 知识型发展的整体能力演化分析 ……………………………（190）
　　7.4.2 知识型发展各领域能力的演化分析 …………………………（191）
　　7.4.3 知识型发展能力的总体增幅分析 ……………………………（197）

本章小结 ………………………………………………………………………（198）

第8章
城市知识型发展的关键行动领域 ……………………………………（199）

8.1 城市环境与生活品质 ……………………………………………………（199）
　　8.1.1 什么是高品质生活环境 ………………………………………（200）
　　8.1.2 高品质生活环境从何而来 ……………………………………（206）
　　8.1.3 传统文化与城市形象推广 ……………………………………（209）
　　8.1.4 不容忽视的其他问题 …………………………………………（210）
8.2 知识密度与知识经济 ……………………………………………………（211）
　　8.2.1 衡量知识密度的三个标准 ……………………………………（212）
　　8.2.2 知识密度与知识经济的关联性 ………………………………（213）
　　8.2.3 知识产业与知识经济的成长机理 ……………………………（215）
　　8.2.4 知识经济发展可能面临的困境 ………………………………（233）
8.3 知识网络与知识管理 ……………………………………………………（236）

		8.3.1　知识为何需要管理 ·· (236)

		8.3.2　城市知识网络的构建 ·· (238)

		8.3.3　知识管理系统的推广 ·· (239)

	8.4　发展专区与创新文化 ·· (241)

		8.4.1　建立城市知识型发展示范专区 ·································· (241)

		8.4.2　鼓励创新与包容试错的文化 ····································· (243)

本章小结 ·· (245)

第 9 章
城市知识型发展的政府职能 ·· (246)

	9.1　政府职能定位的三重视角 ··· (246)

		9.1.1　城市经营视角下的政府职能 ····································· (246)

		9.1.2　公共战略视角下的政府职能 ····································· (247)

		9.1.3　社会发展视角下的政府职能 ····································· (249)

	9.2　城市知识型发展的战略管理 ·· (250)

		9.2.1　成立知识型发展战略实施机构 ·································· (251)

		9.2.2　组织开展愿景探讨与社会化传播 ······························ (252)

		9.2.3　制订详细的战略行动计划 ·· (253)

		9.2.4　建立必要的财政与投资保障 ····································· (254)

	9.3　城市知识型发展的行动者网络 ··· (255)

		9.3.1　城市知识型发展的行动者 ·· (255)

		9.3.2　建立行动者之间有效的伙伴关系 ······························ (256)

		9.3.3　构建多样化的行动者协同机制 ·································· (257)

9.4 城市知识型发展的善治与公平 ……………………………………（259）
　　9.4.1 善治目标是民生福祉和社会公平 ………………………（259）
　　9.4.2 城市知识型发展中的社会公平问题 ……………………（262）
　　9.4.3 以发展治理促进社会公平的思考 ………………………（264）
本章小结 …………………………………………………………………（266）

参考文献 ………………………………………………………………（267）

后记 ……………………………………………………………………（279）

第 1 章
城市创新生态系统与知识型发展

1.1 城市创新生态系统概述

1.1.1 创新生态系统的源起

20世纪80年代以来,创新能力研究无疑是全球创新领域研究的热点,然而,早期的研究多从"投入-产出"的经济学视角探讨创新绩效和创新能力问题,很少有研究选择系统协同与演化的生态学路径去探讨创新的发生机制。进入21世纪,随着创新实践的深入,全球各国普遍进入了经济发展方式转型的关键时期,单纯追求经济目标的发展模式与当代普惠包容性增长和可持续发展的社会诉求产生了巨大冲突,经济社会的发展模式需要向"经济-社会-生态-文化"四维协同的新框架转型已成为世界各国的共识。

以欧美发达国家为代表的创新型国家集群在认识到创新给国家经济、社会和生活带来深刻变革的同时,也更加清醒地看到,在全球化的科技创新环境下,创新活动的复杂性也在日益增加。创新不再是一种封闭的经济领域活动,它会受到包括经济、社会、文化和生态等多领域复杂因素的影响,而创新本身也会对这些领域及其要素的变革与发展产生重要作用。也就是说，一个地区的经济、社会、生态、文化等关键领域与创新之间形成了一种交互式作用关系，这些自身彼此关联的领域就构成了一个地区创新活动的基础环境。人们发现，评价一个所谓的创新系统的质量的高低，其根本在于能否形成一种创新生态。

2004年12月，美国竞争力委员会（The Council on Competitiveness）借用"自然生态系统"的概念在《创新美国——在挑战和变革的世界中实现繁荣》这一国家性研究报告中，明确将这种与创新密切相关的协同互动环境氛围定义为"创新生态系统"（Innovation Ecosystem）。该报告认为，"创新不再是一个线性或机械的过程，而是一个复杂的、动态的生态系统，在这个系统之中，科技创新与经济社会发生着连续多重的互动"，并首次从国家战略层面明确提出了"创新生态系统"的概念，同时构建了创新生态系统的框架和要素，运用"供给-需求"的视角扩展了以往"投入-产出"的分析范式，在考虑创新投入及创新效率的同时，也考虑了创新的需求因素。该报告强调，在新的创新环境下，需要从以往更关注技术（知识）创新系统扩展到关注整体创新环境。毫无疑问，这一报告对当时的布什政府、后来的奥巴马政府乃至今天的特朗普政府的国家创新政策都产生了指南性作用，2004年之后的美国国家创新战略和政策的调整都反映出这一点。

紧随其后，重视创新与经济、社会、生态和文化等多领域协调发展的创新生态系统理论开始受到包括中国在内的更多国家的重视。例如，在欧洲，我们同样可以看到各国对创新模式的认知变革。尤其是2000年欧盟先后发布的《以知识为基础的经济中的创新政策》和《在知识经济中的创新》两份报告，特别强调了建立有利于创新的管理框架，改善创新系统中的关键契合点，培育有益于创新的社会文化，加强创新与其他活动的紧密衔接。从2006年开始，欧盟第六框架资助了一个叫作"促进欧洲创新"的项目，再次强调从系统网络的视角制定更好的创新政策,致力于建设一个系统、全面的创新生态系统框架。

中国早在20世纪90年代末就开启了创新生态系统的研究工作。1997年,中国科学院首先在《迎接知识经济时代,建设国家创新系统》中初步表达了创新生态系统的设想。其后,1998年,党中央、国务院做出建设国家创新体系的重大决策,决定由中国科学院开展知识创新工程试点工作,其中就包括创新生态系统的建设研究。2015年2月,李克强总理同外国专家座谈时表示,要给创新者以激励,给创造者以空间,给创业者以保障,建设鼓励创新创造的生态体系。同年,国内第一本《国家创新生态系统研究报告》发布,它较为系统地阐述了国家创新生态系统的演化脉络和内涵结构问题。与此同时,在实践方面,中国科学院于2015年率先联合多家单位成立了科技"双创"联盟,致力于打造优良创新创业生态系统。

综合来看,创新与经济社会系统互动日益密切的现实正在引发人们对传统创新模式的思考,从创新生态系统新框架重新理解创新问题已经成为一种新潮流。

1.1.2 创新生态系统的诠释

"创新生态学"(Innovation Ecology)是20世纪90年代由以色列裔经济学家 Ron Dvir 借用生态学的原理创立的一门新兴分支学科。他在《Unfolding the Innovation Cube》中指出,"创新生态学是一门有关空间、时间、文化及相互关系,如何利用基础设施及营造良好外部环境为创新活动注入养分和动力的新兴科学"(王志章,王启凤,2008)。

目前,在创新生态系统的内涵解释上存在狭义和广义两种。从狭义角度而言,创新生态系统是指在区域经济社会环境中,多种创新主体围绕技术创新和产业化问题而进行创新要素供给与交换的创新群落;从广义角度而言,创新生态系统是指在创新活动中,区域各类创新主体与其内部构成要素之间,创新系统与经济、社会、生态和文化等其他系统之间发生连续、多重的互动,构成的具有自组织特征的复杂系统。不难看出,这种对创新生态系统的广义理解不再局限于传统科技创新领域,而是拓展到如何通过创新来实现一个区域经济、社会、生态和文化等多维领域的协同、健康与可持续发展的问题,更进一步,国家创新生态系统是由地区创新生态系统、产业创新生态系统、商业创新生态系统和企业创新生态系统等次级系统所构成的(董铠军,2017)。如图1.1所示,本书研究的城市创新生态系统问题属于地区创新系统这一层级。

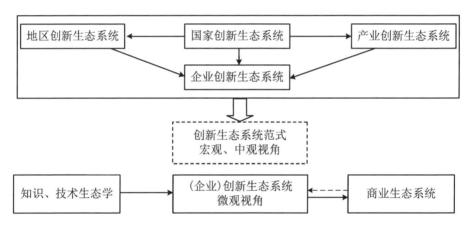

图1.1 创新生态系统的构成

资料来源:作者整理绘制。

1.1.3 城市创新生态系统的内涵

创新生态系统的定义有狭义与广义之分,城市创新生态系统亦如此。

从狭义上理解，城市创新生态系统为城市创新系统的最新构建理念诠释，是指在以城市为中心的区域内，各种与创新相联系的主体要素（创新的机构和组织——企业、政府、大学、科研机构和中介组织）、非主体要素（创新所需的物质、资源条件）以及协调各要素之间关系的制度和政策在创新过程中相互依存、相互作用而形成的社会经济系统（赵黎明，李振华，2003）。换句话说，城市创新生态系统是在城市范围内，由促进科技研发活动的创新生态群落子系统、创新生态环境子系统、创新生态资源子系统和创新生态基础子系统所组成的网络体系，系统内各子系统要素通过自由流动而实现相互协调和相互作用，最终产生具有循环性和持续性的创造力（朱志红 等，2017）。

广义的城市创新生态系统是指在某个城市内部，城市创新群落与创新环境之间以及城市创新群落内部相互作用和相互影响的有机整体。创新群落包括该城市中各类企业和各种服务机构；创新环境包括体制、政策、法制、市场和文化等要素。创新主体、服务机构与创新环境之间形成相互依存、相互促进的良性生态循环，统一于创新的整个动态过程中（隋映辉，2004；王宏智 等，2016）。在对广州与深圳两市的创新生态系统进行比较性评价时，余建清和吕拉昌曾在综合诸多研究的基础上阐述了城市创新生态系统的内涵，其用于评测城市创新生态系统的指标就包括生活生态、政府服务生态、法制生态、社会生态、市场生态、技术生态、知识生态、财政金融生态和人才生态等多维层面。由此可见，更为宽泛的城市创新生态系统概念正在受到关注与研究。

结合本丛书的研究观点，我们同样偏向于广义的城市创新生态系统的理解，即把创新理解为引起城市各种领域变革的一种工具和手段，而并非局限于城市经济发展领域。城市创新生态系统是指城市内外部建立的经济-社会-生态-文化等多层面的良性互动网络系统，支持城市各领域的创新并通过创新推动原有城市创新系统健康与可持续发展。其基本模型可以用图1.2进行阐述。

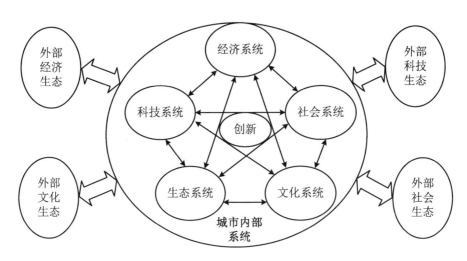

图 1.2 城市创新生态系统模型图

资料来源：作者整理绘制。

如图 1.2 所示，本书认为，城市创新生态系统具有以下内涵：

（1）强调创新与城市内外系统的协同互动性。创新发生于城市内外各个子系统内部，它既是城市内外各种子系统互动的纽带，也是激发各子系统变革的一种工具，通过创新促进城市经济-社会-生态-文化系统的协同互动与变革，从而促进城市整体发展和创新生态系统升级。

（2）城市创新生态系统具有系统层级性。一个城市的创新生态系统整体上可以说由经济、社会、生态、文化等多种分系统构成，各分系统又因为各自领域的创新问题而存在次级创新生态子系统，并且这种创新生态子系统依然可以继续细分为更小的系统形态。这表明，城市创新生态系统具有复杂的系统层级结构。

（3）城市创新生态系统是动态开放的系统。所谓城市创新生态系统的动态性，是指该系统并不是永久不变的系统，城市经济、社会、生态和文化等任何领域的创新子系统的变革都会激发其他系统的互动链发生变化,进而促进其他系统的创新,引发整体系统关系发生局部或全部再造,实现城市整体系统的变化。

1.2 城市创新生态系统与知识型发展的协同机理

1.2.1 城市知识型发展的内涵

知识型发展的理念源于知识经济的发展。早在 1996 年,经济合作与发展组织(OECD)就发布了一份名为《以知识为基础的经济》的报告,提出了"知识经济"和"基于知识发展"(Knowledge-based Development,KBD)的理念。1999 年,世界银行将知识型发展定义为知识获取能力、知识吸收能力和知识交流能力的总和。随着这种新型发展理念的推广,基于知识而发展的各种概念也不断被提出,如知识型社会、知识型政府、知识型企业、知识型社区,等等,"城市知识型发展"(Knowledge-based Urban Development,KBUD)和"知识型城市"(Knowledge City,KC)便在其中。一般认为,城市知识型发展就是知识型城市的发展,它是以"基于知识发展"为理念,以数字技术促进城市智慧化发展,以知识创新促进城市知识经济集群化发展,以知识网络促进城市空间结构虚拟化发展,以知识管理促进城市善治的一种城市综合发展模式(如图 1.3 所示)。

从图 1.3 不难看出,城市知识型发展全面强调了城市的知识经济、社会结构、数字应用和政府善治等多个领域的协同,尤其强调经济发展将依托良好的知识网络的协同合作而进行。不同的知识型企业能够基于这种网络进行高质量的知识创造与商业化应用,从而形成城市的创新引擎,同时注重社会文化、人文制度等环境氛围的营造,以支持城市的创新行为可持续进行(Dvir,Pasher,2004;Yigitcanlar,2010;Yigitcanlar,Lonnqvist,2013)。这些恰恰是城市创新生态系统建设的本质要义,因此,可以说,城市知识型发展与城市创新生态系统建设具有契合性和互补性。

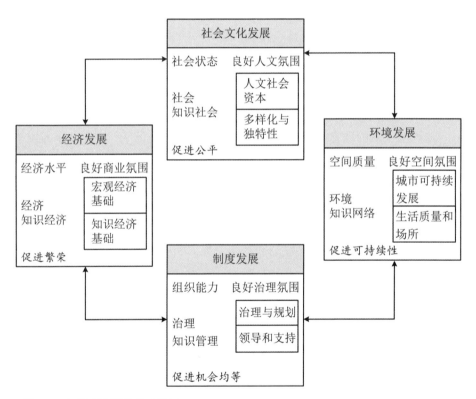

图1.3 知识型发展的基础框架

资料来源:Yigitcanlar T,Lönnqvist A,2013. Benchmarking Knowledge-based Urban Development Performance: Results from the International Comparison of Helsinki [J]. Cities,31:357-369.

1.2.2 城市创新生态系统：知识型发展的基本生境

生境相当于生态学中环境的概念。生境又称栖息地，指生物的个体、种群或群落生活地域的环境，包括必需的生存条件和其他对生物起作用的生态因素。任何一种创新都需要发生在一定的创新生境中，这种生境提供了创新所必需的直接投入要素和非直接投入要素，但必须存在支持性要素或者说是创新保障要素。正如美国达特茅斯大学教授 Ron Adner 在其《The Wide Lens: A New Strategy for Innovation》一书中指出："今天要想取得成功，仅仅管理创新是不够的，还要管理好你的创新生态系统。"

当前，很多国家的经济政策都转向知识驱动创新、创新驱动发展，因此，有效进行知识管理变得至关重要。政府之所以加大对 R&D 部门和教育、环境、健康等领域的投入，其目的在于希望构建一个能够实现可持续发展的创新系统(Navarro et al., 2017)。进一步说，城市知识型发展同样是一种城市模式的创新，而且这种创新是多维度的创新，涉及城市经济、社会、文化和治理等多个领域，因而，传统城市实现知识型发展，或者说向知识型城市转型就需要充分考虑城市现有的创新要素、创新制度、创新氛围和创新机制，这实际上就是思考如何在城市现有的创新生态中有目的地推动知识型变革，推动城市创新生态系统发生变化并支持这种变革的目标是走向知识型城市。因此，创新生态系统是城市知识型发展的基本生境，从创新生态系统视角思考城市知识型发展问题是一个必要的框架。

1.2.3 知识型发展：城市创新生态系统建设的一种路径

从创新生态系统的形成来看，城市知识型发展的目的是实现城市向更高层次发展，而城市创新生态系统建设同样是促进城市向更高水平发展的举措，二者具有协同发展性。现实的情况是，无论是工业革命时期的英国曼彻斯特还是今天的美国硅谷，创新要素组合、网络系统、产业链的衔接都与城市创新的战略生态环境密切相关。诸多案例表明，城市与城市或地区形成网络，促使它们相互竞争，并建立起战略联盟的合作关系，就形成了城市创新系统的良性循环。当一个城市或地区出现人才聚集、信息聚集和资金聚集，并在科技企业内部实现这些关键因素不断流动时，这些因素就与制度创新、政策创新等构成了一个城市创新生态系统（余建清，吕拉昌，2011）。由此可见，建设知识型城市是城市发展模型的重大创新（王伟光，2010），也是促进城市创新生态系统发展的一种动力机制（Dvir，Pasher，2004）。

研究知识型城市的学者认为，城市知识型发展的本质要素在于学习、知识和创新（Garcia，Chavez，2014），而城市创新生态系统的建设是为了更好地推动以知识为基础的创新发展，提高城市创新能力。也就是说，城市在走向知识型发展过程中，就会有目的地推动城市经济、社会、文化和治理等多维领域的协同革新，这无疑会打破传统"经济-社会-文化-治理"所构成的原有城市创新生态，并且将通过这种知识型发展去营建更高层次的城市创新生态系统，以支持城市获取更高水平的创新能力，同时这种创新能力又会反过来通过提升城市整体实力来支持城市建立更高水平的创新生态系统，形成互为支持的协同循环。

现实中，我们可以看到，一种新兴产业在一个城市中兴起，一个昨天名不见经传的城市一跃成为今天创新型城市的主角，它们正是基于外部机遇和内部优势而不断实现进阶式发展的。就其本质而言,这个过程必然是这些地区某个或多个领域的创新性行为激发了创新生态系统的改变并与之产生了协同互动的累积发展效应,这才出现许多从昔日"贫瘠之地"诞生而来、今日赫赫有名的"城市新秀"。综上所述,知识型发展与城市创新生态系统建设的目标是一致的,二者互相支持,知识型发展是城市创新生态系统建设的一种可取路径。

1.3 知识型城市:城市知识型发展的目标

1.3.1 创新生态系统情境下城市创新发展的新需求

城市的发展在于创新,构建城市创新生态系统已经成为当前和未来城市发展的重要目标之一。不难看出,在城市创新生态系统建设语境下思考未来城市的创新发展问题会引致一些新需求,突出表现在以下几个方面:

一是需要重新考量城市可持续发展的模式。在创新生态系统视域下,只有契合城市创新生态系统构建并维持其良性运行的城市发展模式才是未来城市发展所需要的,这也是本书研究所关注的焦点。

二是需要重新审视城市创新发展的突破点。特别是传统以经济创新发展带动城市社会、文化和生态等领域发展的这种路径需要重新审视。由于创新生态系统的任何一个组成要素都会对城市创新发展的效果产生影响,单纯关注经济领域的创新可能会丧失其他领域创新的机会,也可能会引发整体创新生态系统的不协调和不稳定。反过来说,城市创新发展的领域不仅局限于经济领域,而是需要找到最能激发城市创新的任何领域,而且这种创新需要城市政府更多地关注和调控由创新引致的系统内外部互动关系的变化趋势,以做出及时的调控和改变。

三是需要重新评估城市创新发展的意义。也就是说,城市创新发展的目标虽然是实现城市经济-社会-生态-文化多维度、可持续的协同发展,但是这不仅仅是城市发展水平上升的过程,更是对原有城市创新生态系统的变革,促进城市创新生态系统高级化发展。

1.3.2 知识型城市是城市知识型发展的目标形态

随着信息技术全球化发展,知识型城市的发展正与另外一种现象,即以现代服务业和大数据信息产业为代表的新兴知识产业和知识经济的兴起交相呼应。全球城市整体上正由传统工业城市向智慧城市、信息城市进而向知识型城市演化,城市的物理形态正在由个体走向网络,由实体走向虚拟,"知识"正在成为城市诸多创新要素的核心,这正与"基于知识发展"的城市理念不谋而合,正因为如此,近年来,随着城市知识型发展理念得到更多国家和地区的认可,知识型城市已经被越来越多的学者和城市治理者公认为未来城市发展的新方向。

事实上,从 21 世纪初提出至今,知识型城市已经成为国际主流城市发展的新选择。许多国际城市以其成功的实践向世界声称自己已经发展成为知识型城市,例如英国的伦敦和曼彻斯特、西班牙的巴塞罗那、瑞典的斯德哥尔摩、爱尔兰的都柏林、荷兰的代尔夫特、德国的慕尼黑、葡萄牙的里斯本、美国的波士顿和匹兹堡、墨西哥的蒙特利尔、日本的东京、新加坡等城市都已成为当下阶段国际公认的"知识型发展典范"(陈柳钦,2010)。此外,全球还有越来越多的城市正在加紧实施类似战略规划,以期望向知识型城市转型发展,如美国的纽约、印度的海德拉巴得、埃及的开罗、德国的法兰克福、荷兰的阿姆斯特丹、瑞典的玛尔墨、丹麦的奥里桑德地区,以及波罗的海沿岸 12 个国家的城市,都已制定了官方知识型发展战略和路线图(王东 等,2008)。

1.3.3 从创新生态角度思考知识型城市的发展

如前所述,知识型发展是城市创新生态系统构建的一种可取路径,那么,作为城市知识型发展的目标模式的知识型城市,可以视为城市创新生态系统得以可持续发展的理想载体。其原因有二:

一是从知识型城市与城市知识型发展的关系而言,既然知识型城市是城市知识型发展的目标形态,那么,达到这种形态意味着城市拥有高质量的创新生态系统并且这种形态能够很好地满足新型创新生态系统的运行,支持城市内部各子系统领域开展高质量的创新活动,因此,知识型城市是城市创新生态系统运行的理想载体。

二是从创新生态系统的创新本质层面而言,由于创新生态系统的本职功能在于为城市各领域的创新行为提供一种支持性生境,而创新行为的本质又是一种知识创造与知识管理的过程,事实上,知识型城市的一个典型特质就是拥有优秀的知识网络和知识管理程序,因此,知识型城市的发展能够满足知识创造与知识管理过程的需求,从而促进各领域创新活动的开展,促进城市创新生态系统的建设。由此亦可见,知识型城市是城市创新生态系统运行的理想载体。

需要指出的是,知识型城市的发展或者说城市知识型发展是创新生态系统构建的基本路径,这是本书的基本观点。基于此种观点,我们探讨如何构建城市创新生态系统的问题,就是探讨"城市如何实现知识型发展"或"知识型城市的发展路径是什么"的问题。反过来说,本书探讨城市知识型发展路径问题也就是在探讨城市如何构建新型创新生态系统问题,即论证如何实现城市"经济-社会-生态-文化"四维系统协同发展问题。

1.4 知识型城市研究的现实背景与核心论题

1.4.1 知识型城市研究的现实背景

尽管知识型城市的发展已在国际研究领域取得令人称赞的成就,然而,其发展总体仍处于成长阶段,成功的知识型城市的发展要素与发展方法仍处在研究中。理论界既不存在一个具有共识性的知识型城市发展框架,也没有一个成功实施知识型城市战略的统一方法,因此,系统研究知识型城市的内涵、发展机制和发展趋势对于指导实践是非常有价值的。

就国内现实而言,改革开放以来,在经济快速发展的驱动下,国内城市发展规模和城市化水平一直以较快的速度增长。有数据显示,2001~2016年,我国城镇化率已经从37.66%提高到57.35%,年均提高约1.3个百分点。此外,上海、北京和天津等相对发达城市早在2009年城镇化率就分别达到了88.6%、85.0%和78.0%。更为重要的是,2011年我国城镇化率首次超过50%,达到51.27%。这无疑表明,当前我国城市化进程正在步入全新发展时期,典型表现为不同规模及资源优势的城市正在向较自身更高层次发展,形成一种"雁形"发展格局。其中,大型城市已经成为我国中小型城市发展的"引领者",同时也是我国新型城市发展模式的"探索者"。

与此同时，原有城市形态和布局不均衡、资源和环境约束等诸多困境也正在引发城市政府对未来发展的思考，究竟未来城市应该向何种模式转型已经成为国内很多城市需要直面的首要问题。特别是，中国经济经过三十余年的高速增长，国民经济已经步入中等收入国家水平，中等收入陷阱难题也随之而来，人工成本上升、人口红利消失、传统产业产能过剩、生态环境约束都迫使中国经济不得不寻求转型，谋求经济发展方式由要素驱动向创新驱动的转变（赵英伟，姜珅，2016）。

当前，中国政府正在实施以创新经济为基础、信息社会为导向的经济社会的系统转型，其引致的经济、社会和生态环境的巨变正在为国内城市的未来发展建构一种全新的框架，国内许多城市发展正在面临一种新的转型机遇。可以说，在国际环境发生深刻变化、我国发展进入新阶段的形势下，研讨城镇化问题十分重要。尽管知识型城市在国际领域已经取得优秀的业绩，然而，它能否作为国内城市发展模式的新选择需要结合我国目前转型环境和未来发展趋势来综合判断。本书正是基于这样的思考，希望通过对知识型城市系统特征和我国社会转型现实的双重剖析来研究二者的契合度，从而对我国发展知识型城市的现实可行性进行论证，这是推动中国城市创新发展的一种思考。

1.4.2　知识型城市研究的核心论题

如前所述，知识型发展是构建城市创新生态系统的一种可取路径，那么，如何实现城市知识型发展实质上就是在探索中国城市创新生态系统构建问题。事实上，知识型城市并不是一个依靠城市自然发展就能达到的城市形态，而是需要依赖城市政府"有目的地鼓励和培育知识"的行为（Edvinsson，2006）。换言之，城市政府需要用战略思维去发掘自身知识型发展的优势，在现有资源能力上去培育和发展知识型城市，而非"坐享其成"。

当前,"知识型城市"的研究在国内仍处于推介时期,然而,社会转型与大数据的时代背景正与国内城市政府致力于新型城市发展模式的诉求相互汇聚与交织,形成推动国内城市发展转型的重要驱动力量,这股力量为我国未来知识型城市的发展创造了广阔的空间。尽管国内已有个别城市表达了"发展知识型城市"的愿望,但其行动基本上是零散的,没有系统性和可持续性,由此带来的诸多知识型城市的发展问题将摆在我们面前,亟须深入研究。例如,知识型城市的发展是否意味着知识的丰富度将替代传统资源禀赋优势而成为城市竞争的新核心要素?现实城市之间的差异在未来知识型城市发展过程中能否缩小抑或扩大?知识型城市的发展与城市规模、城市等级是否存在较强的关联?不同类型城市的知识型城市发展路径是否一致?

显然,这些问题可以归结为两个问题,即"国内能否发展知识型城市"和"国内如何发展知识型城市"。这两个问题看似宽泛,其实都无一例外地指向了一个更为本质且值得深究的命题:城市如何科学评估自身的现实资源和能力,以决策城市能否以及如何向知识型城市转型。

对此问题的探究需要我们以知识型城市战略目标去审视城市现实的资源和能力,也就是说需要开发一种用于战略环境分析的现实能力评价体系,去判断一个城市面向知识型城市战略的现实资源状况与能力水平,通过评价来谋划未来的知识型城市发展路径与策略。这个评价体系是对城市现实状态的评价,有别于该领域较为常见的成功知识型城市的评价体系。因为,现实迫切需要的不是建立一个知识型城市评价体系去判断国内哪些城市已经成为知识型城市,而是更需要回答我国城市能否向知识型城市转型和如何转型的问题。用西方成功的知识型城市评价体系来审视国内哪些城市已经成为知识型城市无疑是不可取的,探讨构建城市知识型发展能力评价体系用于城市知识型发展路径的设计正是本书研究的核心论题。

本章小结

本章首先阐述了城市创新生态系统的内涵;其次论证了城市知识型发展与城市创新生态系统建设的协同机理,并得出知识型发展是建设城市创新生态系统的一种可取路径的观点;最后针对城市的知识型发展问题,提出了与之对应的新型城市模式——知识型城市,并将其视为城市知识型发展和创新生态系统建设的目标模式和基本载体。

后文研究的基本逻辑是,既然城市知识型发展是城市创新生态系统构建的一种可取路径,那么,我们探讨的重点即将转向"城市如何实现知识型发展"或"知识型城市的发展路径是什么",拟从国际发展经验和城市资源识别与能力评价两个方面来研究中国城市的知识型发展问题。

第 2 章
知识型城市的内涵与发展脉络

显然,在探讨城市知识型发展路径之前,我们首先需要对知识型城市有一个全面系统的认识。在这方面,尽管从事知识型城市研究的学者们都曾从不同的知识背景对其进行了诠释,但是,由于知识型城市的内涵非常丰富,涉及城市的社会、经济、文化和生活等各个领域(Ergazakis et al., 2006a),所以,目前研究仍比较零散,缺乏一种共识性、系统性的知识型城市理论与方法框架(Carrillo, 2006a)。基于此,本章将通过文献梳理对知识型城市的内涵与标准、发展脉络和关键动因进行系统阐述,旨在回答"什么是知识型城市"这一问题,为后文研究做好基本概念诠释和理论铺垫。

2.1 知识型城市的内涵与标准

2.1.1 知识型城市的定义

"知识型城市"是 21 世纪城市可持续发展的一种全新理念,缘起于知识经济(OECD,1996)的发展,是"基于知识发展"在城市的应用。

从历史角度而言,知识型城市的出现源于社会发展中两种深刻变革趋势的交汇:一是世界城市化进程转向了网络互联与可持续发展的时代;二是驱动全球经济的关键要素转向了智力资本,也就是所谓的"知识"。确切地说,"知识型城市"并不是一个全新的城市模式,而是随着上述的变革不断进行概念演化而提出的。图2.1显示,"知识型城市"是20世纪90年代以来经济、社会与科技等重大变革引起城市发展形态不断演化的结果,它起源于"科技城市",且与"数

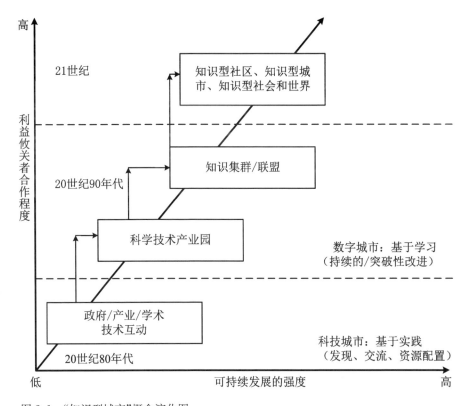

图2.1 "知识型城市"概念演化图

资料来源:Ergazakis K, Metaxiotis K, Psarras J, Askounis D, 2006. A Unified Methodological Approach for the Development of Knowledge Cities [J]. Journal of Knowledge Management,10(5):66.

字城市"的发展一脉相承。另外,知识型城市的发展本质在于当前备受推崇的"创新驱动发展"理念,可以说,知识型城市的发展又与创新型城市具有某种内在的统一性。综合而言,正如知识型城市研究的知名学者 Carrillo 教授所言,知识型城市的发展或将成为"人类有史以来所面临的最复杂的现象之一,而且可能是未来关键变革的领域之一"(Carrillo,2007)。

那么,究竟什么是知识型城市呢? 较具代表性的诠释有:

知识管理学家 Edvinsson 教授认为,知识型城市是一个通过有目的的设计去鼓励知识培育的城市(Edvinsson,2002)。该城市可以被看作围绕人力资本的结构资本,也可以被看作连接结构资本与人力资本的关系资本,其发展旨在赋予知识工作者较高的价值(Edvinsson,2006)。

希腊雅典国立技术大学 Ergazakis 等人认为,知识型城市是在以知识为基础的发展目标下,通过鼓励其市民之间以及市民与其他城市之间的互动交流以促进持续不断的知识创造、分享、评价和更新的城市(Ergazakis et al.,2004)。

墨西哥蒙特雷理工大学 Carrillo 教授指出,知识型城市是一个相对高级的城市形态,是"市民以一种均衡的和可持续的方法,通过有意识的、系统性的识别并发展城市资本系统"的城市(Carrillo,2006b)。

澳大利亚昆士兰科技大学 Yigitcanlar 等人认为,知识型城市就是通过提供必需的服务来改善生活质量并实现可持续发展,创造丰富多样的文化生活与知识,提升市民和就业者的知识技能,并以此推动智慧化发展(Yigitcanlar et al.,2008)。

2007 年第二届国际知识型城市峰会(Knowledge Cities World Summit)在其报告中指出,知识型城市是一个依赖于知识经济发展的城市。它拥有先进的信息通信技术,可以满足市民获取知识和社会交往的需求;它在国家教育战略指导下提供高质量的公共图书馆和教育、文化等基础设施;它尊重市民多元文化,并使市民能够通过多种路径有效地参与知识型城市建设的全过程。

中国社会科学院王伟光教授认为,知识型城市的主要宗旨是,在全球化、信息化和知识经济背景下,超越传统工业社会城市发展模式,充分挖掘、重新整合和有效配置城市现有的政治、经济、社会、文化、科技、教育等资源,实施以知识为基础的发展战略,加速城市社会、经济空间结构转型,建立以人为本的新型城市,促进城市可持续发展,提升城市参与区域竞争和全球竞争的能力(王伟光,2010)。

中国城市管理研究院院长陈柳钦认为,知识型城市是知识经济的产物和城市转型的客观需要,其核心就是充分利用城市创新引擎(Innovation Engine)和自身的文化资本、技术资本、环境资本等,强化"基于知识发展"的基础设施建设,促使城市空间结构、社会结构和产业结构的转轨,提升参与全球竞争的核心地位,最终实现可持续发展(陈柳钦,2010)。

此外,国内外其他学者对此也有类似的定义,限于篇幅,在此不再赘述。

综合诸多研究来看,知识型城市的定义比较宽泛,目前仍缺乏一个标准的、共识性的解释,此原因在于知识型城市涉及面较宽且具有一定的演化发展性(Ergazakis et al.,2004)。值得肯定的是,尽管学者们对知识型城市的探讨视角和关注点各有偏重,但是他们都无一例外地认识到,将知识作为知识型城市发展的重要资本而进行创造、培育和应用的特殊价值。通过数字基础设施建设支持城市各种组织开展数据共享与知识管理是知识型城市发展的必要条件。综合而言,本书将"知识型城市"理解为:以"基于知识发展"为理念,以数字技术促进城市智慧化发展,以知识创新促进城市知识经济集群发展,以知识网络促进城市空间结构虚拟化发展,以知识管理促进城市善治的一种城市发展模式,如图2.2所示。

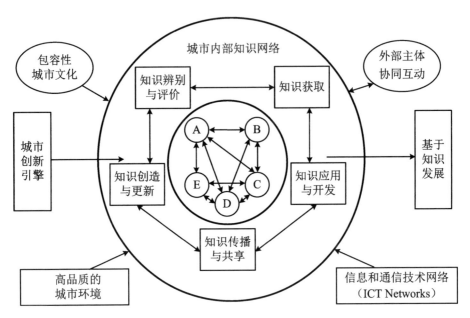

图 2.2 知识型城市的概念模型图

资料来源：根据 Ergazakis 等人(2004)的概念模型进行改进绘制。

2.1.2 知识型城市的标准

知识型城市有无确切的标准？不少从事知识型城市研究的学者都对此有过研究，综合他们的表述，可归纳为 6 个方面：(1) 经济上通过脑力劳动创造高价值的产品；(2) 社会文化设施可以为人们提供思想交流的场所，并能够将创意转化为产品和服务，用创新的方案驱动城市发展、塑造良好的社会心理；(3) 高质量的公共服务塑造高水准的生活品质，以独特的文化、审美和生态价值观吸引并满足知识工作者的需求偏好；(4) 拥有包容性城市文化氛围，有利于城市各种主体之间进行开放式沟通和知识交流；(5) 发达的城市交通网络和信息网络能够实现城市与外部无缝隙连接;(6)能够很好地解决歧视、失业以及知识工作者与投资方的冲突等社会问题。

但是,目前广为认同的知识型城市标准是由全球"E100 圆桌论坛"(E100 Roundtable Forum)所提出的。2004 年,来自世界各地的城市研究学者齐聚西班牙巴塞罗那参加知识型城市学术研讨活动,会后发布的《知识型城市宣言》(Knowledge City Manifesto)就明确提出了成功的"知识型城市"的 11 项标准,后期逐渐被学界和业界所认可,具体包括:

(1) 广大市民有分享知识的有效途径;

(2) "以知识为基础"的产业占城市经济的主导地位;

(3) 公共图书馆网络系统完备健全、使用便捷;

(4) 普及的通信技术成为市民获取知识的手段之一;

(5) 文化服务设施能够适应城市的中心教育战略;

(6) 拥有一份有影响力的报纸,市民阅读能力和阅读面达到世界先进水平;

(7) 大、中、小学网络系统成为指导市民欣赏文化艺术的平台;

(8) 尊重市民文化的多样性;

(9) 城市街道具备文化服务功能;

(10) 拥有足够的空间场地以供"公民社会组织"开展活动,建立市民之间、政府与市民之间的互动知识网络;

(11) 为人们提供能够表达意见的便捷工具和手段。

由此可见,上述 11 条标准都无一例外地强调了知识共享与传播在知识型城市运营中的重要地位。知识经济的发展、城市知识基础设施的完备、知识管理网络的兴起和公民社会的发展则是知识型城市发展的基本元素。如何围绕知识型城市的标准去思考现实城市发展要素的成熟度及其行动路径,这一标准的确立无疑提供了很好的起点。

2.1.3 知识型城市的典型特征

1. 知识创造与技术创新推动经济内生性增长

自从经济学家 Solow 通过经济模型论证了"技术进步是经济增长的唯一源泉"(Solow,1956)之后,很多经济学家都围绕"索洛余值"对技术进步的本源进行了深入探究,最终,知识作为重要的投入要素被发现,"知识是经济增长的关键要素"逐渐成为经济学界的共识。换言之,"知识"与"创新"是密切关联的两个概念,创新的本质在于新知识的创造进而推动技术的革新和应用。知识创新是技术进步的关键推力,而技术进步又会成为经济增长的关键因素。知识经济的产生和发展,本质上表现为生产要素、生产组织和生产产品的知识化,因而,知识创新本身则构成了知识经济的重要增长机制。这种将技术内生化为知识的理念正是知识经济时代的根基,使得经济增长具有内生性特征。

在过去的 20 年,全球经济已经经历了结构性的深刻变革。这些变革主要涉及在所谓的知识经济时代以何种方式创造价值。今天的知识经济真正不同于传统经济之处在于其生产、使用与传播新知识和新技术的加速与强化。知识型城市的经济增长将取决于城市智力资本存量与增量。知识型城市的发展可以为知识的聚集提供理想的土壤,城市知识资本的聚集又会推动城市经济走向内生增长,也就是说,知识型城市也是建立在知识创造、积累与扩散的"内生式"发展模式(Endogenous Development Mode)之上的。

2. 非梯度演化的动态发展性

从农耕文明到工业文明,我们发现,土地、矿产、区位等自然因素以及资源禀赋条件在城市形成和发展中一直起着重要作用。先天资源的富裕度在很大程度上决定了在某一区域生产要素的交换、分配、使用和流动的程度,进而影响人口流动、技术进步和产业集聚规模。今天所谓的"交通枢纽型城市""旅游文化型城市""资源型城市""工业制造型城市",其发展的历史渊源正在于此。

目前,我们可以看到,国内城市的发展总体已经表现为不同发展水平、不同资源优势的城市分别向较自身更高层次递进的格局①,本书将这种有秩序、有层次的发展格局定义为"梯度演化"的特征。进入知识经济或智慧化时代,城市增长的核心竞争力将转向知识获取、传播、创新与运用的能力,城市知识资本的存量和增速将对城市的进步与发展起着至关重要的作用②。

美国管理学家彼得·德鲁克(Peter Drucker)早在 20 世纪 60 年代就指出,知识社会最根本的经济资源,不再是资本或自然资源,也不再是劳动力,无论是现在还是未来,最关键的经济资源一定是"知识"。创造财富的活动,不在于筹谋生产所需的资本,也不在于劳动力的付出,所有价值的创造都由"生产力"与"创新"来创造,这两者都是运用知识于工作之上的。城市学家 Lever 同样认为,在当今发达国家,城市的竞争优势越来越取决于其知识发展能力(Lever,2002)。

显而易见,一旦城市政府确立了知识型发展战略,也许在传统城市无法逾越的"梯度"上就可以重新寻找到实现跨越式发展的新起点,原因在于知识的获取要比稀缺自然资源的获取容易得多。因而,城市的传统资源不再成为城市发展的一种束缚与障碍,一些中小型、微型城市因为出色的知识集聚能力而发展为知识型城市是有可能的。尽管这些城市可能规模不同,但其本质是一致的,

---

① 此格局可以概括为适度规模的城镇向区域中小型卫星城市发展,中等城市逐步向特色大型城市发展,大型城市向区域城市群、城市带发展的总体趋势。

② 一般认为,知识资本包括人力资本(技能和知识等)、结构性资本(组织结构、制度与文化等)和顾客资本(组织声誉、营销渠道和顾客忠诚等)。

本书将这一特征定义为"非梯度演化的动态发展性"。

3. 城市系统结构的渗透开放性

从系统学角度而言,任何城市都是一个规模庞大、结构复杂的多层次、多功能的动态开放系统,知识型城市亦不例外。城市系统同样由自然生态、生产消费、运输交通、社会管理等复杂的多元子系统构成。除了这些内部子系统相互关联与影响外,城市整体系统需要不断与外界发生能量交换以保持城市系统的运行与平衡。不同于传统城市的是,知识型城市的系统结构更加具有渗透性和开放性特征,突出表现在以下两个方面:

一方面,知识型城市是以"信息化"和"数字化"为基础的城市。知识型城市存在不同类型的知识实体(Knowledge Agent),它们之间需要借助"信息化"和"数字化"技术手段而形成知识交互的"通道"。知识型城市的稳态运行将建立在如何从这个复杂的网络通道中寻找有效的机制与途径引导整体系统在协同有序的轨道上前行,故而,这种城市系统更需彰显渗透开放的特征。另一方面,知识本身具有很强的外溢性,知识的创新与共享会使城市的知识存量迅速增加,基于知识管理和大数据管理的知识型城市内外部组织的边界更需要一种"合作"而非"排他"的设置,否则,城市系统及其子系统的循环运行和系统之间的物质、能量与信息的交换过程中可能会出现混沌和模糊的状态,这是知识型城市的渗透开放性特征。

4. 城市内外部知识实体的协同共生性

"协同共生性"是城市中各知识实体之间共生稳定、相互作用、互惠互利以实现城市良性运行的特性。知识实体是知识型城市的知识载体,包含了知识型组织和知识型个人的所有实体。这些知识实体都是一种志同道合的群组,存在共同志趣或地域,协同合作与相互学习,尊重多样性,具有向上发展的潜力和导向。城市学家 Carrillo 指出,一个城市存在的关键在于它能够给生活其间的市民提供可辨认的价值体系(Carrillo,2004)。今天随着从工业生产向知识生产过渡,知识型城市可以成为这些协同共生的知识实体构建新集体主义价值观的场所。

无论是从知识实体自身的需求还是从知识型城市发展的本身要求来说,协同共生都是知识型城市不可或缺的存在方式和机制。知识型城市发展优劣不仅取决于是否有制度的介入或政府的干预,而更在于能否唤醒协同参与的公民意识,使得知识能够在城市利益伙伴之间顺利共享和使用,将组织隐性知识显性化和社会化,增强城市不同主体在各种公共议题上的协同治理行为。严格地说,在知识型城市,只有政府、企业、大学、研究机构等知识实体在知识生产、传播、共享以及应用中具备协同合作的参与意识,从中拥有平等获取知识的机会,享受知识进步带来的各种收益,知识型城市的发展才会有持续稳定的基础。

5. 城市治理与发展的可持续性

由于城市发展可持续性的内涵和外延非常宽泛,学界对其暂无统一的解释。一般认为,城市可持续发展是指通过城市政府与社会的共同治理,谋求城市的经济、资源、环境与人口的协调发展,既为城市当前发展创造条件,也为城市后续发展拓展空间。可以说,城市的可持续发展既需要政府主导,也需要社会协作,既是城市经济的转型,也是城市治理模式的变革。

知识型城市的发展可持续性主要体现在两个方面:一方面,知识型城市的经济增长模式从依赖资本和资源要素转变为依赖知识要素,从而降低传统能源的消耗、减少污染,促进城市生态系统恢复平衡,促进城市可持续发展。需要指出的是,这种转向并不意味着对传统资源的彻底舍弃,而更像经济学家 Romer 所说,知识活动不仅能使自身收益递增,而且能使资本、劳动力、资源等原本具有边际收益递减特征的要素出现收益递增(Romer,1990)。另一方面,以"知识创造"为发展引擎的知识型城市将更多依赖"知识创新-技术革新-经济增长"的成长路径,通过技术革新减少对传统资源的消耗或提高传统资源要素的产出效益,进而推动城市朝可持续方向发展。

另外,从城市治理角度而言,以知识为基础的发展方式更具有经济公平性和社会责任感(Ergazakis et al.,2006)。作为知识型城市的参与主体,城市内部的企业、政府、大学、民间社团组织等不同知识实体在城市治理中扮演着重要的角色。在知识型城市的社会经济活动中,高效便捷的"知识网络"会大幅减少它们之间的不对称信息,可以帮助更多利益相关者参与处理地方公共事务,使他们容易对产生的问题和政策方案达成共识。此外,发达的知识网络有助于公开性民意调查、公共问题探讨和集体决策,有效强化对政府的监督与问责。总而言之,知识型城市的发展会形成一个强大的知识互动网络,进而在多元治理行为上互相督促,实现城市治理机制上的可持续性,促进城市可持续发展。

2.2 知识型城市的发展脉络辨析

2.2.1 城市形态的概念演化

从经济形态的视角,城市学家 Richard Florida 教授将人类社会的发展划分为农业经济时代、工业经济时代、服务经济时代和创意经济时代(Florida, 2002)。确切地说,今天我们所处的时代或许已经不再止于创意经济时代,而正在走向知识经济时代。伴随这种时代脉络的演进,城市的发展形态也在理论与实践两个层面不断得到重塑与创新。

近年来,学术界正在不断提炼出一些新的概念来表征城市发展的现实态势。"数字城市"(Digital City)、"智慧城市"(Smart City)、"创新型城市"(Creative City)等新城市理念应运而生且"此起彼伏"。通过研究发现,这些概念相似但本质各具差异的城市形态其实存在着不同的演化路线。我们可以从环境、创新、技术和知识管理四个视角对其进行适当的归类和解析(如图2.3所示)。

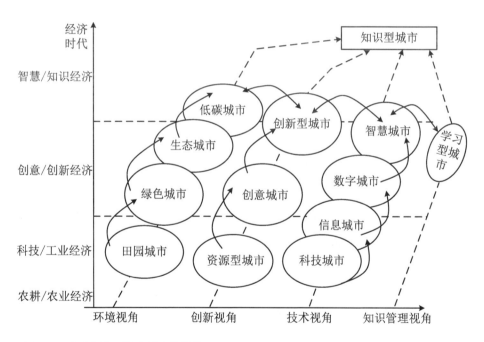

图 2.3 多重视角下城市形态的演化

资料来源:作者整理绘制。

如图 2.3 所示，我们可以将当前备受推崇的新主流城市形态及其演化轨迹基本概括为①：

（1）从生态环境的视角来看，城市形态的发展经历了工业经济时代的"田园城市"、创新经济时代的"绿色城市"和知识经济时代的"生态城市""低碳城市"的演变过程。

（2）从注重城市创新能力的视角来看，城市形态经历了从工业经济时代的"资源型城市"向创新经济时代的"创意城市""创新型城市"的演变（Florida，2002）。

（3）从现代技术对城市运营体系影响的视角来看，数字技术的发展正在推动"数字城市"形态的形成，使工业经济时代的"科技城市""信息城市"的理念得到进一步升级，并且，随着智慧技术和大数据产业的发展，"智慧城市"已悄然成为一种新的"主张"且与"数字城市"的发展并行不悖、相互交融（Martinez，2004；张少彤 等，2013；杨天成，2017）。

（4）从城市智力资本和知识管理的视角来看，"学习"作为知识管理的一种重要工具已经被挖掘，进而被推广为城市生产和生活的一种基本行为方式。学习型组织的力量延伸到城市领域，"学习型城市"形态因此出现并受到国内外一些城市政府的推崇。本书研究的知识型城市从本质上看是更偏向于此演化路径上的另一种新型城市形态（Edvinsson，2002；Garcia，2004；Yigitcanlar et al.，2008）。

总体而言，四种路径下的城市发展形态具有一定的交互映射特征，如"创新城市"与"智慧城市"存在一定的互含关系，"智慧城市"彰显"创新城市"的创新

---

① 相关文献回顾显示，除个别城市形态存在替代关系外，不同视域下的城市形态或多或少存在并行发展的趋势，鉴于它们提出时间有先后之别，故图 2.3 中用虚线大致表示了各自的基本演化路径。

特征,而"创新城市"的发展亦离不开"智慧"或"知识"的本质。正如 Hájková 和 Hájek 所言,近年来,"智能城市""智慧城市""知识型城市""基于知识发展的城市"等概念不断被提出,事实上,这些概念都强调了信息通信技术、人力资本和环境等多个方面的发展问题(Hájková,Hájek,2014)。

2.2.2 当前主流城市形态的比较分析

在过去的几十年里,世界各地的城市区都在改善城市基础设施和服务,以更好地创造环境、社会和经济条件,增强城市的吸引力和竞争力。与此同时,不少新的城市模式已列为国内城市的发展愿景或目标,例如"可持续城市""绿色城市""数字城市""智慧城市""智能城市""信息城市""知识型城市""生态城市""低碳城市""宜居城市",甚至包括一些综合性表达,如"低碳生态城市"和"科技创新城市",等等。事实上,这些概念因为内涵相似而经常被交替使用(Jong et al.,2015)。

问题是,这些不同城市概念的背后是否存在差异性,或者,是否存在某种关联或具有某种内在的共性特质呢?尤其是,知识型城市与其他城市形态之间究竟存在何种渊源与关联?它能否成为城市发展的未来方向,抑或存在被上述城市形态替代的"危险"?若要探求这些问题,我们首先需要对这些城市形态的内涵和特征进行适当的比较。为了方便表述,作者将当前若干主流城市形态的内涵与特征进行辨析,如表 2.1 所示。

表 2.1 主流城市形态的内涵与特征

城市形态	提出时间	含义	核心要点
数字城市 (Digital City)	2000 年左右	集知识的创造、储存、加工和传播为一体的综合性知识管理系统以及知识搜集、分析与应用的智能决策系统	面向知识管理和决策支持
智慧城市 (Smart City)	2008 年左右	运用信息和通信技术手段感测、分析和整合城市运行核心系统的各项关键信息，从而对包括民生、环保、公共安全、城市服务、工商业活动在内的各种需求做出智能响应	感知化 物联化 智能化
创意城市 (Creative City)	2002 年左右	在创新环境下由创意阶层的创意驱动经济发展的城市	集中性 多样性 非稳态
创新型城市 (Innovative City)	20 世纪 90 年代	依靠科技、知识、人力、文化、体制等创新要素驱动经济发展的城市	知识创新 技术创新 制度创新 服务创新
生态城市 (Ecological City)	1984 年左右	技术和自然充分融合，人的创造力和生产力得到最大限度发挥，而居民的身心健康和环境质量得到最大限度保护，物质、能量、信息高效利用，生态良性循环的城市	社会生态 自然生态 经济生态
低碳城市 (Low-carbon City)	2007 年左右	以低碳经济为发展模式及方向、市民以低碳生活为理念和行为特征、政府公务管理层以低碳社会为建设标本和蓝图的城市	低碳生产 低碳消费 低碳资源 低碳政策

续表

城市形态	提出时间	含义	核心要点
学习型城市（Learning City）	20世纪90年代	以组织和个人知识学习为基础、以构建学习文化和提高城市综合竞争力为目标的适应时代发展的城市生存方式和城市发展模式	知识化 信息化 组织化
知识型城市（Knowledge City）	2002年	以"基于知识发展"为理念、以数字技术促进城市智慧化发展、以知识创新促进城市知识经济集群化发展、以知识网络促进城市空间结构虚拟化发展、以知识管理促进城市善治的一种城市综合发展模式	数字智能 创新驱动 网络虚拟 知识管理

资料来源：作者根据相关文献研究整理。

基于表2.1对不同城市形态的辨析并结合相关文献研究，我们归纳得出以下几个事实与结论：

（1）上述城市形态的理念大多是在近二十年内陆续提出的。它们在概念建构上存在较大的同步性与交融性特征。若干城市形态在发展中发生了一定的替代，在城市实践中同样存在"此消彼长"的现象，如"信息城市"与"数字城市"、"创新型城市"与"创意城市"、"生态城市"与"绿色城市"等。但可以肯定的是，在某种程度上，它们的本质是趋于一致的，都强调了城市发展对知识、创新和生态的价值诉求。

（2）很多城市形态至今没有明晰的概念界定，其理论仍然处于研究探索阶段，相关实践也因缺乏有效的理论指导而存在一定的盲目性，如"创意城市""学习型城市"等。就当前广受国内城市政府推崇的"智慧城市"而言，其发展基础与条件也亟须深入研究。国内学者辜胜阻就曾敏锐地指出，当前我国建设"智慧城市"有一定的基础，但仍然存在缺乏统一规划、缺乏相应技术标准和法律规范、受制于技术和资金瓶颈、缺乏坚实的产业基础和充分的人才支持等诸多问题(辜胜阻,2011)。可以说,开展城市形态的内涵特征及建设机理的深入探究对于实践发展是十分必要的,知识型城市亦不例外。

(3) 不同视角下城市形态在内涵和特征上存在一定的重叠。比如,"智慧城市"的概念应包括人类生活质量、经济发展与非可再生资源利用之间保持一定的和谐,也就是实现经济、社会和环境可持续性。而这些特征是低碳城市、知识型城市等上述很多城市理念所共有的。总体而言,到目前为止,对于各自形态是并行交融发展抑或替代性竞争还存在诸多争论和思考,以至于至今没有形成一个共识的、比较权威的结论。

但是,通过上述辨析,我们基本可以厘清的是,数字化、智慧化和知识化发展正在融合成一种综合性力量,推动城市走向可持续发展的知识经济时代。知识型城市也正是在这种背景下,以一种包容性城市形态被国际学术界所推介并受到国际城市的广泛实践。正如国内学者王志章所言,知识型城市强调城市知识化、网络化、虚拟化、人文多样性、知识资本和竞争力,它是一个"创造力城市"(Creative City)、"科技城市"(Science City)和"数字城市"(Digital City)的合成形态,是科学与艺术和谐统一的城市(王志章,2007)。

2.2.3 城市形态演化的关联性分析

从理论发展上我们可以看出,知识型城市并不是脱离现实城市形态的一个"理想化"模型,其原因在于:

首先,创新型城市是知识型城市发展的基础形态。众所周知,创新型城市的发展在于城市创新能力的增长,而创新能力增长的本质又在于知识的创造和应用。按照这种逻辑推理,我们不难发现,"知识的创造和应用"已经为"基于知识发展"的知识型城市与创新型城市之间建构了一个本质关联的"桥梁"。事实亦是如此,学者 Lever 和 Amidon 的研究就曾表明,在以知识为基础的城市发展过程中,知识基础的质量与城市创新优势和经济增长密切相关(Lever,2002；Amidon,2005)。就此而言,知识型城市的发展与创新城市的发展是一种互为促进的关系,二者都以基于知识资产的价值以实现城市可持续发展为目的。

更为确切地说,知识型城市将是契合创新型城市和知识经济二者优势的首个全新的城市形态,因为它的增长特点是基于共同资产的使用价值以实现可持续发展为目的,这将会为创新和财富创造提供无限的空间(Yigitcanlar et al.,2008)。从事知识型城市研究的国际知名学者 Carrillo 教授更是将"21 世纪"视为"知识型城市的时代"。在他看来,知识型城市已经成为知识生产、知识经济和知识型发展的中心(Carrillo,2004)。这进一步说明,知识型城市的发展本质是基于创新的,知识型城市是对创新型城市更为本质上的形态诠释。

其次,知识型城市的发展同样与智慧城市和数字城市的发展紧密关联。例如,有研究指出,智慧城市是一种特定的知识能力,该知识能力能够解决若干社会技术和社会经济增长问题(Klemmer, Lehr, 1999),智慧城市不仅仅是新技术问题,而且需要考虑其对城市未来和城市创新经济的影响,尤其需要关注知识型城市所强调的"知识管理"问题(Navarro et al., 2017),也就是说,智慧城市的发展明显含有"知识型发展"的特征。另外,数字城市或智慧城市的发展可以为知识型城市的发展构建必要的知识网络,可以为虚拟知识型城市的发展建构优秀的平台和基础,从而有利于城市信息整合并为市民创建必要的公共空间(Ishida, 2002)。

此外,知识型城市与生态城市亦具有内在的同一性。这是因为,以知识经济为基础的知识型城市发展与追求生态可持续性的价值目标是一致的,有研究指出,在知识经济时代,可持续性的经济增长与发展和知识经济高度相关。而且,知识型城市是针对现有城市发展弊端提出的基于知识经济的城市发展新理念,是城市未来发展的趋势(纪慧生,2015)。

就实践而论,知识型城市理念同样是从各种城市形态的发展实践中不断总结和深化而形成的,而非"无源可溯"的模式。早在20世纪末,全球一些城市就倡导和实施了类似的知识型城市发展战略,包括澳大利亚布里斯班市的"创意城市战略"、新加坡的"智慧城市战略"、西班牙巴塞罗那市的"文化城市战略"等。这些城市经过发展,其结果要么在城市战略领域上自发或非自发地进行了拓宽,要么科技和经济的快速革新致使城市的发展态势已经远远超越战略之初的目标或范畴,为此,城市管理者需要一种更具有诠释性的城市形态理念以回应和指导现实发展,在经历了如"科技城市""知识型集群""创意城市""智慧城市"等概念演化之后,"知识型发展战略"及"知识型城市"正在逐渐成为一种最新的共识。

诸多实践表明,知识型城市与蕴含这些特征的新主流城市形态之间存在着包容或相对包容的关系。尤其是,知识型城市是对当前城市数字化、智慧化、创新驱动等诸多发展趋势的一种更为全面、合理的表达与建构。正如中国社会科学院王伟光院长在2010年中国创新大会上所言,在描述现代城市发展目标时,人们曾分别使用知识型城市、学习型城市、创新型城市这样三个概念。其实三者所表达的内涵是相同的,可以说一个成功的知识型城市,必须是一个重视学习、热爱学习的学习型城市,当然,也应当是一个充满生机与活力的创新型城市。在这里,"学习"和"创新"是知识型城市的两个关键词,"学习"是通向知识型城市的根本途径,"创新"是知识型城市的灵魂所在。

综上所述,知识型城市可视为上述不同演进路线下新主流城市形态综合发展的结果,即以知识经济为主导的发展,加上科学、信息、通信和运输等领域的技术变革促使从"信息时代"走向了"知识时代",创新市区的发展为知识生产和知识溢出提供了巨大机会,从而导致了知识型城市的形成。知识型城市既是这些城市形态演化的综合体,又根植于这些城市形态之中(如图2.4所示)。由此,本书在上述研究基础上,得出两个重要的结论:

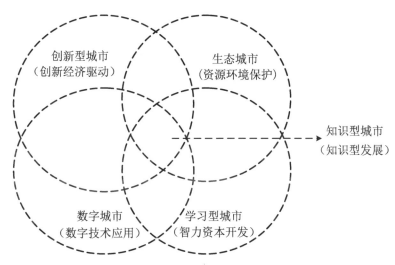

图2.4 知识型城市:一个融合的城市形态

资料来源:作者整理绘制。

结论1:知识型城市与其他视角下的主流城市形态之间不是绝对的排斥或替代关系,而是对其他城市形态有益的综合与包容。创新型城市、数字城市、学习型城市和生态城市的发展正是知识型城市发展的综合表征。

结论2:城市知识型发展能力评价是对城市知识型发展能力的测度,即对一个城市的创新驱动能力、数字发展能力、公共治理能力和城市基础资源进行综合性评测。

注:结论2是本书后续评价研究中将会引用的一个重要结论。

2.3 知识型城市发展的关键动因

对于知识型城市的发展趋势及价值,作者实际上在前面已经做出部分回答。这里将其进行整体归纳与总结,主要是为了阐明知识型城市的发展价值与当前时代发展趋势的一致性。

2.3.1 知识价值的发现推动了知识经济的发展

一直以来,知识是人类起源和进步的重要源泉。经济学家早已证实知识创造和经济增长之间关联密切。决定经济增长的主要因素并不是物质形式的资本,而是表现为技术创新的知识(Solow,1957;Romer,1986)。在他们看来,经济增长的根本路径在于知识生产的外溢效应,知识外溢不仅使自身收益递增,而且使物质资本和劳动要素也收益递增。著名经济学家、美籍奥地利人约瑟夫·阿罗斯·熊彼特(Joseph Alois Schumpeter)在他富有深远影响的著作《经济发展理论》中,将创新引入经济学,认为创新的关键就是知识和信息的生产、传播、使用,从而推动形成一种增长内生化的经济模式,这种经济被称为"信息经济"或"知识经济"。清华大学胡鞍钢教授也认为,知识是当代经济发展和社会转型中最重要的因素。知识因素是解释各国和各地区间经济增长差异性的最重要因素。在21世纪以知识为基础的经济竞赛中,知识因素无疑将发挥更为关键的作用(胡鞍钢,熊义志,2012)。

在诸多研究推动下,"知识创造驱动创新,创新驱动经济"的发展模式逐渐得到认可和推崇,一场致力于"新经济"转型的发展态势在全球盛行,一直延续到今天。知识经济的主导地位加上科学、信息、通信和运输等领域的技术变革促使社会由"工业时代"走向了"知识时代"。在这个时代,全球关注的国家竞争力开始下移至城市之间的竞争比较,"基于知识发展"的城市新模式被认为是未来能够实现经济持续增长的最佳模式,其原因不仅在于该模式强调知识资本的高价值创造问题,还在于其强调的社会文化、环境可持续发展等多个层面综合价值的追求(Yigitcanlar, Lönnqvist, 2013; López-Ruiz et al., 2014)。这种符合时代发展潮流的理念深入人心,使知识型城市迅速获得全球许多城市政府的认可,从而进行实践。

2.3.2 智慧技术为知识型城市的发展创造了条件

进入 21 世纪以来,我们面临着令人瞩目的世界潮流:智慧化和数字化技术正在作为一种关键的变革力量促使世界发生结构性变革。这一技术的应用不仅促使社会生产体系更加智能化和集约化,而且使得社会管理体系和公共服务体系的结构发生着重大变革,社会交往方式在"无所不在的连接"(Pervasive Connectivity)环境中更加走向开放化和网络化。这一切都意味着,我们正在迈入全球一体化和智慧化的时代。这种时代的特征不仅会显现在世界或国家层面,更会在城市模式的变革上产生深远影响。

智慧基础设施和数字应用体系为知识创造、传播及生产提供了更大的便捷性,为人们基于知识共享的开放式创新和生产协作奠定了坚实的技术基础。此外,数字技术的发展使市民在开放互联的网络环境中学习、搜寻、存储和应用知识成为可能。显然,智慧化和数字化技术的发展正在重塑城市的生产和生活方式,推动着城市发展模式处于不断变革的状态,越来越多的学者和政府在此问题上的思考不谋而合。

当前,以物联网和感知技术为核心的智慧技术已成为世界发达国家推进战略型新兴产业和城市数字化建设的重要手段。各国政府正在实施大刀阔斧式数字化变革,加快推动智慧产业的发展和数字技术的社会化应用[①]。然而,这种发展需要突破单纯技术主导的路线,找到一个融合经济、社会、技术诸多层面的城市模式,这样才能使智慧化发展更具系统性。问题在于何种城市模式可以匹配这种发展?在有关智慧化发展和数字化潮流的激烈争论与探讨中,"知识型城市"概念应运而生并作为一种主流发展模式成为国际一流城市的选择。这些城市已经积极地从数字化技术和智慧产业的发展入手,制定了相应的战略和行动计划,以便在不久的将来成为知识型城市。

2.3.3 知识管理运动推动了城市治理模式的变革

知识管理运动的兴起始于商业界对未来竞争优势的探讨。在新经济时代,企业家无一例外地认识到,知识是企业最宝贵的资产,企业的竞争优势与发展

---

① 2010 年以来,一场围绕数据"简约一体化""绿色可持续"的电子政务建设浪潮悄然兴起,以促进知识信息共享、加速开放型政府建设为目标,以"云计算""虚拟化"等新兴技术为手段的各国数据中心整合行动已有序开展。英国从 2005 年 11 月颁布《政府转型战略:基于 IT 技术推动实现》计划以来,又于 2010 年颁布了新的政府信息通信技术战略(UK Government ICT Strategy),提出了英国 ICT 发展的 10 年规划,推行了致力于智慧政府建设的"泛政府组合"、政府云、数据中心、公共桌面等战略。2011 年前后,美国政府和澳大利亚政府也纷纷推行了以透明、参与、协作为目标的"开放政府"(Open Government)战略、Government 2.0 战略和云计算战略,以政府变革推动社会变革,基于 Web 2.0 技术实施一系列促进内外部知识资源共享和政府-社会互动平台建设的制度、措施与程序,构建服务型政府。(参考:沈大风,2011. 电子政府发展前沿.2011[M]. 北京:社会科学文献出版社:18-52,173-184.)

潜能越来越依赖于自身所拥有隐性知识的存量与质量。企业如何有效地对知识,特别是隐性知识加以管理是获取这种竞争优势的关键。

美国管理大师 Peter Drucker 早在 1957 年就使用"知识管理"概念来形容企业这种有意识的知识活动。随后,该领域的学者们开始对知识管理的本质要义进行了深入探究①。再往后,一系列知识管理的工具逐渐被开发出来并投入商业实践,商业领域的"知识管理运动"(Knowledge Management Movement)由此拉开帷幕。随着知识经济的发展,这种管理运动已经由一种"新潮"演变为过去几十年乃至未来管理学领域的一个主流趋势,成为知识经济时代组织生存与发展的一种战略工具,知识管理程序已经受到各类组织的重视(Chatzkel,2004;Carrillo,2004)。

今天,在各个领域,我们看到,革新和演化最快的是明确且有目的地将知识作为一种战略资源进行管理。一个不可否认的事实是,基于大数据的知识管理系统已经不仅仅应用在生产、交易和物流等领域,而被广泛拓展到人们的社会交往、基于互联网的自我学习与创造、电子政府与社会公共事务治理等其他领域。瑞典智力资本研究著名学者 Karl-Erik Sveiby 博士在对"知识管理"进行深入研究的基础上首次提出了"知识型组织"(Knowledge Organization)的概念。随后,知识型企业、知识型社会、知识型国家、知识型城市等概念逐渐被提出。

今天看来,知识管理作为一种战略工具已经不再拘泥于商界,而在诸如政府治理、文化教育、社会民生等领域也有长足的发展,例如,经济合作发展组织(OECD)、世界银行(The World Bank)、欧洲委员会(The European Commission)等国际组织都在应对现实挑战中提出了以知识为基础的发展战略。他们

---

① 知识管理的本质是在正确的时间以正确的方式向正确的人提供正确的知识的一种战略。

在制定战略规划方案时都不约而同地阐述了知识对于经济社会发展的重要性,尤其强调了知识管理对组织发展的特殊价值(Ergazakis et al.,2006a)。他们开始重视知识并培养知识,加大投资以支持知识开发、传播以及利用知识来创造产品和服务,旨在创造更多的价值和财富。

事实表明,知识管理运动在一定程度上推动了城市管理模式的变革(Ergazakis et al.,2006b),知识型城市的本质是知识的集聚(Arbonies,Moso,2002),它不仅以其特质成为知识型社会的重要载体,也成为城市发展的一个高级形态(Elena,2015)。

2.4 知识型城市发展的多重价值

正如研究所指出的那样,21世纪初,随着全球各种环境、经济与社会问题不断出现,很多国家和国际组织开始寻求以知识为基础的发展理念,推动传统城市走向知识型城市(Mostafa,Mohamed,2016),这是因为,在全球知识经济时代,知识型发展模式可以实现经济繁荣、优化社会空间秩序、实现环境可持续发展和城市善治(Yigitcanlar,2010)。

具体而言,知识型城市的发展价值主要体现在经济、社会和环境三个层面上(Yigitcanlar,Velibeyoglu,2008)。如图2.5所示,作为一种经济战略,城市知识型发展不仅可以促进城市各类知识的聚积,而且能够在城市发展集群中建立一个强大的空间关系,有利于强化知识溢出效应,进而对城市创新区的构建与扩展产生重要作用。首先,知识管理者和城市管理者认为,知识型城市的发展价值在于这种城市模式是应对严峻的全球经济竞争态势的一个战略新路径

(Yigitcanlar，2009)，只有强化"以知识为基础"的城市基础设施建设，整合社会知识资源，改变城市经济增长方式并发展以知识为基础的产业，提升知识人才在城市发展中的战略地位，才能实现城市的可持续发展和赢得未来城市竞争的先机(纪慧生，2015)。其次，作为一种社会战略，知识型城市的价值一方面在于为城市发展模式保持一定的弹性提供了可能，另一方面可以塑造城市的特性以吸引知识型员工并促进创意阶层的形成。最后，从可持续发展的角度而言，知识型城市的最大优势在于知识创造与技术创新会降低自然资源的消耗，通过知识经济的发展可减少对生态的破坏。

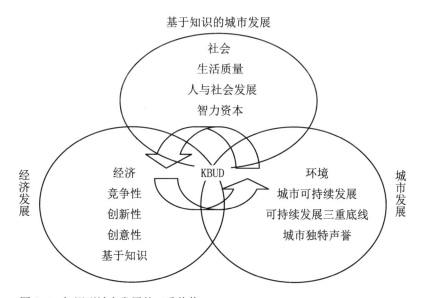

图 2.5　知识型城市发展的三重价值

资料来源：Knowledge-based Urban Development：The Local Economic Development Path of Brisbane，Australia(Yigitcanlar，Velibeyoglu，2008).

希腊学者 Ergazakis 等人在若干案例分析研究基础上明确将知识型城市

的发展优势总结为如下若干方面(Ergazakis et al., 2004):

◆ 为所有经济部门和社会活动提供强大的创新动力。

◆ 拥有更好的教育服务。

◆ 知识型城市的"知识社区"能够在必要时及时供给知识。

◆ 有利于公民积极参与城市生活和城市的个性化发展。

◆ 为城市创造更多的高薪就业机会。

◆ 实现社会收入和财富的较快增长。

◆ 提供更可持续的经济模式。

◆ 有利于振兴传统产业。

◆ 带动城市旅游业的繁荣。

◆ 增强市民的自豪感和自信心,作为自有资本再投资到本土经济的平台上。

◆ 为少数民族和移民创造更加包容的环境。

◆ 通过在公共领域(公园、花园、公共交通、文化设施等)和社会安全网上的投资为市民提供更多分享财富的机会。通过公民之间知识共享、低成本使用信息基础设施、支持公开的网上辩论等方式,知识型城市的建设可以推动城市民主化进程。另外,"数字鸿沟"被"数字包容"所取代,而且技术所带来的恩惠正流向市民。

知识型城市的发展价值不仅在于开放,还在于其对多样性的包容,它不仅拥有容忍多样性的能力,而且还将包容性特质视为自身发展的源泉(Goldberg et al., 2006)。本书认为,知识型城市的最大优势在于以知识为基础的发展方式,而这种发展必然会驱动以知识为基础的新经济成长,并对传统社会网络的变革产生积极影响,促进基于知识共享网络的新型社会互动方式形成,增进不同社会主体之间的交流、理解与合作,这恰恰是数字化时代抑或智慧化时代实现共享式发展、包容性增长的路径之所在。

本章小结

本章从知识型城市的内涵分析切入,较为系统地归纳和阐释了知识型城市的内涵和基本特征,并从当前主流城市形态辨析的视角阐释了知识型城市的发展脉络、原因和发展价值。总体而言,本章研究主要得出了如下结论:

(1) 知识型城市是一种综合性城市发展模式。它突出以创新作为发展的引擎,与"创新型城市"一脉相承。同时,数字基础设施又是知识型城市必不可少的发展条件,因而,"数字城市"或"智慧城市"也与知识型城市存在共同的特质。一言以蔽之,知识型城市是创新型城市、数字城市、智慧城市和生态城市的复合形态。

(2) 知识型城市的发展源于三种驱动力:一是知识经济是知识型城市发展的重要经济基础;二是数字化和智慧化技术为人们的生产与生活构建了更加开放便捷的知识获取与分享平台;三是知识管理运动兴起并以其巨大优势从经济领域不断向社会领域拓展,重塑了社会协同与城市公共治理的方式。综合而言,知识型城市之所以能获得推崇,其根本在于综合了主流城市形态的典型特质,发展更具有包容性。

第3章
知识型城市的发展机制分析

国外成功的知识型城市发展实践表明,不同城市尽管在知识型发展路径上存在一定的差异,但是在发展机制上却存在很多可以总结的共同点。本章将从发展要素、发展主体、发展动力、发展模式和发展流程等方面对知识型城市的发展机制作整体梳理解析,为后面国内城市知识型发展路径研究提供参考。

3.1 知识型城市的发展要素

当今社会,创新不会自然发生,任何创新与发展都需要在一定的要素生态中得以进行。城市知识型发展既是为了构建城市创新生态系统,也是城市创新发展模式的一种表征。如果将知识型发展视为一个系统性工程,那么就需要重视系统中的每一个要素,城市政府的关键作用在于构建或优化创新环境,以利于城市内部的高校、科研机构以及创新企业结成强有力的创新联盟,推动创新驱动发展战略在城市得以顺利进行。

那么,城市知识型发展需要哪些发展要素才会实现呢? 欧洲城市比较研究所(European Institute for Comparative Urban Research,EURICUR)在 Leo van den Berg 等人的研究基础上给出了比较权威的解释。他们认为,知识型城市的发展好比建造一座房子,房子能否成功构建取决于是否具备坚实的"地基",而知识型城市的发展要素就是成功发展知识型城市的"地基"。

如图 3.1 所示,知识型城市的发展要素主要包括七类:

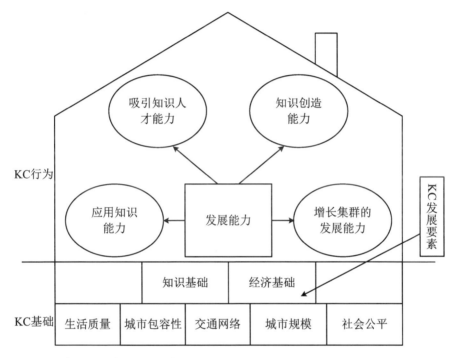

图 3.1 知识型城市的发展要素

资料来源:作者整理绘制。

3.1.1 发展要素之一:知识基础

有人从知识资本的视角将"知识基础"理解为城市的知识存量(Cantner

et al., 2010),这种定义表明,城市知识基础取决于两个要素:位势要素和关系要素,前者主要是指一个城市的知识获取、存储、扩散、创造和开发水平;后者是指城市为前者的知识性活动,特别是知识的溢出行为营建的社会氛围,起社会纽带作用。当然,也有人将知识基础看成城市的知识基础设施以及知识研发机构规模和水平,包括公共部门和私人部门的 R&D 强度、城市 ICT 技术与网络质量以及市民的教育水平。这是因为,知识创造是知识活动的基础(Florida,2004),一个城市的知识基础设施质量与城市知识型发展能力密不可分。诸多研究已经证实,城市各种研究机构的 R&D 活动有利于产生新知识并催生新产品与新服务的出现,进而推动城市知识经济的增长(Lever,2002;Glaeser,2000;van Winden et al.,2007)。

3.1.2 发展要素之二:经济基础

此要素主要是城市的产业基础,包括城市主导产业优势及前景、传统产业基础和积累优势、经济总量以及人均 GDP 状况。有研究表明,随着知识经济进一步深化发展,三个新兴的产业将决定一个国家或地区的知识型发展能力,即 R&D 产业、教育产业和信息产业(胡鞍钢,熊义志,2012)。经济基础的重点在于城市现有的产业结构,它对知识经济的发展具有至关重要的影响。如果城市的经济结构永远保持不变,城市就不能够很灵活地适应新经济的变化。拥有多个主导产业或者具有多样化产业结构的城市会更容易成功过渡到知识经济。薄弱的产业结构将使城市知识型发展面临更多相互交织的困难,因为没有健康经济基础的城市,引进或发展知识密集型产业也会变得非常困难(van Winden et al.,2007)。

3.1.3　发展要素之三：生活质量

虽然知识正在成为城市的一个关键资源，但是，仅仅拥有知识资源并不表示城市一定能走上知识型发展道路。城市发展的最终价值是让市民拥有美好的生活，比如高质量的生态环境、低成本的生活、便捷的交通网络、安全感和政府的公平与社会责任等。如果将这些因素进行排序，首先当然是城市的宜居程度，尤其是生活环境的质量。这也是联合国人居署城市繁荣指数（City Prosperity Index of UN Habitat）测度中的关键指标之一。其次是城市现代公共服务体系的供给质量。这是市民感知生活品质的重要来源，因为城市公共服务体系不仅是城市经济实力的体现，更是影响知识人才流动性的重要因素。曾有研究指出，城市生活质量对于城市吸引和留住知识工作者并提升他们的创造力是至关重要的（Florida，2002）。第三是城市政府的政策环境和政府本身的效能。因为开放公平性而非保护性、排他性的政策更有利于知识人才的创新创业，服务型政府更有利于企业减少不必要的外部交易成本，形成不同知识主体之间合作共生的创新生态。正如研究指出，一旦有了良好的环境，知识主体之间的相互作用和知识流动就会得到大大加强，于是就会出现像硅谷那样丰富的生态系统，或者说在这样一个生态系统内才能"生长"出硅谷这样的"物种"：在斜坡上快速奔跑赶去开会的毛躁的青年电子专家；边喝啤酒边交流创意，借以形成新产品概念的幻想家；花钱建立新企业的风险资本家……这种生态环境是独特的。事实上，硅谷正因为形成了这样一种创新的生态系统，必然生成它自身的动力学，并吸引世界各地的知识、投资和精英源源不断而至（黄顺基，1998）。

3.1.4 发展要素之四：城市包容性

城市包容性是指城市对不同性别、社会种族和地域的外来人口、价值观及生活方式的包容（van den Berg et al.，2004）。它同时也指城市接纳外来人口（含其他国家）的渠道开放程度（Florida，2002）。有研究表明，城市人口的多样性可以促进城市创造力的产生和知识的积累。社会壁垒较低的城市更容易吸引知识型工作者和知识型企业进入，知识型城市的发展更容易获得社会的支持而取得成功（Carrillo，2004）。我国深圳市的发展就是一个典型的案例。

3.1.5 发展要素之五：交通网络

这里的交通网络是指城市内外部互联网络。这种网络可以是虚拟的通信网络，但首先必须是具有通达性的物理网络，即城市的交通系统，拥有通过航空、铁路、公路等交通系统而实现国际和区域间的连接能力。知识经济是一种网络经济，便捷的交通为连接知识与产业提供了方便，可以促进知识的扩散与溢出（Simmie et al.，2002）。需要强调的是，城市交通网络的通达程度是知识型城市发展的基础要素之一。对于规模较小的城市，缺乏完善的交通网络是知识型城市发展的一个很大障碍（van Winden et al.，2007）。

3.1.6 发展要素之六：城市规模

城市规模包括城市空间大小、级别和发展层次水平，但更重要的是城市的劳动力市场和消费市场规模（Yigitcanlar et al.，2008）。城市规模之所以成为知识型城市发展的主要要素之一,原因在于城市规模会影响知识活动的强度。有研究表明,规模较大的城市拥有更多的经济优势、更专业化的服务、更广泛的全球网络和更多的就业机会以吸引知识工作者聚集,因此,知识活动更有可能在大城市发生。

3.1.7 发展要素之七:社会公平

社会公平是城市可持续发展的重要前提。需要警惕的是,知识经济的增长往往会加剧社会阶层的分化,可能会导致知识精英群体与非知识精英群体两个"不对等群体"的存在,也可能会导致知识经济和非知识经济构成的二元经济出现,因而,社会公平对于知识型城市的发展就显得十分重要。这里社会公平的重点在于提供均等化的公共服务和提高社会保障水平,降低失业率并缩小贫富差距。城市公共服务设施不因资源约束或技术限制而将某些社会群体排斥在外,城市政府必须逐步消除有碍社会公平的因素,确保城市居民都公平享有公共服务的机会与权利。

3.2 知识型城市的发展主体

知识型城市的发展主体是城市知识流的创造者、应用者和管理者。在城市知识型发展的语境下,这种发展主体又可以称为"知识实体",意指在知识型城市发展过程中对知识活动起正向促进作用的所有参与者。

综合诸多研究,本书将知识型城市的发展主体及其功能加以描述,如

图 3.2 所示。

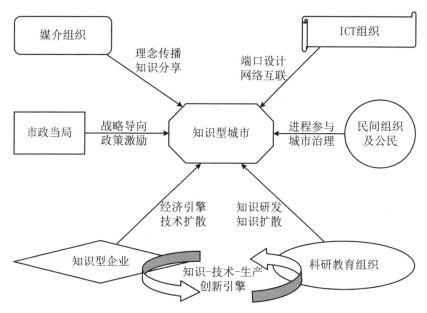

图 3.2　知识型城市的发展主体及其功能
资料来源：作者整理绘制。

3.2.1　发展主体之一：城市管理者

城市管理者，即城市公共部门，是知识型城市发展战略的制定者、推动者和调控者，包括城市政府、负责推行知识型城市战略的知识型城市委员会（Knowledge City Committee）、城市首席知识官（Chief Knowledge Officer，CKO）以及支持知识型城市发展的其他公共部门。其职责在于，对国际知识型城市发展案例进行扫描学习并制定本土知识型城市战略方案和政策措施；确定发展项目的突破点（Break Point）并制订详细的行动计划；构建城市不同利益群体的合作伙伴关系并开发一种集成的知识管理系统加以管理;依托自身资源能力制定本市知识密集型产业的发展路线图;培育知识市民并为知识型城市的稳态发展提供社会安全网;建设包容多样性的城市文化并加以城市形象推广,吸引智力资本流入城市并提供持续性的激励。

3.2.2 发展主体之二:知识型企业

知识型企业是支持知识型城市发展的重要私营部门,主要是指"显含"知识产业属性并从事知识创造、扩散、转化与应用以及知识服务的企业组织。这类组织在知识型城市发展中的基本作用是创造新知识,提升城市知识资本存量,促进知识向技术转化,利用新技术创造高附加值知识密集型产品,提高知识技术在经济增长中的贡献度,构建知识型城市的经济基础。同时,吸纳和培育更多的知识工作者也是其重要职责。

3.2.3 发展主体之三:研究与教育机构

这里的研究与教育机构主要是指以知识研发和知识传播为己任的各类大学、公益性或私立科研机构、公共图书馆以及其他社会研究教育组织、科普组织、创客群体等。研究与教育机构是知识型城市重要的知识创造与知识传播的主体。这类组织在知识型城市发展中的作用在于创造与传播新知识和新技术,提升市民的知识水平和信息技术素养,并为政府做出知识型城市战略决策提供智力支持。巴黎索邦大学教授 Patrizia Ingallina 曾在《北京论坛 2014》的报告中指出,伦敦、纽约和巴黎三个城市在知识型发展过程中,大学扮演着重要的角色。大学不仅能够基于本地特色文化组织发起各具特色的知识型发展项目,而且有利于搭建政府和企业间合作的平台,成为城市知识型发展项目的驱动力。

3.2.4 发展主体之四:媒介与传播机构

媒介与传播机构是知识型城市的发展理念、相关知识型发展战略计划的主要宣传推广机构,主要包括从事信息传播的期刊、报纸、广播、电视、网络等媒介组织。在知识型城市发展中,其重要功能在于通过传播在城市内外部推广知识型城市的理念,保证社会公众对知识型城市的理念和发展战略有清晰的认知,并通过自身平台开展"政府与民众的对话"活动,以确保政府的知识型城市战略能够获取广泛的社会支持和社会参与。

3.2.5 发展主体之五:信息与通信网络组织

这类组织主要为城市提供稳定、便捷与高品质的信息和通信技术(Information and Communication Technologies,ICT)网络。这是因为,在数字化迅猛发展的今天,信息和通信技术被认为是知识城市确保公众获得信息和服务的基本要素(Youssef et al.,2013)。信息和通信技术不仅在新产品和新服务供给上,更在创新主体之间建立起广泛的联系上起到重要作用(Oh et al.,2016),提供了"知识流"(Knowledge Flow)端口或交互接口。信息与通信网络组织的作用在于为城市不同组织嵌入知识管理程序以及为所有公民提供低成本获取信息的平台,创造知识共享的正式与非正式网络,改善公民的信息和通信技术的使用能力,以"数字共融"(Digital Inclusion)替代"数字鸿沟"(Digital Divide)。

3.2.6　发展主体之六：社会组织及公民

社会组织同样可以成为知识型城市建设的主体。他们通过参与知识型城市战略管理过程，支持城市知识型发展，以社会力量营造知识型发展的气候氛围，以实际行动参与知识型城市系统的构建与运营。在许多情况下，城市想要发展成为知识型城市必须使其市民转化为知识型市民，而这种变化典型地表现在公民参与和影响城市政策决策的水平上。构建能激发他们自愿参与贡献的文化环境是最为关键的（Goldberg et al.，2006）。有研究表明，这正是社会组织可以发挥重要作用的领域。比如，独立从事城市发展研究的民间组织，可以为城市知识型发展决策提供必要的智力支持。

总而言之，这些发展主体在知识型城市构建过程中是一种协同合作的关系。制定知识型城市战略的努力应得到整个社会的积极支持，而且需要一个连贯统一的方法，它能激发所有可能的行动者和利益相关者参与其中。

3.3　知识型城市的发展动力

发展动力源于发展要素以某种恰当的组合机制而萌发出新的增长优势。知识型城市的发展动力亦来源于主要发展要素的优势组合。国外学者 Edvinsson 教授曾从知识工具的视角指出，知识型城市的发展动力实质在于构建城市的组织资本、关系资本和智力资本（Edvinsson，2006），如图 3.3 所示。

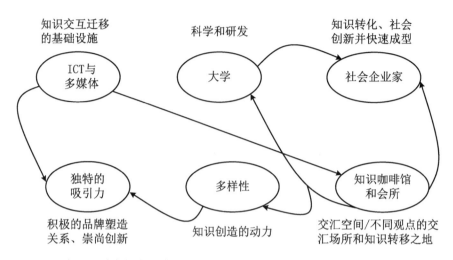

图 3.3　知识型城市的发展动力

资料来源：Edvinsson L, 2006. Aspects on the City as a Knowledge Tool[J]. Journal of Knowledge Management，11(5)：11.

在 Edvinsson 教授看来，知识型城市的发展动力主要源于政府与卓越的大学和研究机构、社会企业家之间的密切合作，同时，优质的知识交汇场所（如咖啡厅）、对知识工作者具有独特吸引力的城市环境、高质量的信息通信设施都会对城市的知识型发展产生驱动作用。知识型城市的发展动力在于城市政府、知识型企业群体、数字网络的发展组织、媒介组织、研究教育机构以及市民之间的知识创造所激发的城市智力资本的增长。然而，这六类主体在保持互为支持关系的同时，又分别发挥了不同的作用，最终形成推动城市知识型发展的四种动力，即政治动力、经济动力、社会动力和资源动力，如图 3.4 所示。

（1）KBUD:Knowledge-based Urban Development，城市知识型发展，四种驱动力与其关系可以简单地用函数表示为

$$KBUD = f(DFOR, DFOE, DFOP, DFOS)$$

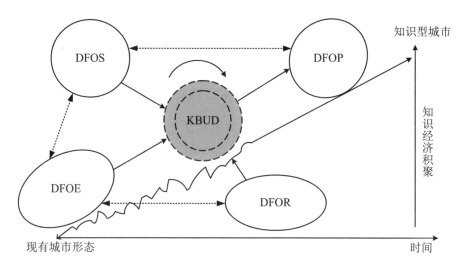

图3.4 知识型城市的发展动力分析

注释：◀┄┄┄▶表示双向促进关系；────▶表示单向促进关系。

资料来源：作者整理绘制。

（2）DFOR：Driving Force of Resource，资源动力，城市知识型发展的支撑力，源于城市自然资源、区位交通系统和ICT设施质量等，初始资源质量影响发展过程的平滑性和速度；

（3）DFOE：Driving Force of Economy，经济动力，源于知识产业的发展，知识型城市发展的核心驱动力；

（4）DFOP：Driving Force of Politics，政治动力，源于政府的战略导向与调控力，知识型城市发展的主要拉力；

（5）DFOS：Driving Force of Society，社会动力，源于公民社会对城市高质量的生活与工作的努力，知识型城市发展的主要推力。

3.4　知识型城市的典型发展模式

一个系统的变化必然是由系统内外部若干变量 $X_1,X_2,X_3,\cdots,X_n$ 引起的。作为一个复杂的系统,城市的发展模式变迁源于内外部多种因素受到激发而形成一个动态不稳定的变革过程。换言之,知识型城市的发展模式可以理解为一个城市从现有形态向知识型形态演化的过程,其发展同样可以解释为由不同因素作用的结果,即 $KBUD=f(X_1,X_2,X_3,\cdots,X_n)$。区分主要变量、次级变量、控制变量是厘清发展模式的重要方法。

一般而言,城市的发展模式主要取决于政府、市场和社会三大变量的作用,知识型城市亦不例外。鉴于此,本书将知识型城市的发展模式划分为政府主导的需求驱动型、市场主导的供给驱动型以及政府-市场-社会的综合互动型三种。作者通过对国外知识型城市的发展案例进行研究发现,尽管这些城市在其发展过程中都或多或少地表现出了三种模式的复合特征,但就其总体发展过程来看,仍旧可以归为以下某种模式。

3.4.1　政府主导的需求驱动模式

这种模式的基本思维遵循了经济学家凯恩斯"有效需求"理论,认为知识型城市的发展在于如何创造需求,以需求带动供给,从而促进发展。在这种模式下,政府一般先提出知识型城市构想,再通过政策行为推行这种理念,变革城市产业结构和信息网络来鼓励知识经济的发展,追求城市转型。其中,政府是主导性的变量,它通过成立或组建知识型城市的推行机构或责任长官,如设立知识型城市委员会(Knowledge City Committee)和城市知识官(Knowledge City Officer),规划并向其市民推介明确的战略计划,制定和颁布促进城市知识型发展的产业政策、人才政策和社会政策,以知识基础设施的投资、知识产业培育为着力点,引导城市内外部创新资源和创新要素向本市集中,支持和鼓励构建互联开放的创新网络,通过对话引导全社会参与知识型城市的决策与建设过程,促进城市向知识型城市转化。可以说,这种模式是自上而下的力量传导过程,因而,这种模式需要政府有足够的智慧去管控知识型城市的发展路线,充分预测发展可能偏离正轨的阈值,并具备强有力的调控干预能力。

一般而言,具备一定的知识型城市发展能力,但知识型发展理念仍未被市民认可的城市宜采用此模式。在国际领域,美国得克萨斯州首府奥斯丁市、西班牙巴塞罗那市和以色列霍隆市等城市的发展比较偏向于这种模式。

3.4.2　市场主导的供给驱动模式

这种模式同样遵循了另一经济学流派——供给学派的基本论点:"供给能够自发创造需求且需求会自动适应供给的变化。"这种模式的追随者认为,知识型城市的发展需要政府,但更需要以社会主体(企业、社会组织和市民)作为中坚力量,因为社会市场对知识经济的转型具有最为敏捷的感受性,从而会在各自的利益需求和市场竞争压力下,不断自我寻求知识技术创新上的联合,自发引导创新要素和知识工人阶层向城市集中,促进知识产业集群和知识网络的形成。同样,他们的市场供给会驱动知识产业链上下游的需求、知识基础设施的需求和知识型工人的需求,从而整体推动城市过渡到知识型城市。所以说,这种模式一般是先有知识经济发展,再有城市形态的重新定位。城市政府的功能在于营造有序的创新环境,并对城市向知识型发展过渡进行积极引导和调控。

与政府主导的需求驱动型模式不同,市场主导的供给驱动型模式主要是自下而上的力量传导过程。一般而言,具备比较发达的知识产业基础,且城市市民与知识型城市发展达成迫切共识的城市宜采用此模式,例如,新加坡市、英国伦敦市和曼彻斯特市以及中国深圳市的实践比较偏向于这种模式。

3.4.3　政府-市场-社会的综合互动模式

互动模式就是指知识型城市发展充分集合并吸收了政府、市场和社会三种力量,通过恰当的多中心治理机制来实现彼此协作,以推动城市变革。顾名思义,具备多元治理的政治条件是这一发展模式的基础。从国外实践来看,这种模式更加强调私营部门、社会第三部门(含公民)与公共部门的合作,突出强调公共部门和私营部门之间成功的伙伴关系以及政府作为连接并协调二者关系的重要纽带作用。

需要指出的是,这三种力量在发展过程中的地位是基本平衡的,只是各自在发展中所发挥作用的领域不同而已,例如,政府作为协调与组织者,重在建立与其他两大部门的互动机制和对话环境,以把握城市知识型发展的方向。相对而言,这种模式更具渐进性和挑战性,它能避免政府脱离现实能力的盲目规划和市场模式下可能存在的无序发展风险。这种模式充分考虑了社会的可承受性和市场的成熟性,但对政府的组织、管控与协调能力将会产生一定的冲击。在一定程度上,这种模式可以视为前两种模式的有机结合。在国际社会,德国慕尼黑市、瑞典斯德哥尔摩市的知识型发展总体上采用了这种模式。

3.5 知识型城市的发展流程

从内涵可知,知识型城市的发展是一个有目的地鼓励和培育城市知识的过程(Edvinsson,2002)。换言之,知识型城市的发展不是"水到渠成"的自发过程,而是需要城市管理者有目的地制定城市面向知识型发展的战略规划并进行有序行动的过程。进一步说,理解知识型城市的发展过程需要引入战略管理的思维,这是思考知识型城市发展路径的基本方式,也是本书因此展开研究的基础。关于此问题,希腊学者 Ergazakis 等人也曾明确指出,不少城市已经付出了大量的努力去发展或者强化其知识型城市的定位,然而它们的方法都是自创和个性化的,缺乏一种统一的方法框架(Ergazakis et al.,2007)。这也表明,研究探索一个相对标准的知识型城市发展流程或框架是非常必要的。

尽管管理学界对战略管理流程有多种描述,但是,有三个环节不可或缺:战略分析(Strategic Analysis)、战略制定(Strategic Formulation)与战略实施(Strategic Implementation)。知识型城市的发展过程亦不例外。

如图 3.5 所示,城市知识型发展的主要过程包括以下几个方面。

◆ 愿景构建阶段。通过正式政策规划陈述发展知识型城市的愿景,并形成正式的战略领导机构,通过各种媒介传播城市的未来行动计划,唤醒社会的参与意识,激发市民通过力所能及的行动来支持城市战略的实施。此外,通过多种渠道在城市内外部利益相关者之间构建有效的协同网络与合作机制。

◆ 战略分析阶段。对城市的知识型发展能力进行充分评价,从静态和动态两个层面,识别城市的能力优势、劣势以及可能的发展风险,为城市的战略决

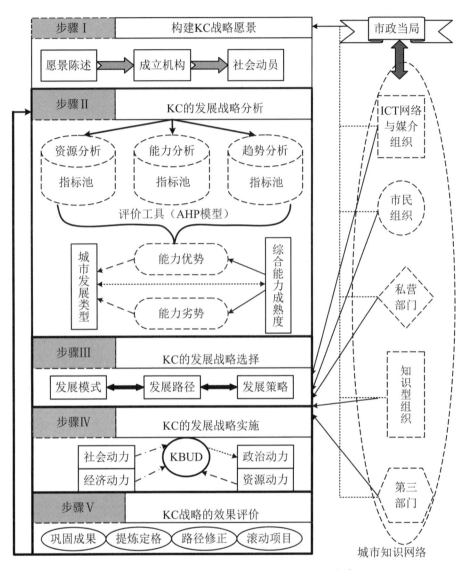

图 3.5　知识型城市的发展过程

资料来源：作者整理绘制。

策(行动路径和措施)提供必要的依据。城市传统资源和竞争优势也是不可缺少的考虑因素,因为它往往可以帮助我们判断城市向知识型发展转型的捷径在何处。

◆ 战略选择阶段。这一阶段主要规划城市知识型发展的具体路径和详细行动计划。例如,城市智慧化发展领域的公共服务智慧化的建设项目、高校等科研机构的R&D提升计划、促进知识产业发展和建立示范专区的行动方案,等等。

◆ 战略实施阶段。城市管理者重在鼓励和创造路径让利益相关者能够参与其中,善于激发城市内外部公共或私人机构参与知识型发展项目的投资。政府需要提供实施过程中必要的社会安全网和知识网,积极塑造城市良好形象,增强城市对外部知识阶层、知识产业等知识资源的吸引力。

◆ 绩效评估阶段。它是战略管理不可缺少的环节,重点完成阶段性的发展成果与目标的对比性评估。城市管理者需要不失时机地强化阶段性发展成果在城市内部定格和巩固,并采取滚动规划技术对未来的发展路径进行修正改进。

本章小结

本章在国际城市发展经验的基础上,分析了城市知识型发展的机制,包括发展要素、发展主体、发展动力、发展模式与发展流程等。通过研究发现,知识型城市的发展需要城市政府、高校科研机构、企业、社会组织、公民等利益相关者进行网络合作。他们之间的互动与协作可以形成知识型城市发展的政治动力、经济动力、社会动力和资源动力。同时,不同城市的知识型发展模式的选择取决于其现实基础,总体包括政府主导、市场主导和协同互动三种类型。然而,无论何种模式,发展知识型城市是一个战略管理的过程,其中,战略分析环节是发展的关键,构建科学的城市知识型发展能力评价体系进行资源能力评估尤为重要。

第 4 章
中国发展知识型城市的可行性与挑战

对于一个城市而言,是否具备向知识型发展转型的现实条件,需要进行系统科学的分析,这是毫无疑问的(Ergazakis et al., 2007;Elena, 2015)。在前两章,作者从知识型城市概念出发,系统解析了知识型城市的特征、发展要素、发展机制与形态演化等问题。然而,国内现阶段的现实条件是否支持知识型城市的发展?我国目前有无发展知识型城市的趋势或迹象?这些问题的回答是探讨中国知识型城市发展路径的前提。本章就对这些问题展开探讨。

4.1 中国城市化的演进、态势与新进程

4.1.1 改革开放以来中国城市化的历程演进

改革开放以来,我国的城市发展无论是在发展规模还是在发展水平上都取得了瞩目的成就,特别是区域中小城市的进步尤为突出。可以说,近四十年来,受经济驱动与政策导向的双重作用,我国城市化进程正在向更高质量和更高水平演化。尽管没有严格的阶段划分,但我国城市化进程总体上经历了三个重要

阶段。

1. 控制大城市、发展小城市时期(1978年至20世纪90年代中后期)

1978年3月,我国政府明确提出了"控制大城市规模,合理发展中等城市,积极发展小城市"的基本方针,并于1989年制定了《中华人民共和国城市规划法》,再次重申了"严格控制大城市、积极发展小城市"的城市发展方针。这一方针主要是基于西方国家"大城市病"的历史之鉴而制定的,强调了城市规划的重要性,重点提出了两点要求:严格控制大城市(人口50万以上)规模以防止其发展成为特大城市(人口100万以上),同时,合理规划中等城市(人口20万以上且不足50万)以避免发展成大城市。

从20世纪80年代至20世纪90年代中后期,尽管国家在此期间对城市发展方针略有微调,具体政策表述上有些许变化,但一直坚持"控制大城市的发展规模"。现在看来,此方针对我国后期的城市规划、建设和管理工作都产生了重要影响,尤其是有效促进了国内中小城市的发展,特别是乡镇、县市级城市的增长。据统计,1978~1998年,我国城市数量由193个发展到671个,增加了2.48倍;而建制镇却由2173个发展到18925个,增加了7.71倍,小城镇的增幅远远超过了城市增幅(许成安 等,2001)。另外,中国社会科学院城市与环境中心在《改革开放以来我国城市化的回顾》一文中谈到城市数量增幅时指出,在1990~1995年的5年内,我国增加了173个城市,平均每年增加约35个,最多的1992年和1993年每年分别增加53个和52个。

值得一提的是,在这个阶段,我国对沿海城市的发展政策进行了重大创新,特别是经济特区的设立使得深圳、汕头、厦门和珠海四座城市获得了巨大发展活力。1984年,国家又相继开放了大连、秦皇岛、天津、烟台、青岛、连云港、南通、上海、宁波、温州、福州、广州、湛江、北海等14个沿海城市,这些沿海城市的区位优势也迅速得到了释放,使得这些城市的发展也步入了快车道,其结果是,在我国东部和南部地区,"长三角城市群"和"珠三角城市群"的雏形逐渐形成。尤其是,以深圳为代表的发展模式为全国的中小城市提供了样板,其发展速度也逐渐成为中国城市的"新标杆"。

2. 大中小城市协调发展时期(20 世纪 90 年代末至 2007 年左右)

进入 20 世纪 90 年代以后,随着国家经济持续稳定地增长,我国城市建设和发展也逐渐进入稳步增长时期,城市发展的总体格局发生了两个重大变化:

第一个重大变化是,受经济驱动的"聚合与外扩"效应,城市规模增长迅猛,大型城市数量不断增多,并出现了大量"特大城市"。据国家统计局相关数据显示(如表 4.1 所示),截至 2007 年末,我国城市数量已达到 655 个,比 1978 年增加了 462 个。其中,城市市辖区人口(不包括市辖县)200 万以上的城市达 36 个,比 1978 年增加了 26 个;人口 100 万~200 万的城市达 83 个,比 1978 年增加了 64 个。人口超过 100 万的城市已达到 119 个[①]。

表 4.1　1978~2007 年我国城市规模的增长情况

城　　市	1978 年（个）	2007 年（个）	增加数（个）	增长（倍数）
200 万以上人口	10	36	26	2.60
100 万~200 万人口	19	83	64	3.37
50 万~100 万人口	35	118	83	2.37
20 万~50 万人口	80	151	71	0.89
20 万以下人口	49	267	218	4.45
合计	193	655	462	2.39

资料来源:国家统计局《改革开放 30 年我国经济社会发展成就系列报告之七(2008)》。

---

① 补充说明:1997~2006 年期间,我国不断进行行政区划调整,部分城市进行了拆分与合并,致使此处数据与前文数据有所出入。

第二个重大变化是,大型或特大型城市的发展引起了重视和反思。随着城市经济规模的不断扩大和城市流动人口的增多,一些大型或特大型城市数量也在自发性地增多。然而,值得关注的是,少数大城市的良性发展非但没有出现令人生畏的"城市顽疾",反而对周边中小城市的发展起到了强有力的辐射带动作用,由此形成了大中小城市协调发展的新格局,这一现象引起了政府和学术界的反思,人们开始调整过去对"大城市发展"一贯否定的看法,特大城市对于新经济增长点的培育和区域产业带动的利好一面受到肯定。

然而,这并不代表这个时期放开了对大城市发展的控制,相反,这个阶段对大城市的基本要求是:一方面,积极控制大城市的市辖区规模,合理规划和开发新区,发展卫星城来分散大城市的某些商业与居住功能;另一方面,要求大城市在自身资源优势基础上开始朝向更加集约化、特色化和可持续化的方向发展。至此,积极探索城市发展新模式的势头已经在国内发展较为领先的城市中出现。

3. 城市群与新型城镇化发展时期(2007年左右至今)

城市群(Urban Agglomeration)是"在特定的地域范围内具有相当数量的不同性质、类型和等级的城市,依托一定的自然环境条件,以一个或两个特大或大城市作为地区经济的核心,借助于现代化的交通工具和综合运输网的通达性,以及高度发达的信息网络,发生与发展着的城市个体之间的内在联系,共同构成一个相对完整的城市集合体"(姚士谋 等,2001)。回顾历史,我们发现,我国城市群与特色城市的发展同样是遵循了上述定义中的某些规则,其发展是一个自然与自发的双重行为的结果。

一方面,随着区域经济实力不断增强和城际交通网络的快速发展,区域内各城市间生产要素流动和产业分工不断增强,经济上的互动性与便捷化的交通网络已经将单个不同城市自然连接为一个协作有序的城市群系统;另一方面,我们也应该看到,一些城市在长期发展中已经积聚了很多资源优势和发展实力,城市的发展已经不再徘徊于规模增长,而是寻求可持续的经济与产业,为市民提供更好的宜居生活和就业机会,以提升城市的发展特色。尤其是,面临发展与生态之间尖锐化矛盾的部分资源型城市已经到了不得不进行新变革的关键阶段。

这一时期,国家的政策导向是希望通过新的资源与产业整合将区域城市"优化组合"为协同发展的城市群。当然,这既是区域公共事务跨域合作的自发需要,也是区域经济发展必须寻求外部合作的客观需求[①]。近年来,随着国家主体功能区规划、国家级区域规划和国家级创新型试点城市规划等政策密集出台,很多区域城市群借势得到了较快的发展,区域城市群中的行政经济中心快速成长为地区经济发展的增长极和核心城市。例如长三角城市群和珠三角城市群已经步入全球主要城市群行列。截至目前,我国已经形成了京津冀、长三角、珠三角、山东半岛、辽中南、中原、长江中游、海峡西岸、川渝和关中等十大城市群。

但是,在社会经济高速发展的过程中也出现了大规模造城运动、地价高攀、资源环境严重破坏等问题。为此,十八大之后,国家领导人多次强调,需要在经济新常态下健康稳定地推进新型城镇化(姚士谋 等,2016)。这种新型城镇化的本质在于人地关系、经济模式、发展动力、社会发展、空间地域、规划管理六个层面的系统变革(董晓峰 等,2017)。在这种新政策背景下,北京、上海、杭州等城市纷纷走上了新的城市发展模式探索之旅,由此,"智慧城市""数字城市""知识型城市"的发展模式不断被提出。可以说,当前最值得关注和探究的问题是,这些城市在追求"区域群体化发展"和"自我特色化发展"的双重道路上,以何种模式作为城市未来发展的目标是首要问题。

---

① 说明:2007年12月,国家批准了中原城市群、武汉城市圈、长株潭城市圈、皖江城市带等四个区域为资源节约型、环境友好型社会综合配套改革试验区,由此掀起了特色城市圈、城市带的建设新高潮。

4.1.2 中国国内城市面临发展转型的态势

改革开放近四十年来,国内的城市发展基本形成了大中小城市和小城镇协调发展的合理格局。部分区域中心城市已经步入新型发展模式的探索阶段,这是其中最本质的变化。然而,必须看到,推动城市发展的一些积极因素和束缚城市深入发展的现实问题正不断交织,成为国内城市整体面临发展转型的动因。

1. 经济综合实力增长是城市转型的根本动力

近年来,随着城市经济的发展,我国城市化进程不断加快,城市在发展中积累的优势和资源强化了城市整体综合承载能力,为城市向新发展模式转型奠定了较好的基础。当前城市转型发展的综合实力主要体现在三个方面:

一是城市化所处的阶段。据国家统计局相关数据(图4.1)显示,2000~

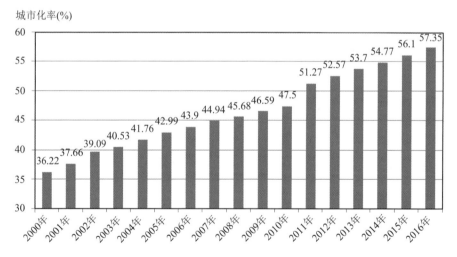

图 4.1　2000~2016 年我国城市化进程

资料来源:根据国家相关统计数据整理绘制。

2016年的十余年内,我国城市化率已经由36.22%提高到57.35%,年均提高约1.3个百分点,并在2011年首次超过50%,达到51.27%。上海、北京和天津等相对发达城市早在2009年城市化率就分别达到了88.6%、85.0%和78.0%。这表明,我国城市化正在步入全新发展时期,典型表现为不同规模及资源优势的城市正在向较自身更高层次的"雁形"格局发展。

如图4.2所示,根据城市发展的"纳瑟姆曲线"可以预测,我国城市发展总体进程的第二个拐点预计会在2020年左右①。城市化目前正处于较高水平上

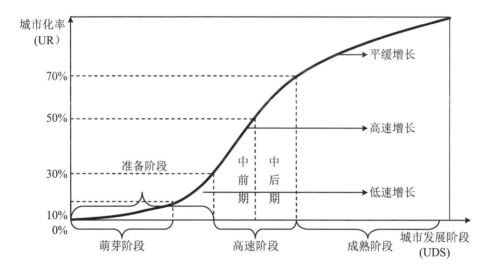

图 4.2 城市发展阶段与城市化率关联图

资料来源:作者根据"纳瑟姆曲线"绘制。

---

① 该曲线由美国城市地理学家 R. M. Northam 于1979年首先发现并提出,表明发达国家的城市化进程大多经历了上升过程。城市发展阶段(Urban Development Stage, UDS)可依据城市化率(Urbanization Rate, UR)而划分为准备、高速和成熟三个阶段:若 $UR<30\%$,则 UDS 为低速成长的准备阶段;若 $30\%<UR<70\%$,则 UDS 为高速成长阶段;若 $UR>70\%$,则 UDS 为相对平缓增长的成熟阶段。

的平稳增长阶段,我国地方各级政府需要基于国家2030年甚至2050年的长远规划,做好本地区的未来战略布局与发展规划,谋划与未来经济社会发展相适应的新城市发展模式。

二是城市的现实经济实力。据统计,截至2016年末,北京、上海、广州和深圳等12座城市国内生产总值均超过2万亿元。其中,深圳、苏州、广州和无锡人均国内生产总值均超过2万美元,在全国城市排名中位列前四位。这些城市经济总量提升的背后必然带来政府公共收入的稳定增长,雄厚的财力为城市现代公共服务体系建设提供了坚实的基础,有效推动城市朝更为高级的形态转型发展。

三是城市经济结构调整的需求。据国家统计局资料显示,我国地级及以上城市的第三产业占地区生产总值的比重在2009年首次超过了第二产业,至2016年,我国第三产业增加值比重已经超过50%,达到51.6%。这说明,当前以知识为特征的新兴服务产业正在促进城市经济结构发生质变,选择创新驱动发展战略的新型城镇化路径已是客观经济形势的需要。对于大城市而言,当前一个关键问题是,如何促进城市在经济新常态下走向更加开放、包容和兼具经济活力的城市。

2. 粗放型发展的不可持续性是城市转型的内在原因

城市粗放发展根源在于城市经济的粗放式发展,突出表现在城市发展缺乏系统规划、城市土地的无序利用与功能区域布局欠合理、资源枯竭型城市面临产业困境、生活生产资源短缺及严重环境污染等多种问题。2011年,中国城市科学研究会通过对全国287个城市进行总体评估发现,我国72%的城市处于粗放发展阶段,可见其形势已经十分严峻。粗放式发展也许能使一座城市短期内快速发展,但终究不会使一座城市拥有持久的发展能力,转型发展会成为其最终的选择。2008年、2009年、2012年,中央政府分三批确定了69个资源枯竭型城市,并通过政策推动这些城市实施城市发展转型。可以看出,无论是传统工业城市,还是资源型城市,粗放式发展已经严重影响城市发展的可持续性。高昂的生活成本带来的低生活质量正在加速城市宝贵的智力资本外流,使城市未来发展的关键资源面临短缺。在我国经济社会整体转型趋势下,城市发展模式转型已经非常必要。换言之,在维护资源开发与生态平衡前提下,城市政府需要科学选择符合自身现实的新发展道路与模式。

3. 突破同质化竞争是城市转型的外在形式

信息通信技术和交通网络的发展增强了全球市场的同步性,导致各级城市在产业定位上竞争加剧。严峻的竞争又导致城市在定义自身发展模式的时候出现了雷同,作者将此概括为发展的"同质化"竞争行为。这种行为突出表现在各级城市对某种新型城市模式和发展路径(发展项目、产业定位、发展措施等)竞相"追捧"与"效仿",缺乏对城市自身发展基础的充分考量。

随着我国工业化进程不断深入,工业化带动城市化的步伐也正在加快,进入 21 世纪以来,在全力推进城市化建设中,全国特别是东部沿海和内陆的一线城市纷纷以产业优势和传统资源为基础,提出了创新型城市、学习型城市、智慧城市、生态城市、低碳城市等新发展目标,并探索了建设创新产业园区、规划发展数字城区等新举措,使城市在转型中取得较好的成效,如陕西西安的文化古城、江苏苏州的园林城市、浙江义乌的小商品贸易之城等。

然而,无论在大型城市之间,抑或在大城市与中小城市之间,我们看到,几乎每种新型城市的发展模式在一个"标杆城市"取得成功之后,都会在极短时间内广受其他城市"密集效仿"。某个城市"量身定做"的发展措施一旦奏效,马上就被"紧随其后"的其他一些具备或不具备资源条件的城市奉为城市发展的"新行动法则"。缺乏科学的战略分析往往会致使部分城市在变革中再次陷入困境:一方面,忽视自身现实条件的"盲目跟随"造成了城市资源虚掷和经济损失;

另一方面,长期困惑于诸多城市理念的"此起彼伏"而无所适从,无法识别和利用自身可贵的资源与优势进行科学发展。

在"2011中国智能城市论坛"上,国内学者辜胜阻就曾针对当前国内备受推崇的智慧城市建设问题明确指出,发展智慧城市需要顶层设计和统筹规划,要防止一哄而起、急于求成。现实情况是,目前我国已有上百个地区提出建设智慧城市,28个省市将物联网作为产业发展重点,80%以上的城市将物联网列为主导产业,"过热"苗头已经出现。由此可见,城市同质化发展已经成为城市转型的重要外因之一。一个好的城市模式在不同城市的发展方式应该"不拘一格",更应该"量体裁衣"。每个城市都存在某种优势,这种优势存在于产业经济积累之中,更是蕴藏于社会、历史和文化的差异之中。基于现实能力的评估进而找到适宜的发展路径应当是一个基本原则。

4. 数字网络技术是推动城市转型的关键力量

从严格意义上说,数字化或网络化仅仅是一种技术,然而,从现实来看,绝非如此。数字网络技术作为一种变革力量,正在对城市的经济形态、空间结构、社会交往等多个领域产生积极的变革,加快了城市发展转型的进程,突出表现在数字网络技术对城市空间结构和社会互动系统的重塑与变革上。

今天,以互联网络和无线手持设备等数字工具为载体的传播网络已经将整个城市联结为复杂而庞大的数字系统,一个新的虚拟交互空间已经在城市传统的"物理空间"之外生成。一个明显的趋势是,数字网络逐渐成为城市经济社会发展的重要依托,也成为社会互动的重要渠道。随着城市交通网,特别是城际高速交通网的建设,数字网络的发展在某种程度上正在改变原来泾渭分明的城市空间结构,导致核心数字城市和非核心数字城市的"虚拟结构"出现。

此外,数字网络技术的发展同样改变着城市居民传统的生产、生活和交流模式,对社会系统运营产生了深远影响。数字网络的开放式创新平台、原材料的在线采购、生产线的智能制造、产业市场与消费市场的电子交易、网络虚拟社区的繁荣等新现象表明,数字技术正在对传统城市模式进行重塑和变革。数字网络的密度和数字信息控制与获取能力正在影响该市在未来城市发展格局中的地位。城市辐射力不再仅仅取决于空间的区位优势,而需要综合考虑城市数字网络的通达性和影响力。

4.1.3 中国城市发展的未来趋势

通过分析,不难总结出,我国城市发展目前正处于社会转型和城市化快速发展的叠加时期。本书认为,未来我国城市发展将主要呈现以下趋势:

1. 城市整体发展进入转型发展的关键时期

随着城市经济的稳定增长,城市综合实力不断增强,部分沿海和内陆中心城市已经进入城市群与特色城市化发展的新阶段。国内经济社会整体转型的趋势背景和人们对城市生活更高品质的追求正在驱使城市由粗放式发展转向集约式发展,可以说,我国城市整体正处于转型发展的关键时期。结合前面的分析,作者认为,这里所说的转型有两层含义:一是城市发展价值取向的转型,具体而言,国内大城市将从规模扩张的"外延式发展"向品质提升的"内涵式发展"转变,中小城市也将进入一个"小而精"的特色化发展阶段;二是城市发展模式的转型,国内城市将面向知识经济和生态可持续发展的方向进行有益探索和转型,选择何种发展模式将决定城市能否有效整合城市资源并获取长久的发展优势。

2. 城市群将呈现组团式发展并形成丰富的城市带

当前,我国已经初步形成了一些典型的区域城市群,例如,以北京、天津、青岛和大连等城市为中心的环渤海湾城市群,以上海、南京、苏州、杭州和宁波等城市为中心的长三角城市群,以广州、深圳、东莞等城市为中心的珠三角城市群等。未来,城市群发展的一个重要趋势极有可能是,区域城市群呈现组团式发展,并随着大城市群之间的互动而连接成区域城市带。现实可以看到,随着城际交通网络的便捷化发展和区域内经济集聚与扩散效应不断增强,围绕国家创新试点区的重新布局,新兴产业正在各区域内兴起并不断向周边溢出,区域内城市间产业分工与协作正在加深,经济上更为密切的"纽带"正在将不同城市整合成一个彼此协作且各具特色的大城市系统。该系统内的核心城市犹如一块"磁石",会对周边市区释放巨大的"磁场",吸引区域内其他城市不断聚合并演化成组团式城市群。该城市群与其他城市群之间一旦再次"链接",则在更广阔的区域内极可能形成大城市带。

我们以长江中游区域为例,如图 4.3 所示,目前,在此区域,已经基本形成了以武汉为核心的"武汉城市群"、以长沙为核心的"长株潭城市群"、以南昌为核心的"环鄱阳湖城市群"和以合肥为核心的"皖江城市群"。未来可能的演化趋势是,首先,各城市群内部进行优势资源整合与调配,在经济、社会发展上先进行内部组团,例如,皖江城市群可能会以蚌埠-合肥-芜湖、安庆-池州-铜陵-芜湖两条主线交错发展,其中,以合肥市为核心,巢湖、马鞍山和芜湖等市为骨干的组团城市群将会因集聚而形成。与此同时,以武汉、南昌和长沙为核心的城市群内部也同样会出现类似的组团行动。此后,新一轮的互动将在这四大组团城市群间展开,以长江中下游交通走廊为主轴,向东南分别呼应"长三角城市群"和"珠三角城市群",形成我国中下游地区重要的城市带。这是未来城市发展的新趋势和新特征。限于篇幅,我国其他区域在此不再赘述。

这种"群带式发展"将会对单个城市产生何种影响呢?从发达国家的城市发展经验来看,它将会极大地增强群内城市的互通关联度,这种互通关联度不仅意味着城际间拥有高效便捷的信息交通网络,更在于拥有创造共同福祉与城市治理的机会空间,换言之,城市群或城市带的发展并不意味着不同城市在空间上的无缝连接,而是指城市间经济和社会发展的分工协作已经密不可分,尤其在知识经济时代,这种群带式发展将会为新兴经济的核心发展要素——人才提供更多的流动性选择,同时也为其他生产要素提供更优化的配置选择。

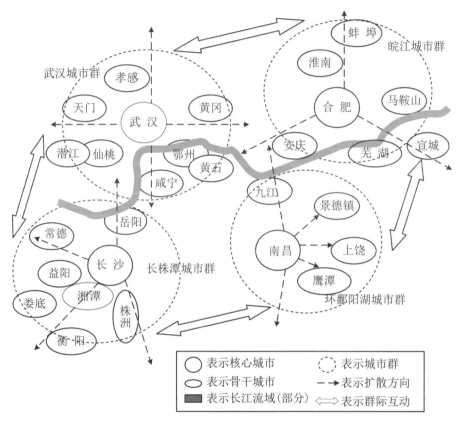

图 4.3　组团式城市群发展示意图
资料来源:作者整理绘制。

3. 城市知识型发展将成为一种新的发展模式

当前的城市化进程可以描述为不同发展水平、不同资源优势的城市分别向较自身更高的层次递进的"雁形"格局,其中,不同区域内的核心城市已经成为当地中小型城市发展的"领航者"。值得关注的是,当前,城市形态和布局不均衡、资源和环境约束等诸多现实也正在激发这类城市政府对未来发展模式的积极思考。可以预见的是,为了国内经济社会转型发展的需要,各区域城市群中的骨干城市(以大中城市为主)将成为城市转型发展的先驱。尤其在知识经济、智慧发展和低碳生活的多重背景之下,知识型发展模式将会是一个备受推崇的选择。事实上,从北京、上海和深圳等城市近些年来的转型实践分析,它们可以说正在这种发展模式上进行着有益探索,具体分析可见后面的阐述。

对于中小型城市而言,城市知识型发展同样具有一定程度的可行性。这是因为,当前我国正处于新型城镇化和创新驱动发展、智慧型发展的交叉重叠阶段,除了大中型城市之外,中小型城市也将迎来重要发展机遇。例如,广东虎门、浙江乌镇、江西共青城等一些具有一定资源积累或特色优势的中小型城市在充分的自我评估基础上寻求个性化的知识型发展之路是极有可能的。

4.2 基于社会转型的知识型城市发展可行性

众所周知,我国当前正在经历一次意义深刻的社会转型,可以说,这是我国经济、社会、生态等多领域的系统综合变革,未来社会发展的新生态将在转型期内生成。城市作为社会的一部分,其未来发展模式必然会受到转型环境的影响而面临新选择,尤其是在城市集群化和规模化不断加速的新形势下,符合转型环境的未来城市发展模式已备受关注。本节重在对当前我国转型环境进行系统剖析,论证以知识经济为基础的知识型城市与当前国内的社会转型趋势具有良好的契合性,知识型城市可以成为我国未来城市发展模式的新选择。

4.2.1 国内社会转型的态势与走向

社会转型是经济社会发展至一定阶段的必然现象。一般意义上认为,"社会转型"是指从传统社会向现代社会、从农业社会向工业社会、从封闭性社会向开放性社会的社会变迁和发展的过程(陆学艺,景天魁,1994)。但是,从现实角度考量我国的社会转型,既要用世界的眼光,对改革开放以来中国社会巨大变化所做的社会学概括、解释和预测,又要用历史的视野,对这三十余年间中国社会"快速转型期"不同于以前的特点的社会学描述、刻画和分析(郑杭生,2009)。就后者而言,本书认为,我国的社会转型可以理解为一种在世界现代化的背景趋势下国内经济、政治、社会与生态等多维领域内结构变迁与功能发展的过程。

结合世界发展的演化趋势(如图 4.4 所示),不难看出,当前我国的社会转型与世界发展路径存在相似性,即社会总体上呈现由工业社会向信息社会进而向知识型社会发展的趋势。这个过程是涵盖经济、政治、社会和生态等多维度的系统变革,更是包含新型工业化、新型城市化、知识化、信息化、全球化和民主化的复杂过程。就国内现状而言,我国当前的转型可以概括为四大领域的系统变革:以产业结构优化升级为核心的经济转型、以包容性增长和公共服务均等化为目标的社会转型、以优化能源体系为核心的生态发展模式转型和以构建善政体制提升服务能力为核心的政府治理方式转型。

城市是社会重要的一部分,城市转型同样是社会转型的重要组成部分。我国当前社会的系统转型必然会引致国内城市发展模式的变革,因而,思考我国城市未来发展方向的前提是需要对当前的转型趋势有比较深刻的认知与分析。

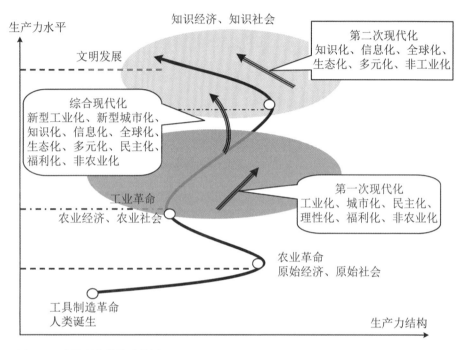

图4.4 世界现代化的路线图

资料来源:中国现代化战略研究课题组,中国科学院中国现代化研究中心,2010.中国现代化报告2010:世界现代化概览[M].北京:北京大学出版社:3.

4.2.2 知识型城市发展与社会转型的契合性

1. 知识型城市发展与经济转型的契合性

当前,国内经济转型突出表现在发展方式的转型上。长期以来,我国"低成本、外生增长"的经济发展方式虽然推动了我国经济总量的快速增长,但是,其引发的资源能耗过大、生态污染严重、企业自主创新能力"不足"等弊端也相应出现。尤其在全球"低碳气候"之下,这种发展方式亟须转型。鉴于此,我国当前正在通过培育战略新兴产业和改造传统产业来促进产业结构的优化升级,引导区域城市构建自主创新机制,鼓励民营企业进入改革创新领域,力求在新技术基础上促进战略新型产业的成长,促使经济发展转向"创新驱动、内生增长"的方式。

城市作为社会的重要板块,其经济也必然会发生类似转型。也就是说,创新经济同样会随着城市经济转型而跻身主导经济地位。那么,何谓创新经济?以色列创新生态学家 Ron Dvir 博士等人认为,这种经济的本质在于创新,是一种将知识和思想转化为价值的过程(Dvir, Pasher, 2004)。知识的创造、传播、共享与应用是创新引擎的重要运行机制,因此,基于创新导向的经济转型也必将促进和推动知识产业的兴起和规模化发展,而知识产业的发展正是知识型城市赖以生存和发展的基础,由知识产业催生的知识经济将成为知识型城市发展的核心动力。从经济发展的角度而言,知识型城市的发展符合我国经济转型的方向。

2. 知识型城市发展与社会转型的契合性

从美国前副总统戈尔 1998 年 1 月发表的题为《数字地球》的演说开始,一个与地理信息系统、互联网络和虚拟现实等高新技术密切相关的"数字地球"的概念逐步被世界各国所接受。2009 年,IBM 发布了"智慧地球"的战略愿景,提出"构建一个更有智慧的地球"的方案,旨在以先进信息技术推进社会产业体系和公共服务领域的系统变革,形成新的世界运行模型。该方案的提出再次引起了各国政府对"信息化时代"的再思考并初步形成了一个共识,即人类社会正处在工业社会向信息社会进而向知识社会转型的过程中。正如彼得·德鲁克所言:"每隔几百年,西方历史上都会发生一次急剧的转型……短短十年间,社会就重塑了自我,包括它的世界观、基本价值体系、社会政治结构与制度。"当前我们正处于"知识社会"的转型中。这是一种后资本主义社会,在这个社会中,信息和知识正在取代资本、自然资源及劳动力成为基本的经济资源。

在国内,随着宽带互联网和无线通信技术的换代升级,我国的信息基础设施也正在不断得到优化与完善,社会信息化转型的趋势尤为明显。根据国家信息中心发布的《中国信息社会发展报告2016》显示,2016年全国信息社会指数(ISI)达到0.4523。全国信息经济、网络社会、在线政府、数字生活指数分别为0.3848、0.4057、0.5496、0.5341,其中,数字生活指数提升最快,约是2007年(0.1377)的3.88倍。被调查的336个地级以上城市中,32个城市已经进入信息社会;15个副省级城市中有9个城市信息社会指数超过0.6,进入信息社会初级阶段;广州、杭州、南京、武汉、济南和长沙6个省会城市信息社会指数超过0.6,进入信息社会初级阶段。此外,深圳市信息社会指数高达0.8510,属于进入信息社会中级阶段的城市。这些数据表明,我国社会整体正处于工业社会向信息社会过渡的加速转型期。预计2020年前后全国信息社会指数将达到0.6,整体上进入信息社会初级阶段。

由人类文明与世界现代化转型路线(图4.4)可知,信息社会尽管是当前社会形态的转型方向,然而基本上是在"综合现代化"和"第二次现代化"过程中完成的,处于工业社会向知识型社会过渡的中间形态,其未来归根结底会走向知识型社会。也就是说,信息社会是知识型社会发展的基础和必要阶段,我国面向信息社会的发展趋势将会加速知识型社会的成长并促进知识型城市的发展。

一方面,在信息社会转型发展中,显含"知识"特征的信息产业价值链将会进一步得到拓展并推动相关产业集群式发展,即以知识为核心生产要素的信息产业不仅会推动知识经济的成长,也会促进城市"知识网络"的形成,成为知识型城市知识要素流动的重要通道和载体;另一方面,信息社会的发展会不断为社会互动和社会交往创造新的媒介与空间。"虚拟社会"与"现实社会"的交融将在一定程度上重构城市市民的社会认知、社会心理和社会意识,并形成以规范、信任为基础的新型社会互动规范,这也是知识型城市"协同网络"得以形成的必要条件。综合来看,知识型城市的发展与我国社会转型趋势同样具有良好的契合性。

3. 知识型城市发展与生态转型的契合性

生态转型的本质就是如何处理经济-人口-生态"三位一体"的关系。传统追求经济增长的工业文明已经对自然生态造成了一定程度上的"破坏",并引起了经济与人口、生态的结构型矛盾。这种矛盾的外扩与复杂化已经给城市发展带来了深刻的负面影响。一些资源型城市正在面临传统资源枯竭、环境负载严重超标的发展困境,部分地区近年来一直频繁遭遇由于异常气候大面积泛滥导致的生态灾难等。经济、人口与生态三者和谐共生的生态发展模式已经成为生态转型的目标与方向。城市与自然生态密切关联,如何选择合适的发展模式以契合生态转型的需求同样是城市发展需要重点考虑的问题。

曾有研究指出,"知识型城市"是人们出于现代城市发展面临的困境如空气污染、水污染与噪声污染等环境污染,物质资源的有限性和对知识资源所蕴涵价值的深刻认识与反思的基础上提出的(纪慧生,2015)。

具体而言,知识型城市与我国当前生态转型的契合性主要体现在两个方面:一方面,以知识经济为主导产业的知识型城市将大幅降低对传统资源的依赖和消耗,从而减少对生态系统的破坏,有助于生态系统的恢复和再造;另一方面,知识型城市可以通过有目的的设计与治理策略促进知识创造,实现城市可持续发展。知识型城市高效的知识传导系统和协同机制能够更好地支持城市生态维护行动,通过生态科技传播、人工修复工程等方式促进生态回归良性发展。生态转型目标旨在城市与自然的双重可持续发展,而追求一种良好的生态和城市的可持续发展恰恰是知识型城市发展的主要诉求。因此,知识型城市的发展与追求生态可持续性的目标也是一致的。

4. 知识型城市发展与政府治理模式转型的契合性

多元主体参与社会治理和共享发展成果是社会发展的重要基础。治理需要政府,但也离不开企业组织、第三部门和公民等其他社会主体的参与。正如塞缪尔·亨廷顿所说,社会经济发展促进了政治参与的扩大,造成参与基础的多样化,导致主动参与代替动员参与(塞缪尔·亨廷顿,1989)。从国内现实来看,随着社会"参与治理"意识的增强、社会组织的迅猛发展和网络虚拟社会的兴起,不同社会主体对社会公共事务的协作意愿正快速上升,一定程度上奠定了政府治理模式从单一走向多元的社会基础。另外,在重大社会公共事务和突发事件的处理上,我们同样可以看到,政府对民众和社会组织"参与治理"的回应性也在不断增强,政府正积极鼓励社会组织和公民参与到社会重大问题的治理过程中。可以说,从"单一"走向"多元"已经是政府治理模式转型的重要趋势了。

那么,知识型城市的发展与这种治理模式转型的契合性又体现在何处呢？众所周知,完善、高效的"多中心协作机制"是实现这种治理转型的必要基础,知识型城市的发展恰好在这种机制供给上具有某些特殊的优势:一方面,知识型城市将不同城市主体之间正式和非正式的共享网络及协同行为视为自身发展的关键要素(Ergazakis et al., 2004；Yigitcanlar et al., 2008),也就是说,知识型城市的发展本身暗含了城市不同主体需要借助彼此相连的"实体网络"和"虚拟网络"来建构一种良好的协同机制。由此可见,知识型城市的发展符合多元治理的目标诉求。另一方面,知识型城市所推崇的"知识网络"可以为"多元协作机制"创造更加丰富的渠道、平台和方式,从而提高政府治理的有效性。这是因为,先进高效的"知识网络"可以使不同参与主体能够及时获取透明、均等的公共信息。这样既有利于这些主体之间的沟通协调,又有利于他们交流治理问题的经验,从而有效促进问题共识的达成并提高各自协同参与的程度。由此可见,知识型城市的发展与政府治理转型的趋势同样存在较强的契合性。

4.2.3 中国知识型城市发展的现实迹象

当前,随着经济与社会发展的转型,追求创新、协调、绿色、开放、共享不仅成为国家"十三五"时期乃至更长远的发展思路和发展方向,也为城市的发展转型指明了方向。在数字化进程的交互影响下,当前各城市纷纷进行战略性规划,以促进和推动知识型创新生产,带动城市及地区的经济社会发展(春燕,2016)。

有研究表明,基于知识的增长迹象在中国已经十分明显,加快了基于知识的发展资源继续向亚洲转移(Huggins et al.,2014)。《中国城市竞争力报告2015》同样显示,2015 年,我国城市知识型竞争力指数均值已经达到 0.359,较 2013 年的 0.266 和 2014 年的 0.312,增长迅速。同时,城市间指数的差异系数迅速下降,2015 年为 0.490,远低于 2014 年的 0.578、2013 年的 0.606。中国城市知识竞争力均值的提高和差异系数的缩小正是中国城市正在走向知识型发展的有力佐证。

另外,值得关注的是,2015 年,港澳地区与内地 289 个城市的知识城市竞争力排名前 30 的城市(见表 4.2),无论是城市的整体竞争力还是城市知识型发展所强调的信息化发展能力、创新能力,均有不俗的表现。尤其是在创新驱动的知识型城市建设方面,其中的一个关键指标是城市科研经费投入占政府财政总支出情况,据统计,2015 年,294 个城市中科研经费支出额排名前 10 的城市总支出额占所有城市科研总支出的 37.88%,排名前 20 的城市占比高达

49.94%(倪鹏飞,2016)。尽管这一数据说明我国城市总体科研经费支出不均衡,但是它也从另一个侧面说明,这些科研经费支出较高的城市具有较强的知识型发展的动机,或者在某种程度上说明,这些城市在知识型发展上已经积累了一定的基础和条件。

表 4.2 2015 年港澳地区与内地 289 个城市知识城市竞争力排名前 30 的城市

排名	城市	排名	城市	排名	城市
1	北京	11	香港	21	宁波
2	深圳	12	厦门	22	中山
3	上海	13	成都	23	芜湖
4	南京	14	太原	24	青岛
5	广州	15	珠海	25	西安
6	天津	16	长沙	26	无锡
7	杭州	17	沈阳	27	常州
8	苏州	18	济南	28	南昌
9	武汉	19	东莞	29	长春
10	大连	20	合肥	30	哈尔滨

资料来源:倪鹏飞,2016.中国城市竞争力报告.NO.14[M].北京:中国社会科学出版社:26-38.

总体而言,近年来,知识型、创新型或智慧型的城市发展趋势日益明朗。不断加快的信息化进程加速了大数据管理时代的到来,城市信息基础设施不断升级,无论是商业模式的变革,还是政府公共治理的转型,或是现代人们的生活与社会交往,数字化应用越来越成为一种必备生存技能。知识与信息越来越成为各种经济社会活动的基本元素,无论是个人还是组织,对于"知识需要管理"的认知已经今非昔比,变得愈发重要。与此同时,全国大中型城市在实施创新驱动发展和供给侧改革的过程中,都明确将新一代信息技术、生物医药、新能源等显含"知识产业"特征的产业作为城市经济发展的方向。2017年6月,国务院常务会议指出,当前国家正在推动的分享经济模式同样是为了适应全球新一轮的科技革命和产业变革,依托互联网平台对分散资源进行优化配置的新举措。这表明,以"知识密集"为特征的知识产业已经成为诸多城市力推的重要产业,而且互联网已经成为推动经济发展模式变革的重要媒介。

在具体的知识型发展战略倡导上,近年来,也有不少城市陆续表达了这种愿景。例如,2009年,深圳市最早提出了"知识型城市"的发展战略。2014年,大连市也提出,构筑起城市知识学习网络,推进知识学习和管理,力争用三年左右时间将大连建成"学习型城市"。2015年,沈阳市也提出"建设创新驱动的知识型城市"的愿景。此外,近年来,各大城市都在积极推行智慧城市建设,而且,国家于2015年将"智慧城市"首次写入政府工作报告,并陆续出台"云计算""互联网+"等政策,积极推动智慧城市发展。据前瞻产业研究院统计,目前我国已经有超过500个城市在进行智慧城市试点,并且都出台了相应规划,计划投资规模超过万亿元。

总体来看,这些所谓的"智慧城市""学习型城市"等模式从概念上与知识型城市看似不同,但是,它们本质上都属于知识型发展的内容范畴。国内主流城市对知识经济、智慧化发展给予高度重视并付诸行动,这些迹象恰恰表明,知识型发展的理念在国内已经受到重视,知识型城市的发展具有实践的可行性。

综上所述,知识型城市作为一个新兴的城市发展理念和城市运营模式,其典型特征和发展要素与我国社会转型的未来趋势具有较好的契合性,因而,它可以成为我国城市未来发展的一个"风向标",也可以成为当前具备转型条件的国内城市在发展模式上的新选择。

4.3 中国发展知识型城市的挑战与思考

4.3.1 中国城市知识型发展面临的挑战

1. 知识型城市的发展存在"概念化"风险

知识型城市是一个综合的城市形态,包含了数字城市、智慧城市、创新型城市和生态城市的要素特征,内涵非常丰富。鉴于该理论引入国内时间相对较短,所以正确理解和把握它需要一个过程。在现实发展过程中,难免会存在没有认识到其本质要义而流于表面"概念"的片面理解,在行动上也可能存在"无所适从"或缺乏系统、长远规划的"浮躁行动"。换言之,当前我国发展知识型城市所需的理论仍存在不足,将知识型城市理论结合我国实践进行具体探究并开发有效的发展工具对于现实而言是十分必要的,况且,知识型城市理论研究目前正处于深化和完善阶段,也需要从实践中不断得到发展。

2. 国内知识型城市的发展存在一定的约束条件

就前面所言,城市的发展机制包含了发展要素、发展动力、发展模式和发展过程等层面,每个层面上的选择又存在多种选项组合。毫无疑问,每种选择不可避免地会受到城市现实资源和能力的约束,这就可能导致城市知识型发展面临为数不多的可选路径,发展的难度系数会相对增大。例如,知识型城市的发展模式有政府供给模式、市场需求模式和市场-政府-社会综合协同模式三种。从国内现实来看,我国民间社会组织的发展基本处于起步阶段,其力量不足以作为知识型城市发展的关键主体,所以,市场-政府-社会综合协同模式在国内实施就会存在较大难度。此外,在发展要素上,就国外发展实践来看,市民公众的全程参与是不可或缺且无可替代的,在我国知识型城市发展中,如何构建有效的民众参与机制也同样需要进一步思考。总而言之,诸如此类的问题应当在城市知识型发展战略中得到考虑,因为它们可能会成为国内知识型城市发展的一个障碍。

3. 不同城市面向知识型城市发展的差异性有待论证

就城市间比较而言,我国城市无论是在综合实力还是在规模层次上都存在较大的差异性,突出表现为不同类型的城市在资源优势、产业结构和区位优势上存在明显不同,这必然导致不同城市的知识型发展能力也存在差异。《中国城市竞争力报告2015》曾对中国289个城市知识竞争力的实证分析发现,2015年中国城市的知识型竞争力整体仍处于发展的初级阶段,其中有61%的城市知识竞争力低于0.4。众多知识竞争力低下的城市将会阻碍中国经济的整体转型,如何让众多知识竞争力后进城市提高其知识存量、加强知识的联系、实现知识竞争力提高是现阶段城市创新驱动必须解决的前提条件(倪鹏飞,2016)。因此,就现实能力而言,不同资源能力的城市在路径规划上需要进行个性化论证并制定相应的方案。部分城市可能暂时还不具备知识型城市的发展能力,或者不具备朝向知识型发展的潜质,那么,这些城市的未来发展方向则需要进一步论证。

4.3.2 应对知识型发展挑战的总体思考

从国际知识型城市发展实践来看,不少城市已经付出了大量的努力去发展或者强化其知识型城市的定位,然而它们的方法都是自创和个性化的,缺乏一种统一的方法框架(Ergazakis et al.,2007)。我国当前已经进入社会系统转型和城市化快速发展的并行时期,充分认识、分析和把握我国社会转型产生的历史背景、发生领域和发展趋势,有助于我们更好地把握我国城市化的演化趋势。鉴于此,本书认为,我国未来发展知识型城市的关键在于以下几点。

1. 建立知识型城市"未来瞭望塔"(The Future Outlook Tower)

"未来瞭望塔"是一个有组织的外部创新监视系统,主要通过在组织内部设立未来监视机构,对组织外部的发展趋势进行行动监视、信息搜集并做出及时的战略回应。一个典型的例子就是美国纽约市的"城市未来中心",它作为美国的一个公共政策组织,一直致力于改善纽约市的健康状况和服务于城市长远利益发展,从中发挥着"城市瞭望塔"的功能。我国发展知识型城市同样需要城市政府建立类似的观察塔,以此来分析和监测国外知识型城市的发展动态并锁定若干"标杆"城市,学习和借鉴其发展经验并结合自身现状制定出适宜的城市发展策略。值得一提的是,在 Ron Dvir 博士等人看来,这种城市"未来瞭望塔"必须与市民保持强有力的联系,而不能成为一个"象牙塔",它需要在城市内部形成一种话语上的共识(Dvir,Pasher,2004)。

2. 以公共战略管理的思维看待知识型城市的发展

按照波齐曼(Bozeman)和斯特劳斯曼(Straussman)的观点,战略是指处理组织的外部环境、使命和目标,即界定目标和目的,提出一个能协调组织与环境的行动计划和设计有效的执行方法。对于公共部门(城市政府)而言,一种战略是其发展总目标的表现形式,它通过对带有长期性、全局性和根本性的谋划与对策研究,决定着公共部门在一定时期内管理的方向和所要达到的目标,涉及组织政策的制定、组织结构的调整和资源的配置等方面(张成福,2001)。从政治发展的视角来看,公共战略的核心是围绕城市资源分配的社会公正(Social Justice)来弥补市场失效,城市发展战略作为一种高层次的政策形式出现,是适应城市当前和未来发展的一种"导向"。

事实上,对知识型城市发展本身做何种定位不仅是知识型城市发展及其发展路径设计的先决前提,而且是界定知识型城市发展过程中政府角色与功能的依据,这恰恰是本书研究的基本视角。以公共战略观看待知识型城市的发展,我们基本可以厘清:从政府角度而言,知识型城市战略的规划与管理属于城市政府公共管理的重要活动范畴和施政行为。政府是城市面向知识型城市发展的社会传播者、进程谋划者与实践推动者。从知识型城市发展本身角度而言,知识型城市是一种城市发展的新模式,其发展是一个多种动因综合作用的长期过程,具有明显的战略特征,客观上同样需要城市政府将其视为一种公共部门的战略来加以管理。也就是说,知识型城市的发展问题是一个公共部门战略管理问题,知识型城市发展路径的选择需要在战略分析的框架内进行。

从战略管理过程来看,战略环境分析是战略定位的前提和基础,也是战略制定和实施的必要依据。城市一旦确定了知识型城市的发展目标,紧随其后的工作并不是急于对国际"标杆城市"的模仿与学习,也不是运用国际社会成熟的"知识型城市"评估标准来审视自我差距,而是需要设计一套以知识型城市为导向的城市现实条件评估系统,通过对自身现状和发展潜力的有效评估来"知己知彼",从而正确找到城市知识型发展的最佳路径,进而借助"未来观察塔"来进行"标杆"学习以寻找最优的行动策略。就现实而言,当前不同规模、类型和发展层次的城市向知识型城市转型的路线肯定存在较大差异,通过发展能力成熟度的评价来确定不同城市的转型路线图也是客观之所需。总而言之,以战略管理的思维看待我国知识型城市的发展是一个必要的原则。

3. 遵循内在规律,审慎选择发展路径

知识型城市的发展有其内在规律,转型不可一蹴而就。当前城市向知识型城市转型或发展无疑是一个长期复杂的过程。知识型城市的发展是包括信息通信技术网络(ICT Networks)在内的数字基础设施、城市知识网络、知识产业等多种要素的协同发展。清华大学胡鞍钢教授的科研团队曾在研究中指出,经济因素、资源配置因素、开放因素和政府的作用因素是各地区知识发展水平的四大因素。其中,经济因素主要通过增加消费来提高人民对知识发展的需求能力,从而促进知识型发展;投资对知识发展也有明显的促进作用,但是较消费的作用要差,主要原因可能在于目前投资的重心还主要是硬件投资,而不是投资于人民,特别是投资人的知识能力发展;地方政府支出对知识发展没有明显的推动作用,说明政府还没有很好发挥通过支出提高知识发展的作用。此外,开放因素和由知识发展模式决定的资源配置因素也是决定知识发展差距的重要因素(胡鞍钢,熊义志,2012)。总体而言,任何城市在促进城市走向知识型发展的过程中,需要正确识别影响知识型发展的主要因素,并通过审慎的决策和具体行动来弥补劣势与不足。更为重要的是需要政府有目的地培育和提高城市知识密度,加大知识管理能力方面的投资,提升财政支出对知识型发展的推动作用。

本章小结

本章结合改革开放以来我国城市化的发展历程,从经济实力、技术变革和竞争态势等多个层面分析了我国新型城镇化的特征和趋势。在国内经济社会转型的背景下,探讨了知识型城市能否作为我国城市发展的新模式和如何应对挑战等问题。主要得出如下结论:

(1) 我国城市发展在经济社会系统转型趋势下同样面临发展模式的转

型,城市群组团式发展并形成丰富的城市带是未来一个重要趋势,处于不同城市群内的核心城市正在成为城市知识型发展的"先驱"。

(2) 知识型城市与当前我国经济、社会、生态、政府治理等各领域的转型趋势具有较好的契合性,知识型城市可以作为国内城市发展转型的新模式。

(3) 不可否认,我国当前发展知识型城市存在诸多难点,如可能面临"概念化"的风险、资源能力的约束、差异化路径选择困难等挑战。应对这些挑战则需要以战略管理的思维看待城市的知识型发展问题,其重点在于城市需要设计一种相对科学合理的现实能力评价模型,通过评价来谋划合适的发展路径。

第5章
国际知识型城市的发展态势与经验

在2014年首届"全球城市公共政策与治理创新"国际论坛上,哈佛大学经济学教授、著名城市经济学家爱德华·格莱泽(Edward Glaeser)曾指出,目前美国很多沿海城市都在积极向知识型、宜居型城市发展,或者探索一些新的未知类型。其中,知识型城市是目前最宜居的城市类型,无论是城市环境、市民素质,还是交通便捷程度,都是十分理想的。本章主要从国际视角,对知识型城市的发展态势进行全景式阐述。目的是基于国外城市案例的分析,总结国际知识型城市发展的共性要素、行动领域和失败性经验,以此作为国内知识型城市发展路径的参考。

5.1 国际知识型城市的发展态势

20世纪90年代以来,信息化和知识经济的发展推动了人类从工业化社会迈入知识社会,引发了国际社会对城市未来发展取向的思考。在国际领域,"知识型城市"从概念提出到实践建设已有十余年时间。在此期间,以雷夫·埃德文森(Leif Edvinsson)为首的国外学者从概念模型到发展机理等多层面对其做了较为充分的论证,并推出了广为认同的"知识型城市"的标准。随着理论的深化,知识型城市的建设实践在国际范围内也渐入繁荣。

在过去几十年,世界各地的都市地区一直倡议提高城市基础设施水平和服务,以创造更好的环境、社会和经济条件以及增强城市的吸引力和竞争力。早在20世纪末,欧美和东南亚地区的一些国际都市就确定了类似知识型发展战略,如芬兰的赫尔辛基市、西班牙的巴塞罗那市、英国的伦敦市等。经过二十年左右的发展,目前,包括巴塞罗那、波士顿、赫尔辛基、渥太华等在内的国际知名城市对外宣称自己已经发展成为"知识型城市"。总体来看,全球已有四十多个国家的一百余座城市正在为发展知识型城市而努力,并且随着全球越来越多的城市在推行知识型城市战略,人们普遍认为,知识型城市应该是知识型社会城市发展的首选目标(Elena,2015)。

知识型城市的发展主要发源于欧洲,现在已外扩至北美洲和大洋洲地区,但环太平洋地区和北欧地区的聚集态势更为明显。目前明确倡导和实施知识型城市战略的城市主要有以下几个。

欧洲地区:瑞典的斯德哥尔摩在21世纪初就确立了从工业城市向知识型城市转移的方向并取得良好业绩;西班牙巴塞罗那市政府早在2000年就启动了致力于知识创新区发展的"波里诺地区改造计划"(MMPG),发展业绩斐然;荷兰的代尔夫特、阿尔梅勒则选择从信息技术、运输系统技术、生态技术等方面着手走"知识型城市"之路;英国的伦敦、曼切斯特等市也在21世纪初就对外宣布了知识型发展战略,并通过一系列"复兴计划"促使"颓废"的工业城向知识新城转变。此外,爱尔兰都柏林、芬兰赫尔辛基和德国慕尼黑都在实践中取得了巨大成功(Yigitcanlar,2009)。

北美地区:加拿大艾伯塔省南部的卡尔加里通过金融产业和知识产业的转型从"石油天然气之城"成功发展成为"知识型城市"。如今,该市工程师密度全加拿大第一且多次被誉为世界最洁净的城市,成为加拿大"知识型发展"之标杆。2003年，墨西哥的蒙特雷市政府把"制定知识型城市发展目标"纳入政府五项优先议程之列。美国的纽约、波士顿和匹兹堡已经通过这些年的努力而成为国际公认的"知识型城市"典范（陈柳钦，2010）。美国德克萨斯州奥斯汀的知识型战略同样业绩斐然。此外，美国旧金山、洛杉矶和芝加哥等市也正在此方向上前行。

亚洲地区：日本的东京、新加坡、马来西亚的吉隆坡是亚洲地区较早实施"知识型发展计划"的城市。此外，印度的海德拉巴和班加罗尔的知识产业集群已经非常成功，对该市的知识型发展发挥了重要的支持作用。在国内，天津、深圳、重庆和香港等城市2009年以来都在不同场合表达了知识型城市的发展意向，部分城市在实施智慧城市建设、知识经济发展上取得了不错的业绩。

大洋洲地区：澳大利亚的墨尔本和昆士兰早在2002年左右就提出了"基于巩固其知识型城市发展"的战略规划；新西兰的北帕墨斯顿提出了"强化教育来发展知识型城市"的目标。

从实践结果来看，全球已有一批城市因其知识型城市发展实践的"卓越成就"而成为全球知识型城市发展的"标杆"或"典范"，如西班牙巴塞罗那、荷兰代尔夫特、爱尔兰都柏林、瑞典斯德哥尔摩、芬兰赫尔辛基、德国慕尼黑、美国德克萨斯州的首府奥斯汀、加拿大蒙特利尔、新加坡、日本东京等。值得一提的是，这种新型城市的发展模式正在契合创新发展的潮流而不断向其他地区推介和扩散。尤其是，上述这些城市的发展经验在本国甚至国际范围内已经产生了巨大的示范效应，助推了全球其他城市对知识型城市的关注和"效法"。

在全球范围内，已有越来越多的城市正朝此方向努力，如印度的海德拉巴、埃及的开罗、德国的法兰克福、荷兰的阿姆斯特丹、瑞典的马尔默、丹麦的奥里桑德地区以及波罗的海沿岸12个国家的城市，它们目前都已制定了官方"知识型城市"发展战略（陈柳钦，2010）。此外，也有一些城市正在努力谋求类似的知识创新区的发展,包括印度的班加罗尔、澳大利亚的布里斯班、丹麦的哥本哈根、阿拉伯联合酋长国的迪拜、马来西亚的吉隆坡和中国的上海等城市。

从 2007 年开始,由世界资本研究所(The World Capital Institute)等组织联合举办了"全球知识型城市峰会"。来自全球的知识型城市研究者和城市管理者在此共同讨论知识城市的相关发展问题,交流彼此的发展经验,相互借鉴与学习。该峰会至今已举办九届,最近一届于 2016 年在澳大利亚的维也纳举办,主题为"以知识促发展"。这种全球性大型研讨活动有助于在世界更多地区推广知识型城市发展理念,激发更多的城市政府关注这种新型城市模式的发展动向。

5.2 国际知识型城市发展的关键要素

这里的"关键要素"是指成功实施城市知识型发展战略的关键因素。通过对国际知识型城市案例研究发现,这些城市在知识型城市发展过程中都拥有共同成功的四个条件。

5.2.1 政治意志与社会意愿

在知识型城市战略目标上获得统一的政治意志与社会意愿是最重要的成功要素。无论是哪一类社会行动者,来自城市内部或来自城市外部,知识型城市发展都需要他们与政府之间建立信任和合作意愿,这是社会各种主体参与知识型城市发展行动的一个保障条件。

5.2.2 战略愿景与行动计划

明晰的战略愿景可以为行动计划提供明确、坚定如一的指南。行动计划则是对战略构想的深入思考。同时,设立具体的行动责任机构可以使一些特定发展目标和行动方案更加具体化和科学化。在城市整体知识型发展规划下,充分发挥政府各职能部门在各自领域的规划功能。

5.2.3 财政支持与金融投资

任何知识型城市战略实施之前,必须保证行动措施有足够的资金保证,特别是拥有充足的资金支持城市知识基础设施建设,包括城市能够支配的财政资本和促进城市知识型企业发展的引导资本,等等。当然,通过税收和金融政策吸引城市外部投资也是不少成功的知识型城市所采取的方法。

5.2.4 知识基础与知识专区

城市的信息和通信技术(ICT)基础设施可以使城市市民与组织以低成本获取必要的信息,促进知识分享和讨论。虚拟对话空间的构建满足项目的实施沟通与监督需要,以开发有效解决城市问题的方案。围绕大学和科研机构从事知识创造与应用聚集的知识专区是发展知识型城市的重要引擎,也是城市外部"智力流"的一个重要交汇"港口"。

5.3 国际知识型城市发展的共同策略

对上述实践城市进行分析,可以发现,这些城市在知识型城市发展道路上,以城市管理者为主的行动主体适时制定的一些策略也存在共同之处,常见的策略包括以下几个方面。

5.3.1 设立知识型城市发展战略主管机构

设立知识型城市官方主管机构是国际城市普遍采取的策略之一。主管机构全面实施知识型城市的战略管理,需要在知识型城市理念的社会推广、获取强大的财政支持、开展积极的公共关系以吸引战略投资、实施有效的利益伙伴关系管理上发挥积极的作用。另外,主管机构需要实时监控城市知识型发展的业绩、存在的风险与不足,并不断调整未来的行动计划。

5.3.2 通过各种渠道广泛获取社会支持

在知识型城市整个发展过程中,所有可能的行动主体和利益相关者的代表(来自社会、企业、教育文化部门和传媒机构等)能够平等地参与是十分必要的(Ergazakis et al., 2006)。通过城市传媒和在城市政府官方网站上开展城市发展相关的讨论活动是推广知识型城市理念并从中获取有益建议的重要方法。对话与沟通有利于获得更多社会民众的理解与支持,也是统一城市各种主体行动的重要策略。

5.3.3　改善城市生态环境并提升生活品质

城市品质对外来人才的流入和本市人才的外流具有重要影响。国际知识型城市发展案例表明,为了推动城市知识型发展,这些城市都十分注重知识密度的提升,也就是知识型人才的聚集问题。绝大部分城市首先都选择改善城市生态环境和提升城市生活品质,对外积极塑造国际化、多元化和包容性的城市形象,挖掘城市文化资本,发展城市文化品牌,目的在于吸引知识人才来本市从事创新创业活动。具体而言,弹性的人口政策、先进的通信网络、便捷的交通环境以及优质的城市住房和便民服务往往成为努力的重点领域。

5.3.4　强化卓越知识机构的整合与投资

城市内部的大学、科研院所往往成为城市进行知识型发展的重点投资领域。构建城市卓越的"知识中心"被认为是知识型城市发展的重要基础。在具体策略上,城市管理者一般会集中审视城市内外部可以利用的知识机构(包括大学、科研院所等),识别不同知识机构的优势领域与城市未来规划的重点知识产业领域的匹配性,通过项目委托、重点项目创新激励或者联合企业共同开发等方式整合资源,推动官产学研的合作,构建协同创新的中心。当然,必要的财政支持与外部风险资本的进入在这里是必要的。

5.3.5 鼓励与吸引资本进入城市发展专区

以色列创新生态学家 Dvir 和 Pasher 曾明确指出了知识专区对于城市创新引擎构建的重要性,这也成为很多国际知识型城市发展的重要举措之一。很多国际知识型城市都有明确的空间区域规划,用于知识创造、扩散与应用的专区建设。名称包括知识实践区、知识走廊、科技产业园,等等。例如,荷兰南部的埃因霍温市在其知识型城市战略计划中就明确提出了发展两个"智力园"的主要支柱项目,并且,城市管理者会有目的地从城市外部吸引城市重点支持的知识产业资本(含跨国资本)以及相关企业和研发组织进入专区。博采众长是知识专区得以成功发展的关键。

5.3.6 促进知识型城市发展价值普惠于民

国际城市在知识型发展过程中改善了城市公共基础设施,提升了市民的生活品质。而且,知识产业的发展为城市创造了更多的就业机会,特别是催生了庞大的与服务相关的行业,能够使市民有机会分享发展的成果。另外,在城市知识型发展过程中,从市民的创业就业辅导到技能培训开发,城市管理者都实施了专门的项目计划并予以支持和鼓励,使得市民有强烈的归属感和获得感。总体来说,普惠于民是知识型城市发展的根本目的,也是获取更广泛的社会支持的重要策略之一。

5.4 国际知识型城市发展经验的启示

5.4.1 知识型城市发展周期较长且过程复杂

国际发展经验研究表明,任何城市向知识型城市转型都是一个长期的过程。究其原因,一方面,城市管理者需要在实际发展成效中不断开展宣传与动员工作来获取整个社会的支持。另一方面,知识型城市发展涉及城市生活各个层面的变革,推动知识型城市发展并巩固变革的成果需要一定的时间。特别是,培育和发展城市知识产业、促进知识产业集群、建设知识型发展专区等都需要一个长期的过程。所以,这些城市的知识型发展周期普遍较长是容易理解的。同时,任何城市向知识型城市转型又是一个复杂的过程。由于知识型发展过程本身就是一个复杂的公共部门战略,知识型城市的发展涉及城市资源能力的科学评估、获取社会的支持与参与、城市知识产业的发展、城市智慧化建设、城市形象塑造等多项议题,而且,每项议题又涉及多个领域的问题,复杂性也就不言而喻。

5.4.2 传统优势产业是知识经济的发展基础

在这些城市的知识型发展过程中,具有传统优势或者综合实力显著的产业往往是知识经济或知识产业转型发展的基础。城市政府一般从中挑选几个重点领域(产业)作为促进传统经济向知识经济转型的突破点。例如,德国的柏林注重知识基础设施和高科技领域发展,西班牙的巴塞罗那重点推动文化产业的创新,瑞典的斯德哥尔摩突出自身在生命科学与金融领域所积累的优势,芬兰赫尔辛基则充分推进ICT领域的发展优势,新加坡却在电子制造、石油化工等领域独树一帜……总之,这些城市都非常注重传统优势资源的利用,在这些领域重点培育出知识型发展能力,为城市转型提供源源不断的动力。

5.4.3 政府引导支持有助于城市发展转型

当然,作为城市转型发展的一种战略,城市政府在其中发挥的支持与导向作用也是必不可少的,尤其是,明确的政治意愿和发展承诺对知识型城市的发展与成长具有决定性的作用(Yigitcanlar et al., 2008)。正如前面所述,除了知识型城市愿景规划与理念推广等之外,城市政府的显著作用表现在城市知识经济的培育与发展上。例如,在美国波士顿、德国慕尼黑和芬兰赫尔辛基等城市,当地市政府曾在知识产业发展上实施了积极有效的干预与治理,不仅通过各种政策措施营造鼓励知识经济发展的环境,而且还通过政府采购或财政支持等方式扶持知识型企业的发展,促进城市传统优势产业的技术创新和科研成果的转化应用,推动知识经济成长。

5.4.4 知识型城市的发展是多样化资本聚集的过程

世界资本研究所(World Capital Institute)从2007年开始,定期在全球范围内开展知识型城市测评活动并召开"全球知识型城市高峰会"(Knowledge Cities World Summit),通过评选全球最受尊重的知识型城市(Most Admired Knowledge City, MAKCi)来积极推介知识型城市发展理念和建设经验。该组织通过对国际城市发展实践的比较得出,知识型城市的发展是多样化资本聚集的过程。这里多样化资本主要包括身份资本(Identity Capital)、智力资本(Intelligence Capital)、金融资本(Financial Capital)、关系资本(Relational Capital)、个体性人力资本(Human Individual Capital)、集体性人力资本(Human Collective Capital)、物质工具资本(Instrumental Material Capital)和知识工具资本(Instrumental-knowledge Capital)等八种资本。

López-Ruiz 等人同样认为,知识型城市的发展关键在于城市资本的增长,其中,人力资本、结构资本和其他方面资本的几何平均值可以表征知识型城市的发展指数(López-Ruiz et al.,2014),如图 5.1 所示。

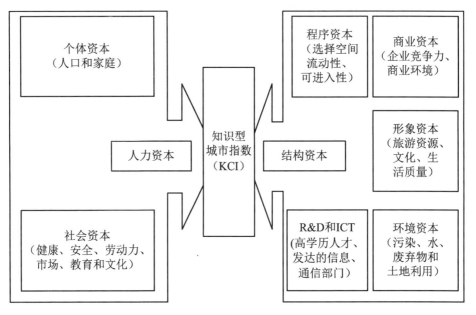

图 5.1　知识型城市指数评估的资本框架

资料来源:López-Ruiz V R, Alfaro-Navarro J L, Nevado-Peña D, 2014. Knowledge-city Index Construction: An Intellectual Capital Perspective[J]. Expert Systems with Applications, 41(12): 5560-5572.

5.5 城市知识型发展存在失败的风险

事实上,许多城市最终被证明不能作为知识型城市而发展,尽管它们曾经为此投入了很多资源并付出过相当大的努力(Ergazakis et al., 2006)。例如美国的匹兹堡,虽然政府在运输基础设施等领域进行了强劲的投资,但是,对于城市高级人才而言,在城市生活品质、艺术与文化景点建设上却没有很好地满足他们的需求,致使城市知识型发展遭遇困境(Ergazakis et al., 2007)。

总体来说,城市知识型发展存在着失败的风险,而这些风险往往源于对自身资源能力不足领域和未来潜在挑战的忽视,承认这一点非常重要。这要求我们必须在任何战略计划形成之前认真检索可能存在的风险因素。知识型城市研究者 Amidon 也曾说过,有许多创新区的设计和领导存在诸多缺点,它们过于强调特定活动的领域,如科学或文化,事实上,更广泛范围的发展会使它们更有吸引力(Amidon, 2005)。一般而言,可能的风险因素主要包括:

- ◆ 无力获取或留住高质量的人才资源;
- ◆ 无法提供一个具有吸引力的生活环境以满足知识工作者的需求;
- ◆ 城市产业转型不具备资源基础与相关产业支持;
- ◆ 较少关注城市知识质量和强度,忽视对知识流程的嵌入设计与推广;
- ◆ 过度关注城市的物理基础设施建设;
- ◆ 就业结构和就业模式的改变导致失业率增加和引发的发展困境。

总而言之,不是所有的城市都具备发展知识型城市的能力,此外,知识型城市的发展不存在统一的可取路径,应根据城市资源能力水平而定。是否适合发展和应该选择何种路径发展需要城市政府进行科学的自我评价与分析,以便更好地观察到城市现有能力与理想发展状态之间的差距,使战略规划更为合理。

本章小结

知识型城市的内涵十分广泛,发展涉及城市的经济、社会、文化、治理等多个领域。国际知识型城市的发展案例研究表明,尽管每个知识型城市的发展路径并不是统一和固定不变的,但是,城市知识型发展不仅需要具备知识型发展的基本要素和资源条件,而且需要在上述多个领域有创新性举措。

案例研究结果对于我国知识型城市的发展具有一定的借鉴价值,然而,本章选取的案例城市仅仅是国际成功知识型城市中很小的一部分,也可以说是作者最大限度搜集资料的结果,分析难免存在不全面和不深入等问题。随着知识型城市在全球更多的国家与城市得到推广和实践,未来必然会有更多的新路径范式不断涌现,因此,后续追踪研究是十分必要的。

第6章
城市知识型发展的能力与资源

为了更好地鉴别哪些城市可以走知识型城市发展之路,任何一座城市在倡导知识型城市战略之前,首先都需要彻底诊断城市自身的资源能力是否支持这种发展模式,因此,设计一个相对科学的城市知识型发展能力评价体系作为知识型城市战略分析的工具是十分关键且非常必要的。从本章开始,作者将从能力评估与资源识别入手,重点论证如何发展知识型城市问题,从中尝试构建一套评价指标体系,以评价来观察一个城市知识型发展能力的优势与不足,为研究知识型城市发展路径提供支持。

6.1 城市知识型发展能力

6.1.1 城市知识型发展能力的结构

城市知识型发展能力是基于知识型发展战略导向的现实城市发展资源整合与位势转化的能力,这是一种整合与聚焦未来发展战略所需之能力。从结构上而言,城市知识型发展的综合能力主要是由城市的创新驱动能力、数字发展能力、知识管理能力和资源承载能力整合而形成的(如图 6.1 所示)。

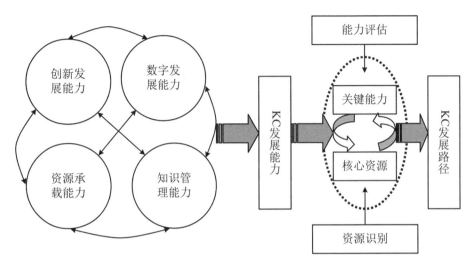

图 6.1　城市知识型发展能力的结构及其功能

资料来源:作者整理绘制。

关于这个结构,需要补充说明两个问题:

(1) 城市知识型发展能力是一个资源和能力的转换过程。动态能力学派认为,能力的增长是组织有效利用资源并使其相互作用,从而产生新的发展势能的一个过程。城市的现实资源是城市知识型发展能力的基础,知识型发展能力又是对现有资源效益最大化的利用。城市知识型发展能力评价既是对城市发展资源的状态评价,又是对城市是否具备知识型发展能力的成长潜能的评价。

(2) 城市知识型发展能力具有"静态"与"动态"的双重特征,即知识型城市的发展能力既取决于现实的静态基础("城市位势"与"传统路径"),包括城市现有的经济状况、社会基础和技术条件,又取决于城市政府的治理效能(组织程序),其中包括政府的发展意志和社会协作能力等。由此可见,城市知识型发展能力是多领域与多层面能力的综合,更是随着时间推移不断动态变化的城市竞争实力。

6.1.2 城市知识型发展能力的评估价值

由于知识型城市是一个比较新的城市发展理念,目前针对城市知识型发展能力及其评价设计方面很少形成共识性的框架(Carrillo,2004)。在国际领域,以知识为基础的发展导向下,未来探究应集中在区域如何制定有效的方案以应对全球性的挑战。在评估研究者 Garcia 看来,以知识为基础的城市发展最棘手的现实问题是如何将理论变量转化为可度量的等价物和量化单位。她认为,城市政府需要制定自己的评价系统,以衡量自己的无形资本(Garcia,2004)。

按照城市战略管理的思维,任何一个城市,一旦确立了知识型城市的发展目标,那么,亟须回答的问题就是:城市现实发展条件能否支持未来战略的实施?尤其是,各种需要评测的维度(资源和能力)分别处于一个怎样的成熟度水平?

知识型发展能力评测是城市知识型发展战略管理的一个重要环节(如图6.2所示),即评价是针对某一城市的知识型发展的现实战略环境进行分析(Strategic Environmental Assessment,SEA)的,这种评价是对被评价城市在某一时点上所具备的知识型发展能力的一种状态性评价。通过评价来判断某一城市向知识型城市转型发展的综合条件与能力水平,进而为被评测城市科学设计知识型城市发展路径提供依据。

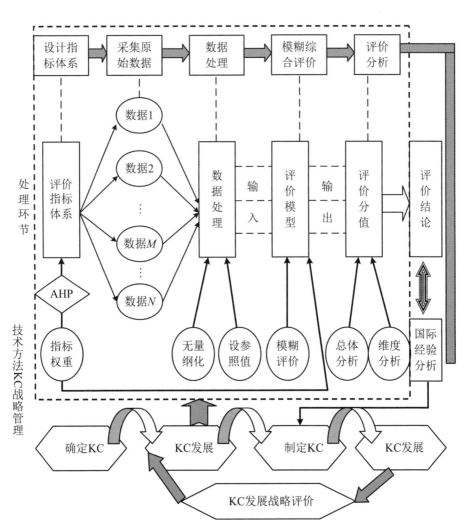

图 6.2 城市知识型发展能力评价的整体思路

资料来源:作者整理绘制。

6.2 城市知识型发展能力的评估指标体系

6.2.1 评估指标体系的构成

作为战略分析的一种工具设计,城市知识型发展能力评估指标体系的构建旨在测度一个城市支持知识型发展战略的现实能力成熟度。在指标体系的设计思路上,一方面,作者通过查阅国外知识型城市发展案例的相关文献以总结出促进知识型城市发展的共性要素,进而提炼出有效的测度指标;另一方面,在二级指标及三级指标上广泛借鉴国内外比较成熟的类似评价体系,探索性地构建一个符合国内现实的城市知识型发展能力的评估指标体系(如表6.1所示)。

表6.1 城市知识型发展能力评估指标体系

目标	准则	因子	可用测度指标(指标池)
城市知识型发展能力	知识经济发展态势B_1	C_1 知识基础水平	"985工程""211工程"高校数量/博士后流动站数量/国家大学科技园数量
			国家级企业技术中心、工程中心、实验室数量/国家级创新型(试点)企业数量/国家级研发平台占省级以上研发平台的比重
			国家级知识孵化园区数量/高科技产业园数量/国家级产业技术创新战略联盟数量/众创空间数量
		C_2 知识密度水平	每万人中从事R&D活动的人员
			专业技术人员占从业人员的比重/人均受教育年限

续表

目标	准则	因子		可用测度指标(指标池)
城市知识型发展能力	知识经济发展态势B_1	C_3	知识创造水平	万名R&D活动人员科技论文数(篇/(万人))
				万人发明专利拥有量/国家科技奖获得数
		C_4	知识创造与经济增长关联度	科技进步对经济增长的贡献率/科技成果转化率/新产品产值率
		C_5	知识产业发展态势	第三产业在产业结构中的比重/第三产业对GDP的贡献率
				高新技术产业增加值占工业增加值的比重/高新技术企业与规模以上工业企业数量比/高科技产品进出口总额
	社会发展资本B_2	C_6	城市发展水平	城市化率/非农产业占GDP的比重(城市化与工业化的适应性)
				城市人均GDP
		C_7	城市环境质量	城市绿化覆盖率/人均绿地面积/单位GDP能耗
				空气质量优良率/工业烟尘排放达标率/可吸入颗粒物、细颗粒物的年均浓度/二氧化硫、二氧化氮、一氧化碳、臭氧的年均浓度
				环境污染控制率/饮用水源地水质达标率/生活污水集中处理率/生活垃圾无害化处理率/区域噪声等效声级
				人均公园绿地面积/每百万人拥有公共图书馆藏书量/每百万人拥有图书馆、档案馆、信息中心、博物馆数/城市区位交通指数/城市拥堵(延时)指数/人均城市道路面积/每万人拥有公交车辆
		C_8	城市生活质量	城市居民恩格尔系数
				城市居民人均可支配收入
				城市房价收入比/人均医疗社会保障支出/每万人拥有医生的数量
		C_9	城市发展包容性	城乡居民人均可支配收入比/城乡居民人均消费支出比/城乡居民人均教育支出比
				居民收入增幅与GDP增幅之比
				城镇失业率/阶层公平性/基尼系数
		C_{10}	城市文化特质	创新创业精神/中小企业增长数量和速度
				人文开放精神/世界500强企业在城市投资设立企业的数量
				诚信协作精神/全年进出口总额占全省的比重

续表

目标	准则	因子		可用测度指标(指标池)
城市知识型发展能力	城市发展治理B_3	C_{11}	政府知识型城市发展导向	公共教育经费占GDP的比重
				地方财政科技拨款占地方财政支出的比重
				政府创新发展指数
		C_{12}	社会知识型城市发展意愿	大中型企业开展创新活动的比例/有研发机构的企业占全体企业的比重
				全社会R&D投入占GDP的比重/(规模以上)企业的R&D投入占主营业务收入的比重/全社会研发投入占全社会的比重
				全社会固定资产投资中民间投资的比重/企业新产品收入占主营业务收入的比重/民营经济在整个城市经济中的比重
		C_{13}	城市协同治理水平	政府治理效能指数
				受过高等教育的市民百分比/行政透明度(信息公开指数)
				社会协作水平/群众需求回应水平/政府听证会举办质量
	数字发展应用B_4	C_{14}	数字基础设施水平	计算机互联网的入户率
				城市数字电视的覆盖率
				城市主要公共场所Wi-Fi覆盖率
				三网融合水平指数
				城市互联网平均连接速度/无线下载速率/城市4G、5G覆盖率
		C_{15}	社会应用数字化	居民生活数字化应用程度(D-life)
				企业生产数字化应用水平(D-business)
				商业交易数字化程度(D-commerce)
		C_{16}	城市政务数字化	政务信息网络公开指数/行政透明度(信息公开指数)
				政府在线服务效能指数/政府官方网站更新速度
				公共事务在线互动指数/政务新媒体(微博、微信)影响力指数

6.2.2 评估指标的测度方法

需要说明的是,表6.1中列出了可用测度指标,但是,在实际测度过程中需要考虑指标数据的可获性和测度简易性,有些指标暂不纳入实际测评,仅作为未来测度的一个储备或参考。下面就将后面所使用的指标测度方法介绍如下。

1. 知识经济发展态势

1) 知识基础水平

(1) 测度方法:定性与定量相结合。

(2) 测度公式:

$$F_{C_1} = \left(\frac{f_{d_1}}{G_{d_1}} + \frac{f_{d_2}}{G_{d_2}}\right)/2 \times 100 \tag{6.1}$$

其中,F_{C_1}表示知识基础水平值;f_{d_1}表示城市重点高校("211工程"及以上)指数;f_{d_2}表示国家级研发机构①指数;G_{d_1}、G_{d_2}分别表示指标d_1、d_2的评价基准值。

(3) 指标释义:一个城市的重点高校与国家级科研机构数量,国家级企业技术中心、工程中心、实验室数量,国家级知识孵化园区、高科技产业园数量,公共图书馆、文化艺术馆、科技馆数量能够比较真实反映城市的知识基础设施状况,该指标主要通过重点高校和国家工程技术研究中心的省级分布状况来估算被测度城市的分值。

---

① 国家级研发机构包括国家实验室、重点(工程)实验室、工程(技术)研究中心、企业技术中心、质量监督检验中心、工程设计中心、国际联合研究中心等几类。

2) 知识密度水平

(1) 测度方法：定量分析。

(2) 测度公式：

$$F_{C_2} = \left(\frac{f_{d_3}}{G_{d_3}} + \frac{f_{d_4}}{G_{d_4}}\right)/2 \times 100 \tag{6.2}$$

其中，F_{C_2} 表示知识密度水平值；f_{d_3} 表示每万人中从事 R&D 活动人员[①]数；f_{d_4} 表示专业技术人员占就业人员的比重；G_{d_3}、G_{d_4} 分别表示指标 d_3、d_4 的评价基准值。

(3) 指标释义：知识密度即城市人才密度。指标通过从城市常住人口的角度分析城市人才状况更能真实反映城市的知识型人才的持有水平。其中，R&D 人员是城市知识创造的主体，而专业技术人员是广义上的城市主要人才群体[②]，因此，本书选取每万人中从事 R&D 活动人员数和专业技术人员的比重来测度城市人才密度，这也是全球众多知识创新测评体系的惯用做法。

3) 知识创造水平

(1) 测度方法：定量分析。

(2) 测度公式：

[①] R&D 人员全时当量是国际上通用的、用于比较科技人力资源投入的指标。它是指 R&D 全时人员(全年从事 R&D 活动累积工作时间占全部工作时间的 90% 及以上人员)工作量与非全时人员按实际工作时间折算的工作量之和。例如，有 2 个 R&D 全时人员(工作时间分别为 0.9 年和 1 年)和 3 个 R&D 非全时人员(工作时间分别为 0.2 年、0.3 年和 0.7 年)，则 R&D 人员全时当量＝1＋1＋0.2＋0.3＋0.7＝3.2(年)。

[②] 根据国家统计术语解释，专业技术人员指已取得科学技术职称，或大学、中专的理、工、农、医科系毕业，以及国民经济各部门从工作实践中提拔，从事理、工、农、医等自然科学技术的研究、教学、生产的专业人员和在机关、企业、事业中从事科学技术业务管理工作的专业人员。

$$F_{C3} = \left(\frac{f_{d5}}{G_{d5}} + \frac{f_{d6}}{G_{d6}}\right)/2 \times 100 \tag{6.3}$$

其中,F_{C3}表示知识创造水平值;f_{d5}表示每万名从事R&D活动人员科技论文数;f_{d6}表示万人发明专利拥有量;G_{d5}、G_{d6}分别表示指标d_5、d_6的评价基准值。

(3) 指标释义:"知识"主要指科学知识与技术知识(OECD,1996)。知识的创造水平主要是测度城市知识的产出水平,本书以城市万名从事R&D活动人员的科技论文数和万人发明专利的持有量来近似测度,这是国内诸多相关评测体系的通用指标。

4) 知识创造与经济增长关联度

(1) 测度方法:定量分析。

(2) 测度公式:

$$F_{C4} = \frac{f_{d7}}{G_{d7}} \times 100 \tag{6.4}$$

其中,F_{C4}表示知识创造与经济增长关联度值;f_{d7}表示科技进步贡献率;G_{d7}表示指标d_7的评价基准值。

(3) 指标释义:尽管"知识"的概念比"科学技术"更加宽泛,但知识的主要经济价值体现为科学知识和技术知识对生产率的促进作用,这点是毋庸置疑的。因此,此处选取科技进步贡献率来测度知识创造对经济增长的关联度。科技进步贡献率越高,表明城市的经济增长越依赖于知识资本的增长,城市经济与知识创造的关系更为密切,城市知识型发展具有良好的知识创造与应用机制。

5) 知识产业发展态势

(1) 测度方法:定量分析。

(2) 测度公式:

$$F_{C_5} = \left(\frac{f_{d8}}{G_{d8}} + \frac{f_{d9}}{G_{d9}}\right) /2 \times 100 \tag{6.5}$$

其中,F_{C_5}表示知识产业发展态势值[①];f_{d8}表示城市第三产业的比重;f_{d9}表示高新技术产业[②]增加值占工业增加值的比例;G_{d8}、G_{d9}分别表示指标d_8、d_9

[①] 关于产业划分问题,目前最为流行且被大部分国家所接受的"三次产业分类法"源于新西兰奥塔哥大学费·希尔(1935年的著作《安全与进步的冲突》)和英国经济学家科林·克拉克(1940年的著作《经济进步的条件》)的"三次产业理论",即产业结构可分为农业、制造业和第三产业。后来,美国知名学者马克卢普(1962年的著作《美国的知识生产与分配》)和经济学家波拉特(1977年的著作《信息经济》)对产业划分进行了开创性研究,提出了信息产业和知识产业,即出现了所谓的农业、工业、服务业和信息业的"四次产业分类法"以及农业、工业、服务业、信息业和知识产业的"五次产业分类法"。实质上,信息产业与知识产业既有联系又有区别。知识经济作为知识密集型经济,不仅包括信息业,而且包括现代农业(农业产业化)、现代工业(工业现代化)和现代服务业等(黄顺基,1998)。综合这些产业辨析可见,测度城市第三产业的比重和高新技术产业的比重可以在一定程度上反映城市知识经济发展态势,故成为本书指标设计的基础。

[②] 关于高新技术产业,目前还缺乏明确的定义和界定标准。国际上一般采用技术密集度(R&D经费强度或R&D人力强度)作为确定高新技术产业的基本依据。1986年,经济合作与发展组织(OECD)第一次正式给出高新技术产业的定义,用R&D经费强度(R&D经费占产值的比重)作为界定高新技术产业的指标。1994年,OECD重新计算了制造业的R&D经费强度。选用R&D总经费(直接R&D经费+间接R&D经费)占总产值的比重、直接R&D经费占总产值的比重和直接R&D经费占增加值的比重三个指标,将技术密集度较高的航空航天制造业、计算机及办公设备制造业、电子及通信设备制造业和医药品制造业等四类产业确定为高新技术产业。随着《国际标准产业分类》(第3版)的广泛使用,2001年OECD依照新的国际标准产业分类重新确定了高新技术产业新的分类标准,将制造业中的航空航天制造业,医药品制造业,计算机及办公设备制造业,无线电、电视及通信设备制造业,医疗、精密和光学科学仪器制造业等五类产业确定为高新技术产业。国内关于高新技术产业的认定定义可见《国家高新技术产业开发区高新技术企业认定条件和办法》。总体而言,高新技术产业属于知识密集型产业。

的评价基准值。

(3) 指标释义:知识产业发展态势重在考察城市知识型产业的发展迹象和趋势。根据 OECD 知识经济报告(1996)和《Science, Technology and Industry Scoreboard 2011》关于"知识产业"的定义,知识产业主要分布在"显含知识要素"的高新技术产业和第三产业之中,而且,高新技术产业的增加值指标也是 OECD 测度全球创新指数(The Global Innovation Index)的关键指标,因此,本书在此处暂选第三产业的产值比重和高新技术产业的增加值比重来近似测度城市知识产业的发展态势。当然,知识产业部门的就业人口比重(或第三产业的就业人口比重)、高新技术产业占工业产值的比重和知识产业的年增长率等指标也是可选指标。

2. 社会发展资本

1) 城市发展水平

(1) 测度方法:定量分析。

(2) 测度公式:

$$F_{C6} = \left(\frac{f_{d10}}{G_{d10}} + \frac{f_{d11}}{G_{d11}} \right) /2 \times 100 \qquad (6.6)$$

其中,F_{C6} 表示城市发展水平值;f_{d10} 表示城镇化率;f_{d11} 表示城市人均 GDP;G_{d10}、G_{d11} 分别表示指标 d_{10}、d_{11} 的评价基准值。

(3) 指标释义:该指标源于联合国人居署在《世界城市状况报告 2010－2011:促进城市平等》中重点阐述的一个问题,同时也是 2012 年亚洲博鳌论坛备受关注的热点问题。众所周知,城市化主要表现为城镇化率的增长,但这种增长会受到经济稳定性的影响而表现为发展是否具备可持续性。一般而言,经济稳定性强的城市,其人均 GDP 同样也会比较高,这在一定程度上说明,该市的未来城市化进程会拥有较好的经济支持而表现为更加可持续,如广东省东莞市。相反,经济稳定性弱的城市,其人均 GDP 一般也会处于较低水平,城市化发展常因资金短缺而面临困境,如海南省博鳌镇就是一个典型,其发展的不稳定就源于其主导经济——会展经济的季节性波动。值得关注的是,从全球城市化进程规律可以发现,城市化率与城市的发展水平存在高度关联性。一般而言,城市在工业化初期阶段,城市化率一般在 30% 以下;在工业化高速增长阶段,城市化率一般在 30%~70%;在后工业化阶段(知识经济初期),城市化率一般在 70% 以上。综上所述,本书选择城市化率和城市人均 GDP 来测度城市发展水平,希望从人均的角度来分析城市经济总量,使得评价更能真实反映城市发展的现实水平。

2) 城市环境质量

(1) 测度方法:定量分析。

(2) 测度公式:

$$F_{C7} = \left(\frac{f_{d12}}{G_{d12}} + \frac{f_{d13}}{G_{d13}} + \frac{f_{d14}}{G_{d14}} + \frac{f_{d15}}{G_{d15}} \right) /4 \times 100 \tag{6.7}$$

其中,F_{C7} 表示城市环境质量值;f_{d12} 表示城市绿化覆盖率;f_{d13} 表示城市空气质量优良率[①];f_{d14} 表示城市污染控制率[②];f_{d15} 表示城市基础设施指数[③];G_{d12}、G_{d13}、G_{d14}、G_{d15} 分别表示指标 d_{12}、d_{13}、d_{14}、d_{15} 的评价基准值。

(3) 指标释义:城市环境包括城市的自然环境和人工环境(以城市内外部物理基础设施为重点),评价一座城市的环境质量同样需要从上述两个方面进

---

① 空气质量优良率计算公式:空气质量优良率=城市全年空气 2 级以上天数/365×100%(质量级别参照国家环境检测标准)。
② 环境污染控制率计算公式:环境污染控制率=(工业废水排放量达标率+工业烟尘排放量达标率+饮用水源水质达标率+生活垃圾无害化处理率+生活污水集中处理率)/5。
③ 城市基础设施指数计算公式:城市基础设施指数=(城市内部基础设施指数+城市外部基础设施指数)/2。

行。全球知识型城市的案例研究表明,城市环境质量对城市知识型人才的聚焦效果具有重要影响,而且该指标在一定程度上可以从侧面反映城市非知识型发展的工业能耗和污染程度,因此,它常被视为测度城市社会资本的重要指标之一。在指标设计上,可用指标包括城市绿化率、空气质量、污染控制状况和城市基础设施质量,等等。其中,城市基础设施质量包括市内基础设施(道路交通设施、水电煤气设施、文化卫生设施、城市旅游设施)和市外基础设施(路网设施、港口设施和航空设施)两大方面的质量水平(倪鹏飞,2011)。

3) 城市生活质量

(1) 测度方法:定量分析。

(2) 测度公式:

$$F_{C_8} = \left(\frac{G_{d16}}{f_{d16}} + \frac{f_{d17}}{G_{d17}} + \frac{G_{d18}}{f_{d18}} \right) / 3 \times 100 \qquad (6.8)$$

其中,F_{C_8}表示城市生活质量值;f_{d16}表示城乡居民恩格尔系数①;f_{d17}表示城市人均可支配收入(元);f_{d18}表示城市房价收入比;G_{d16}、G_{d17}、G_{d18}分别表示指标d_{16}、d_{17}、d_{18}的评价基准值。

(3) 指标释义:根据联合国的预测,到2030年全球将有60%的人口居住在城市。当前,世界各地城市之间的竞争已经不再局限于经济发展水平、城市化率等显性指标,而是拓展到包括生活质量和居民幸福感在内的综合层面的比较。本书依据国内城市现状,选取了人均可支配收入、城乡居民恩格尔系数和城市房价收入比来测度城市生活质量。其中,人均可支配收入重在测度城市居

---

① 恩格尔系数是指居民食品消费支出占全部消费支出的比重。由于城乡之间的恩格尔系数存在差别并且二者的人口数也是不同的,所以本书计算过程中将考虑人口因素的影响,计算公式为:城市居民恩格尔系数=城镇居民恩格尔系数×城镇人口比重+农村居民恩格尔系数×农村人口比重。

民持用的货币总量,而恩格尔系数作为国际社会测度居民生活及消费水平的主流指标,可以从消费的结构层面上对居民收入的支出构成进行评测。二者互为补充,从总量和结构两个层面完成城市生活质量的测度。房价收入比指住房价格与城市居民家庭年收入之比。就国内现状而言,住房消费能力已经成为影响城市居民生活质量的首要因素,因此将房价收入比作为评价指标能够很好地达到测度目的。尽管房价收入比是一个全球通用的指标,但其合理范围至今没有统一标准。本书在评价基准值设置上采纳了世界银行的标准,即合理的房价收入比应该为3～6。

4) 城市发展包容性

(1) 测度方法:定量分析。

(2) 测度公式①:

$$F_{C_9} = \left(F_{d19} + F_{d20} + \frac{G_{d21}}{f_{d21}} \times 100\right)/3 \tag{6.9}$$

对于 f_{d19} 和 f_{d20} 而言:

若 $f_{di} < G_{di}$,则

$$F_{di} = f_{di} \times 100 \quad (i = 19, 20) \tag{6.10}$$

若 $f_{di} > G_{di}$,则

$$F_{di} = -\frac{100}{9} \times f_{di} + \frac{1000}{9} \quad (i = 19, 20) \tag{6.11}$$

若 $f_{di} = G_{di}$,则

$$F_{di} = 100 \quad (i = 19, 20) \tag{6.12}$$

其中,F_{C_9} 表示城市发展包容性值;f_{d19} 表示城乡居民家庭人均可支配收入比;

---

① 具体分析详见第7章7.2.2小节"数据无量纲化"的内容。

f_{d20} 表示城市人均收入增幅与 GDP 增幅之比[①]；f_{d21} 表示城市的失业率；G_{d19}、G_{d20}、G_{d21} 表示指标 d_{19}、d_{20}、d_{21} 的评价基准值。

(3) 指标释义：联合国人居署在《世界城市状况报告 2010—2011：促进城市平等》中明确提出了发展包容性的城市主题。该报告认为，城市发展的包容性在于城市公民自由享有经济、社会、政治和文化等方面的权利，突出表现在城市能否使其公民共享发展成果，促进城市公民享有平等发展与就业的机会，为公民创造社会福祉以及对不同民族与文化的多样性具有高度容忍性。就国内城市而言，城乡收入差距和社会贫富悬殊程度(基尼系数)无疑是城市在多大程度上实现了共享式发展的最好表征，此外，失业率也常被国际社会用来作为评测社会公平的重要尺度，因此，本书选取了上述三个指标对城市发展包容性水平进行测度。

5) 城市文化特质

(1) 测度方法：替代分析。

(2) 测度公式：

$$F_{C10} = \left(\frac{f_{d22}}{G_{d22}} + \frac{f_{d23}}{G_{d23}} + \frac{f_{d24}}{G_{d24}} \right) /3 \times 100 \qquad (6.13)$$

其中，F_{C10} 表示城市文化特质值；f_{d22} 表示城市创新精神指数[②]；f_{d23} 表示城市人文开放指数[③]；f_{d24} 表示城市诚信协作指数[④]；G_{d22}、G_{d23}、G_{d24} 分别表示指标

[①] 由于该比值在城乡之间会存在差别并且二者的人口数也是不同的，所以本书计算过程中同样考虑人口因素的影响，采取计算公式：城市人均收入增幅与 GDP 增幅之比＝城镇增幅比×城镇人口比重＋农村增幅比×农村人口比重。

[②] 创新精神指数＝(创新氛围指数＋创业精神指数)/2。

[③] 人文开放指数＝(经济国际化指数＋区域国际化指数＋人文国际化指数＋社会交流指数)/4。

[④] 诚信协作指数＝交往操守指数。

d_{22}、d_{23}、d_{24}的评价基准值。

（3）指标释义：协同、诚信、开放与创新是诸多成功知识型城市的共同文化元素。一直以来，城市文化常被视为一座城市发展的"软实力"。知识型城市不仅是一个以创新为文化特质的城市，而且其发展本身就是一种城市发展模式的创新。正如纷繁复杂的自然生态系统背后总是存在着制约平衡的基本法则一样，这种城市创新也需要一套核心价值观的支持。一个城市是否具备冒险、开放、信任与协作等文化特质将决定其知识型发展能否拥有一个光明的未来，因为通过文化可以观察一个城市的市民、社会组织和城市政府的创新发展意愿和志向。为了便于评价，本书采用《中国城市竞争力报告2011》中的公式来进行测度。

3. 城市发展治理

1）政府知识型城市发展导向

（1）测度方法：定性与定量分析相结合。

（2）测度公式：

$$F_{C_{11}} = \left[\left(\frac{f_{d25}}{G_{d25}} + \frac{f_{d26}}{G_{d26}} \right) / 2 + \frac{f_{d27}}{G_{d27}} \right] / 2 \times 100 \tag{6.14}$$

其中，$F_{C_{11}}$表示政府知识型城市发展导向值；f_{d25}表示公共教育经费占GDP比重；f_{d26}表示地方财政科技拨款占地方财政支出比重；f_{d27}表示城市创新发展指数；G_{d25}、G_{d26}、G_{d27}分别表示指标d_{25}、d_{26}、d_{27}的评价基准值。

（3）指标释义：该指标主要用来测度城市政府在城市创新发展上所表现出的意愿强度（如是否成立相应的城市创新发展机构）、创新发展的政策力度（如是否明确制定并落实教育、财税、基础设施或研发支持政策）、公开行为的频度（如商务推介、创新论坛、外部合作协调等政府行为）。通过三方面评价来测度城市政府支持与推动城市知识型发展的意愿。纵观此问题的评价，较为常用的评价指标包括财政科技拨款占财政支出的比重、公共 R&D 支出占财政支出的比重、教育经费占 GDP 的比重、政府早期风险引导基金规模和政府 R&D 投入占 GDP 的比重等。在综合考虑可获性及易量化的基础上，本书采取了替代公式进行近似评价，分为内部创新发展与外部行为(教育投入与科技支持)两个方面。其中，政府创新发展指数参考了《中国城市竞争力报告》中政府创新能力指数的数据。

2) 社会知识型城市发展意愿

(1) 测度方法：定量分析。

(2) 测度公式：

$$F_{C12} = \left[\frac{f_{d28}}{G_{d28}} + \left(\frac{f_{d29}}{G_{d29}} + \frac{f_{d30}}{G_{d30}}\right)/2\right]/2 \times 100 \qquad (6.15)$$

其中，F_{C12} 表示社会知识型城市发展意愿值；f_{d28} 表示大中型企业开展创新活动的比例或规模以上企业有研发机构的比重；f_{d29} 表示全社会 R&D 投入占城市 GDP 的比重；f_{d30} 表示民间投资[①]占全社会固定资产投资的比重；G_{d28}、G_{d29}、G_{d30} 分别表示指标 d_{28}、d_{29}、d_{30} 的评价基准值。

(3) 指标释义：该指标旨在综合测度非政府主体(企业、市民和其他非政府

---

① 民间投资是相对于国有投资和外商投资而言，根据投资项目资本总额构成中出资人的资金来源性质对投资进行的一种分类，目前经济学界尚无统一定义。一般而言，民间投资是来自于民营经济所涵盖的各类主体的投资，具体包括个体投资(居民个人的生产性投资和住宅投资、城乡个体工商户的经营性投资)、私营企业投资、私有资本控股的股份制企业投资和集体企业投资。国务院于 2005 年和 2010 年分别颁发了《关于鼓励支持和引导个体私营等非公有制经济发展的若干意见》《关于鼓励和引导民间投资健康发展的若干意见》，鼓励民间投资健康快速发展，目前民间投资已经成为全社会固定资产投资的重要资金来源。据不完全统计，部分地区民间投资的比重已经接近甚至超过 60%。通过投资比重在一定程度上可以测度社会对城市经济发展的贡献度与发展意愿，故选为测度指标。

组织)对城市创新发展理念的认同度、对城市发展行动的支持度和对城市创新发展活动的参与度三个方面。此处,作者以开展创新活动的大中型企业比例(或规模以上企业有研发机构的比重)、全社会R&D投入占城市GDP的比重和民间投资占全社会固定资产投资的比重三个指标进行了近似性评价。在后期研究中,除了定量指标外,设计比较科学的问卷进行实地调研以获取更为真实的数据是必要的,也是未来努力的方向。此外,在定量指标上,开展R&D活动的机构占全体R&D机构的比重、中小企业开展创新活动的比重、知识型产业中民间投资比重、城市居民用于教育和知识获取的支出占消费支出的比重等指标都是该测评项未来值得进一步增选的指标。

3) 城市协同治理水平

(1) 测度方法:定量分析。

(2) 测度公式:

$$F_{C13} = \left(\frac{f_{d31}}{G_{d31}} + \frac{f_{d32}}{G_{d32}} + \frac{f_{d33}}{G_{d33}} \right) / 3 \times 100 \quad (6.16)$$

其中,F_{C13}表示城市协同治理水平值;f_{d31}表示城市政府公共治理指数;f_{d32}表示城市受过高等教育的市民百分比;f_{d33}表示社会协作水平指数;G_{d31}、G_{d32}、G_{d33}分别表示指标d_{31}、d_{32}、d_{33}的评价基准值。

(3) 指标释义:知识型城市的发展尤为强调城市政府与其他社会主体之间的治理协作,以此作为城市公共事务的基本管理模式。因此,一个城市能否发展为知识型城市,需要我们对该城市的多元治理基础(社会治理的协同度)进行评估,而这种评估源于社会与政府双方的治理效能以及二者在公共事务上协同程度的测度。因此,本书选择政府公共治理指数和社会协作指数作为其中两个主要测度指标。此外,公民的知识素养直接关系到个人数字化应用能力和参与城市治理能力,因而,该指标也作为城市协同治理水平的测度指标。

4. 数字发展应用

1）数字基础设施水平

（1）测度方法：定量分析。

（2）测度公式：

$$F_{C_{14}} = \left(\frac{f_{d34}}{G_{d34}} + \frac{f_{d35}}{G_{d35}} + \frac{f_{d36}}{G_{d36}}\right)/3 \times 100 \qquad (6.17)$$

其中，$F_{C_{14}}$表示数字基础设施水平值；f_{d34}表示城市三网平均覆盖率；f_{d35}表示城市三网融合指数；f_{d36}表示城市互联网连接指数；G_{d34}、G_{d35}、G_{d36}分别表示指标d_{34}、d_{35}、d_{36}的评价基准值。

（3）指标释义：该指标主要考察城市的数字基础设施的建置状态。诸多知识型城市研究学者指出，数字化建设水平对城市知识型发展具有重大影响，特别是对城市知识网络的构建和知识管理流程的导入具有基础性作用。在这个问题的测度上，国内外比较惯用的指标包括 DSL 总覆盖率（欧洲 2020 数字议程的测度）以及每平方千米国土主干光纤长度、互联网出口带宽等。此外，信息与通信技术（Information Communication Technology，ICT）的发展潜能也经常成为考察城市数字化拓展能力的重要方面。其中，ICT 投资占 GDP 的比重是比较常用的测度指标之一，它基本可以反映城市政府对城市 ICT 技术应用与发展的重视程度。鉴于我国城市 ICT 基础设施发展的实际情况，本书以三网平均覆盖率、三网融合①水平、城市互联网连接质量指数（互联网连接速度或公共场所免费 Wi-Fi 连接覆盖率、速度与稳定性）三个核心指标对城市数字基

---

① 三网是指电信网、广播电视网、互联网。三网融合是指电信网、广播电视网、互联网在向宽带通信网、数字电视网、下一代互联网演进过程中，通过技术改造，使其技术功能趋于一致，业务范围趋于相同，网络互联互通、资源共享，能为用户提供语音、数据和广播电视等多种服务。

础设施进行评价,基本可以达到测度目标。

2) 社会应用数字化

(1) 测度方法:定量分析。

(2) 测度公式:

$$F_{C_{15}} = \left(\frac{f_{d37}}{G_{d37}} + \frac{f_{d38}}{G_{d38}} + \frac{f_{d39}}{G_{d39}} \right) / 3 \times 100 \qquad (6.18)$$

其中,$F_{C_{15}}$表示社会应用数字化值;f_{d37}表示城市居民生活数字化指数[①];f_{d38}表示城市企业生产管理数字化指数;f_{d39}表示城市居民电子商务发展指数;G_{d37}、G_{d38}、G_{d39}分别表示指标d_{37}、d_{38}、d_{39}的评价基准值。

(3) 指标释义:社会数字化水平主要是评测城市的整体数字应用水平,体现在城市市民与城市实体组织(如企业、高校科研组织等)数字化应用水平上,包括居民生活数字化程度、企事业单位生产管理数字化程度、商务经济(E-commerce)数字化程度、社会交往数字化程度等方面。一般而言,市民生活数字化水平的常用测度指标包括百人固定电话和移动电话用户数、宽带网用户覆盖率、公民移动手持设备持有量、市区有线电视入户率、每百户拥有电视机数以及信息消费支出占消费总支出的比例等。另外,随着近年社交媒介和网络购物的发展,2016年,腾讯研究院和阿里研究院也相继发布了国内主要城市的电子商务发展、社会交往影响力方面的报告,这些报告中的评测指标和数据可作为本书的重要参考资料。除此之外,城市实体组织(如企业、科研院所等)数字化应用水平常使用信息技术在重点行业的应用率、企业互联网应用率或渗透率等指标。需要说明的是,随着信息数字化的发展,未来需要对该项测度指标进

[①] 城市居民生活数字化指数=(市民互联网接入率/评价基准值+百户市民计算机持有率/评价基准值+市民社会交往数字化指数)/3。

行优化,并更新相关评估基准值。其中,《欧洲 2020 数字议程》的指标体系可供未来研究参考(如表 6.2 所示)。

表 6.2 社会数字化水平测度的指标体系

一级指标	二级指标
宽带基础	DSL 总覆盖率
网络应用	经常使用互联网的个人比例
	经常使用互联网的贫困人口比例
	从未使用过互联网的个人比例
电子商务	使用互联网采购商品或服务的个人比例
	已接受在线订单的中小企业比例
	已实现在线采购的中小企业比例
电子化政府	已使用互联网参与公共管理的个人比例
	已使用互联网发送填写表格的个人比例

资料来源:《欧洲 2020 数字议程》评测报告。

3) 城市政务数字化

(1) 测度方法:定性分析。

(2) 测度公式:

$$F_{C16} = \left(\frac{f_{d40}}{G_{d40}} + \frac{f_{d41}}{G_{d41}} + \frac{f_{d42}}{G_{d42}}\right)/3 \times 100 \qquad (6.19)$$

其中,F_{C16} 表示城市政务数字化值;f_{d40} 表示政务信息在线公开指数;f_{d41} 表示政府在线服务指数;f_{d42} 表示公共事务公众在线互动指数;G_{d40}、G_{d41}、G_{d42} 分别表示指标 d_{40}、d_{41}、d_{42} 的评价基准值。

(3) 指标释义:该指标主要评估城市政府电子政务水平,更确切地说,是评测城市政府应用数字平台提供公共服务项目的比例与实际绩效,包括政务信息在线公开水平和民众在线服务满意度。在知识型城市发展过程中,政府服务电子化(E-service)程度对社会享有交互式公共服务具有重要的发展价值。在国际知识型城市发展领域,该发展要素也备受城市政府重视,也常被列为知识型城市发展基础评测的核心指标之一。

6.2.3 评估指标的评价基准值

城市知识型发展能力的评价,一方面需要探究被评价城市知识型发展能力的现实状态,另一方面需要将本城市的能力维度与标杆水平进行比较,从而发现自身能力的优势领域与劣势领域。也就是说,城市知识型发展能力评价需要为每个测度指标提供一个标准值,以此计算各项指标得分。因此,对各指标 d_i 设置标准数值 G_{d_i} 作为参照系十分必要。本书各评价指标的标准值设置方法主要包括以下三个方面:

(1)若评价指标与国内外权威的评价体系指标相同且存在规定的标准值,尽量采用权威体系的标准值;

(2)若评价指标存在国内外公认或法定的标准值,在充分考虑本书测度要求下参考采纳;

(3)若评价指标不存在国内外公认或法定的标准值,作者将参考国内领先城市的现状值或者对相关文献论据做适当统计测算,以确定标准值。

综合上述方法,城市知识型发展能力评价指标的基准值及其设定依据如表6.3所示。

表6.3 城市知识型发展能力评价指标的基准值及其设定依据

代码	评价指标	类型	基准值	设定依据
一级指标:知识经济发展态势				
二级指标:知识基础水平				
G_{d1}	城市重点高校指数	数值	1	理论最大值
G_{d2}	国家级研发机构指数	数值	1	理论最大值
二级指标:知识密度水平				
G_{d3}	专业技术人员占从业人口的比重	%	30	创新型城市评价基准值①
G_{d4}	每万人中从事 R&D 活动人员	年	60	知识型城市评测的基准值
二级指标:知识创造水平				
G_{d5}	万名 R&D 活动人员科技论文数	篇/(万人)	5000	科技部监测体系基准值②
G_{d6}	万人发明专利拥有量	件/(万人)	8	创新型城市评价基准值
二级指标:知识创造与经济增长关联度				
G_{d7}	科技进步贡献率	%	60	知识型城市评测的基准值③
二级指标:知识产业发展态势				
G_{d8}	城市第三产业的比重	%	70	知识型城市评测的基准值
G_{d9}	高新技术产业增加值占工业增加值的比重	%	55	知识型城市评测的基准值

---

① 参考创新城市评价课题组《中国创新城市评价报告》的基准值设置。
② 国家科技部发展计划司提出的全国科技进步统计监测的标准。
③ 该基准值与《国家中长期科技发展规划纲要》具有一致性。《国家中长期科技发展规划纲要》明确提出,我国到 2020 年力争实现科技进步贡献率达到 60%以上的目标;《"十二五"科技发展规划》中也将"科技进步贡献率力争达到 55%"作为"十二五"科技发展的总体目标之一。

续表

代码	评价指标	类型	基准值	设定依据
一级指标:社会发展资本				
二级指标:城市发展水平				
G_{d10}	城市化率	%	70	知识型城市评测的基准值
G_{d11}	城市人均GDP	元/人	100000	国际知识型城市基准值(折合人民币估计值)
二级指标:城市环境质量				
G_{d12}	城市绿化覆盖率	%	44	建设部《宜居城市标准》
G_{d13}	空气质量优良率	%	100	理论最大值
G_{d14}	污染控制率			
G_{d15}	物理基础设施指数	数值	1	理论最大值
二级指标:城市生活质量				
G_{d16}	恩格尔系数	比值	0.3	联合国标准值①
G_{d17}	城镇居民人均可支配收入	万元	2.5	建设部《宜居城市标准》
G_{d18}	城市房价收入比	比值	6∶1	世界银行测算值②

① 联合国关于恩格尔系数(EC)的判定标准:$EC>0.6$,生活为贫穷状态;$0.5<EC<0.6$,生活为温饱状态;$0.4<EC<0.5$,生活为小康状态;$0.3<EC<0.4$,生活为比较富裕状态;$0.2<EC<0.3$,生活为富裕状态;$EC<0.2$,生活为非常富裕状态。因全球知识型城市的恩格尔系数的均值在0.3左右,故本书取0.3作为标准值,计100分。

② 世界银行1998年通过对96个地区的统计资料显示,家庭收入在999美元以下(最低收入户)的国家(地区),房价收入比平均数为13.2;家庭收入在3000~3999美元(中等收入户)的国家(地区),房价收入比平均数为9;家庭收入在10000美元以上(高等收入户)的国家(地区),房价收入比平均数为5.6。一般而言,在发达国家,房价收入比超过6就可视为泡沫区,因此,本书选取6∶1为基准值。

续表

代码	评价指标	类型	基准值	设定依据
二级指标:城市发展包容性				
G_{d19}	城乡居民人均可支配收入比	比值	1:1	理论最佳值
G_{d20}	城乡居民收入增幅与GDP增幅比	比值	1:1	理论基准值
G_{d21}	城市失业率	%	3~7	国际组织惯用标准值
二级指标:城市文化特质				
G_{d22}	创新精神指数	数值	1	理论最大值
G_{d23}	人文开放指数			
G_{d24}	诚信协作指数			
一级指标:城市发展治理				
二级指标:政府知识型城市发展导向				
G_{d25}	政府教育经费占GDP的比重	%	4	知识型城市评测的基准值
G_{d26}	财政科技拨款占地方财政支出的比重	%	6	知识型城市评测的基准值
G_{d27}	政府创新发展指数	数值	1	理论最大值
二级指标:社会知识型城市发展意愿				
G_{d28}	大中型企业开展创新活动的比重	%	100	理论最大值
	规模以上企业有研发机构的比重	%	100	理论最大值

续表

代码	评价指标	类型	基准值	设定依据
G_{d29}	全社会R&D投入占GDP的比重	%	2.5	知识型城市基准值①
G_{d30}	民间投资占全社会固定资产投资比	%	60	国内领先城市值
二级指标:城市协同治理水平				
G_{d31}	政府城市治理指数	数值	1	理论最大值
G_{d32}	受过高等教育的市民百分比	%	37	主要国家综合比较值②
G_{d33}	社会协作水平指数	数值	1	理论最大值
一级指标:数字发展应用				
二级指标:数字基础设施水平				
G_{d34}	三网平均覆盖率(含无线互联网)	%	100	理论最大值
G_{d35}	三网融合水平指数	数值	1	理论最大值

---

① R&D,即研究与试验发展,指在科学技术领域,为增加知识总量,以及运用这些知识去创造新的应用而进行的系统的、创造性的活动,包括基础研究、应用研究、试验发展三类活动。根据R&D投入强度,国际上将一个国家或地区的发展分为资源驱动型、效率驱动型和创新驱动型。尽管目前世界发达国家的研发投入强度已经达到3%～5%甚至更高,但是,按照国际惯例,2.5%是衡量一个地区(含城市)进入"创新驱动发展"的重要标志,因此,本书选取2.5%作为基准值。

② 据经济合作与发展组织(OECD)2009～2011年三年的年度教育报告《Education at a Glance 2009: OECD Indicators》显示,OECD成员国国内平均37%左右的年轻人(25～34岁)受过高等教育。韩国、加拿大、日本和俄罗斯处于领先地位,有超过50%的年轻人(25～34岁)接受过高等教育,其中韩国和日本进步最快。据2011年报告显示,两国25～34岁人群中受高等教育者比例分别为63%和56%,美国为41%。就国内而言,在全国第六次人口普查结果中显示,全国受高等教育人口比例为8.93%,其中北京市最高,达到31.5%。综合比较,本书选取37%作为评价基准值。

续表

代码	评价指标	类型	基准值	设定依据
G_{d36}	城市互联网连接速度	KB/s	230.4	全球平均连接速度①
	公共场所免费 Wi-Fi 指数	数值	1	理论最大值
二级指标:社会应用数字化				
G_{d37}	市民互联网接入水平	万户/(万人)	0.5	创新型城市评价基准值
市民生活数字化水平	百户居民计算机持有率	%	100	理论最大值
	市民社交数字化指数	数值	1	理论最大值
G_{d38}	企业数字化管理指数	数值	1	理论最大值
G_{d39}	电子商务发展指数			
二级指标:城市政务数字化				
G_{d40}	政务信息公开指数	分值	1	理论最大值
G_{d41}	政府在线服务指数			
G_{d42}	公众在线互动指数			

需要说明的是,评价基准值的设置是所有评价体系的一个共同难点。由于城市知识型发展能力是一个时序性变量,随着时间推移会发生变化。因此,确定其是否成熟或者已经成熟的标准很难做到十分精确,本书亦不例外。为避免因基准值设置偏差而对评价结论造成影响,本书在对 2010 年和 2015 年进行测度时,对于变化较快的指标通过替代或补充其他指标等方式加以处理,力求这

---

① 参考《第 27 次中国互联网络发展状况统计报告》。该报告显示,2010 年,全国互联网平均连接速度仅为 100.9 KB/s,远低于全球平均连接速度(230.4 KB/s)。各省中河南、湖南和河北的平均连接速度排名前三,分别为 131.2 KB/s、128.2 KB/s 和 124.5 KB/s。由于该基准值每年都会变化,这里只做 2010 年测度参考,2015 年该项测度指标以"公共场所免费 Wi-Fi 指数"替代。

些指标的标准值契合时代的变化,但是,坦诚地说,即便如此,基准值设置必然还存在一些欠合理之处,因此,在后期研究中需要获取更多的国外发展数据加以完善。

6.3 城市知识型发展能力的评估模型

6.3.1 基于 AHP 方法对指标赋权

1. AHP 指标赋权的基本原理

层次分析法(Analytic Hierarchy Process,AHP)是美国 Saaty 教授提出来的一种多维因子评价方法,常被视为主观评估下一种较好的定量分析方法。该方法能够将复杂的多目标、多准则且难以量化处理的决策问题化解为一个多层次单目标的系统问题,借用量化的判断来进行综合评估。针对城市知识型发展能力评估问题而言,该方法能够充分利用分析者的综合判断思维,将各层级的评估要素进行量化比较,以便较为科学地辨别各层级因素的相对重要性,从而对每个因素所反映的指标进行赋权,因而被本书所采用。该方法的操作流程主要包括:

(1) 将复杂问题概念化,找出研究对象所涉及的主要因素(指标)。

(2) 分析各因素的关联隶属关系,构建有序的层次结构模型,如图 6.3 所示。

(3) 将同一层次的各因素对于上一层次中某一准则的相对重要性进行两

两比较,建立判断矩阵。

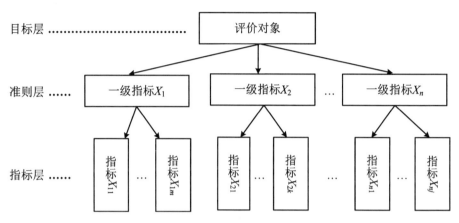

图 6.3 评价指标体系的层次结构

资料来源:作者整理绘制。

以图 6.3 的准则层为例,我们首先需要建立该层所有指标(X_1,X_2,X_3,…,X_n)两两比较的矩阵。即每次取两个指标 X_i 和 X_j,比较二者对于所属的上一层指标(评价对象 S)的影响力度(即重要程度,比较准则参考表 6.4)。

表 6.4 指标比较的基本准则

W_{ij}(评价尺度)	定义	含义
1	同等重要	指标 X_i 和 X_j 同样重要
3	稍微重要	指标 X_i 比 X_j 稍微重要
5	比较重要	指标 X_i 比 X_j 明显重要
7	重要得多	指标 X_i 比 X_j 重要得多
9	极端重要	指标 X_i 比 X_j 绝对重要
2,4,6,8	相邻标度中值	表示相邻两标度之间折中时的标度
上列标度倒数	反比较	X_i 对 X_j 的标度为 k_{ij},反之为 $1/k_{ij}$

若以 k_{ij} 表示 X_i 和 X_j 对 S 的影响大小之比,且 $k_{ij}=(X_i,X_j)$,那么,X_j 和 X_i 对 S 的影响之比应为 $k_{ji}=1/k_{ij}=(X_j,X_i)>0$。例如 $k_{ij}=7$,表示相对于 S 而言,指标 X_i 与 X_j 比较明显重要,且 X_j 与 X_i 比较值为 $k_{ji}=1/7$。以此类推,所有指标两两比较后的全部结果我们用矩阵 $A=(k_{ij})_{n\times n}$ 来表示,即为我们需要的判断矩阵,如表 6.5 所示。

表6.5 成对比较的判断矩阵

元素	X_1	X_2	…	X_j	…	X_n
X_1	k_{11}	k_{12}	…	k_{1j}	…	k_{1n}
X_2	k_{21}	k_{22}	…	k_{2j}	…	k_{2n}
⋮	⋮	⋮		⋮		⋮
X_i	k_{i1}	k_{i2}	…	k_{ij}	…	k_{in}
⋮	⋮	⋮		⋮		⋮
X_n	k_{n1}	k_{n2}	…	k_{nj}	…	k_{nn}

同上操作,我们可以在其他不同层级上构建类似的判断矩阵。

(4) 由判断矩阵计算被比较因素对上一层该准则的相对权重。方法包括和法、根法、迭代计算的幂法等多种方法。本书将通过根法进行相关计算,其过程如下:

步骤一:求取比较矩阵中每行的乘积: $M_i=\prod_{j=1}^{n}k_{ij}$($i=1,2,3,\cdots,n$);

步骤二:计算 M_i 的 n 次方根: $\overline{W}_i=\sqrt[n]{M_i}$($i=1,2,3,\cdots,n$,$n$ 为判断矩阵的维数)。

步骤三:将每行的 $\overline{W}_i$ 组成的向量 $\overline{W}=[\overline{W}_1 \quad \overline{W}_2 \quad \cdots \quad \overline{W}_n]^T$ 归一化处理,得到 $W_i=\overline{W}_i/\sum_{i=1}^{n}\overline{W}_i$($i=1,2,3,\cdots,n$,$n$ 为判断矩阵的维数)。这里的 W_i 即为所在行的因素或指标的权重,又称为特征向量,它代表各指标的相对

权重。

在AHP评价操作过程中,一个最基本的假设就是偏好关系和偏好强度皆满足一致性(Consistency)的特征。然而,现实评价过程中,在层级数量或同层级指标量较多的情况下,这种判断就很难做到完全一致,当然,存在一定程度上的非一致性是允许的。为此,我们必须采取一种方法进行判断矩阵的一致性检验,以验证判断矩阵的信效度。如果一致性达不到评价要求,我们需要在实施AHP分析前重新对系统层次及其元素进行调整和分析。

一致性定理:n阶正互反矩阵A为一致矩阵当且仅当其最大特征根$\lambda_{max}=n$,且当正互反矩阵A非一致时,必有$\lambda_{max}>n$,即$\lambda_{max}-n>0$。

据此定理,我们可以通过λ_{max}是否等于n来检验判断矩阵A是否为一致性矩阵。如果$\lambda_{max}-n$越小,A的一致性程度也就越高,说明λ_{max}对应的标准化特征向量的真实性越高,即对应赋权的可接受度越高。实际操作中,检验判断矩阵一致性可用$C.R.$(一致性比率)进行测算,其公式为

$$C.R.=\frac{C.I.}{R.I.}$$

其中,$C.I.$为一致性指标,且$C.I.=\frac{\lambda_{max}-n}{n-1}$,$\lambda_{max}$为矩阵$A$的最大特征根,且$\lambda_{max}=\sum_{i=1}^{n}\frac{(AW)_i}{nW_i}$,$W_i$为对应单个指标的权重;$R.I.$为随机一致性比率,可根据判断矩阵的维数(比较指标的数量)n来查取,具体对应值如表6.6所示。

表6.6 随机一致性比率检索表($n=1,2,3,\cdots,15$)

n	1	2	3	4	5	6	7	8
$R.I.$	0	0	0.52	0.89	1.12	1.26	1.36	1.41
n	9	10	11	12	13	14	15	
$R.I.$	1.46	1.49	1.52	1.54	1.56	1.58	1.59	

若 $C.R.=0$,则判断矩阵具有完全一致性;若 $C.R.\leqslant0.1$,则认为判断矩阵的一致性是可以接受的;若 $C.R.>0.1$,则说明评价者的判断前后不一致,赋权可能不合理,需等待整体权重的一致性评估检验再做判断。

(5) 计算各层次相对于系统总目标的综合权重,进行权重的总排序。

若目标层 A 包含 $A_1,A_2,\cdots,A_m$ 共 m 个指标,它们的权重分别为 $a_1,a_2,\cdots,a_m$。A 层下属 B 层共有 n 个指标 $B_1,B_2,\cdots,B_n$,它们对应 A_j 指标的权重分别为 $b_{1j},b_{2j},\cdots,b_{nj}$。现求 B 层指标对应 A 层指标的总权重,记为 b_i,则 $b_i=\sum_{j=1}^{m}b_{ij}a_j(i=1,2,\cdots,n)$。

(6) 整体赋权的一致性检验。

为了确保这种权重的综合计算结果可以被接受,我们此处同样需要在层次综合排序后做整体一致性检验,以 $C.R.H.$ 表示,则有

$$C.R.H.=\frac{C.I.H.}{R.I.H.} \tag{6.20}$$

其中,$C.R.H.$ 为整体层级的一致性比率;$C.I.H.$ 为整体层级的一致性指标,其计算公式为

$$C.I.H.=\sum(各层级的相对权重)\times(各层级的 C.I.)$$

$R.I.H.$ 为整体层级的随机性指标,其计算公式为

$$R.I.H.=\sum(各层级的相对权重)\times(各层级的 R.I.)$$

若 $C.R.H.\leqslant0.10$,则认为指标总体权重的计算结果具有较满意的一致性,赋权可以接受;若 $C.R.H.>0.10$,则需重新进行要素分析并建立层级结构(汪明生,胡象明,2010)。

2. 基于 AHP 的指标赋权

根据指标赋权所涉及的层次,此处仅绘制城市知识型发展能力指标体系的

目标层、准则层、因子层等三级层次结构,如图 6.4 所示。

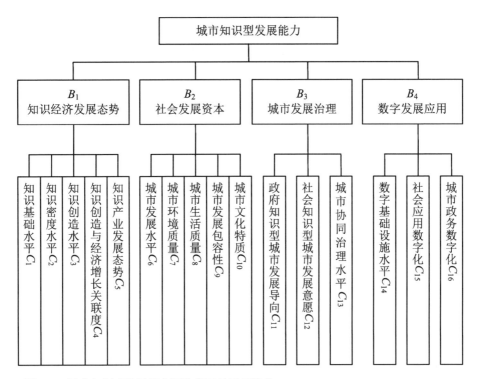

图 6.4 城市知识型发展能力评价指标的层级结构

资料来源:作者整理绘制。

按照自上而下的思路,我们对每一个层级的指标进行赋权。此处以下属指标 $B_1 \sim B_4$ 的赋权为例,操作过程阐述如下。

(1) 通过综合判断,构建下属指标的判断矩阵,记为 A:

$$A = \begin{bmatrix} 1 & 2 & 1 & 2 \\ 1/2 & 1 & 2 & 2 \\ 1 & 1/2 & 1 & 2 \\ 1/2 & 1/2 & 1/2 & 1 \end{bmatrix}$$

(2) 运用根法求取矩阵 A 中每行数值的乘积并计算 n 次方根,得到 $\overline{W}_B$：

$$\overline{W}_B = \begin{bmatrix} \overline{W}_{B1} \\ \overline{W}_{B2} \\ \overline{W}_{B3} \\ \overline{W}_{B4} \end{bmatrix} = \begin{bmatrix} \sqrt[4]{1 \times 2 \times 1 \times 2} \\ \sqrt[4]{\frac{1}{2} \times 1 \times 2 \times 2} \\ \sqrt[4]{1 \times \frac{1}{2} \times 1 \times 2} \\ \sqrt[4]{\frac{1}{2} \times \frac{1}{2} \times \frac{1}{2} \times 1} \end{bmatrix} = \begin{bmatrix} 1.4142 \\ 1.1892 \\ 1.0000 \\ 0.5946 \end{bmatrix}$$

(3) 将向量 $\overline{W}_B = [\overline{W}_{B1} \quad \overline{W}_{B2} \quad \overline{W}_{B3} \quad \overline{W}_{B4}]^{\mathrm{T}}$ 进行归一化处理,得到 W_B：

$$W_B = \begin{bmatrix} W_{B1} \\ W_{B2} \\ W_{B3} \\ W_{B4} \end{bmatrix} = \begin{bmatrix} \dfrac{1.4142}{1.4142 + 1.1892 + 1.0000 + 0.5946} \\ \dfrac{1.1892}{1.4142 + 1.1892 + 1.0000 + 0.5946} \\ \dfrac{1.0000}{1.4142 + 1.1892 + 1.0000 + 0.5946} \\ \dfrac{0.5946}{1.4142 + 1.1892 + 1.0000 + 0.5946} \end{bmatrix} = \begin{bmatrix} 0.336875 \\ 0.283278 \\ 0.238209 \\ 0.141639 \end{bmatrix}$$

(4) 判断矩阵 A 的一致性检验。

① 求取矩阵 A 的最大特征根 $\lambda_{\max}$：

$$A \cdot W_B = \begin{bmatrix} (A \cdot W_B)_1 \\ (A \cdot W_B)_2 \\ (A \cdot W_B)_3 \\ (A \cdot W_B)_4 \end{bmatrix} = \begin{bmatrix} 1 & 2 & 1 & 2 \\ 1/2 & 1 & 2 & 2 \\ 1 & 1/2 & 1 & 2 \\ 1/2 & 1/2 & 1/2 & 1 \end{bmatrix} \cdot \begin{bmatrix} 0.336875 \\ 0.283278 \\ 0.238209 \\ 0.141639 \end{bmatrix} = \begin{bmatrix} 1.424918 \\ 1.211412 \\ 1.000001 \\ 0.570820 \end{bmatrix}$$

$$\lambda_{\max} = \sum_{i=1}^{4} \frac{(A \cdot W_B)_i}{n W_{B_i}}$$

$$= \frac{1.424918}{4 \times 0.336875} + \frac{1.211412}{4 \times 0.283278} + \frac{1.000001}{4 \times 0.238209} + \frac{0.570820}{4 \times 0.141639}$$

$$= 4.183581$$

② 计算一致性指标 $C.I.$：

$$C.I. = \frac{\lambda_{\max} - n}{n-1} = \frac{4.183584 - 4}{4-1} = 0.061195$$

③ 计算一致性比率 $C.R.$（$n=4$ 时，查表 6.6 可得 $R.I.=0.89$）：

$$C.R. = \frac{C.I.}{R.I.} = \frac{0.061195}{0.89} = 0.068758 < 0.1$$

结论：因为 $C.R.<0.10$，所以判断矩阵 A 具有较好的一致性，赋权有效。

根据以上计算方法，我们同理可以完成因子层（C 层）各指标的权重。同时，根据整体权重的计算公式，我们可以得到各因子的整体性权重，如表 6.7 所示。

表6.7　城市知识型发展能力评价指标的综合赋权结果

目标	准则	准则权重	因子	因子权重	综合权重
城市知识型发展能力（A）	知识经济发展态势 B_1	0.336875	知识基础水平 C_1	0.101937	0.034340
			知识密度水平 C_2	0.119890	0.040388
			知识创造水平 C_3	0.208726	0.070315
			知识创造与经济增长关联度 C_4	0.226351	0.076252
			知识产业发展态势 C_5	0.343096	0.115580
	社会发展资本 B_2	0.283278	城市发展水平 C_6	0.254101	0.071981
			城市环境质量 C_7	0.117154	0.033187
			城市生活质量 C_8	0.221208	0.062663
			城市发展包容性 C_9	0.167644	0.047490
			城市文化特质 C_{10}	0.239893	0.067956
	城市发展治理 B_3	0.238209	政府知识型城市发展导向 C_{11}	0.412600	0.098285
			社会知识型城市发展意愿 C_{12}	0.259920	0.061915
			社会协同治理水平 C_{13}	0.327480	0.078009
	数字发展应用 B_4	0.141639	数字基础设施水平 C_{14}	0.310814	0.044023
			社会应用数字化 C_{15}	0.493386	0.069883
			城市政务数字化 C_{16}	0.195800	0.027733

当然，为了确保综合赋权的结果能够被接受，我们此处同样需要对层次综合赋权做整体一致性检验。以 $C.R.H.$ 表示整体一致性比率，则有

$$C.I.H. = \sum (各层级的相对权重) \times (各层级的 C.I.)$$

$$= 0.336875 \times 0.020313 + 0.283278 \times 0.079642$$

$$+ 0.238209 \times 0.02681 + 0.141639 \times 0.026811$$

$$= 0.039588$$

$$R.I.H. = \sum (各层级的相对权重) \times (各层级的 R.I.)$$
$$= 0.336875 \times 1.12 + 0.283278 \times 1.12 + 0.238209 \times 0.52$$
$$+ 0.141639 \times 0.52$$
$$= 0.89209232$$

$$C.R.H. = \frac{C.I.H.}{R.I.H.} = \frac{0.039588}{0.89209232} = 0.04438 < 0.1$$

总结论:因为 $C.R.H.<0.10$,所以整体指标体系的赋权结果具有较高的一致性,赋权结果可以接受。

6.3.2 知识型发展能力评价思路

城市知识型发展能力评测是一个复杂的体系,涉及大量层级复杂且边界并不是很清晰的因素。由于这些因素存在较大的模糊性和非确定性,用常规的评价方法进行测度必定会存在一定的缺陷。这是因为,一般评价方法很难将某一个因素归于某种特定的评价类型。于是,我们需要对所有因素进行比较科学有效的综合,以形成相对客观的综合评价结果,防止评价信息中途丢失或弱化。模糊评价模型(Fuzzy Comprehensive Evaluation,FCE)恰好能够满足这种评价要求。该模型以模糊数学为基础,应用模糊关系合成原理,通过求解多个因素对被评价等级的隶属度,将一些边界不清晰、不易定量的因素定量化并进行有效合成。对于城市发展这类综合性问题而言,模糊评价模型不失为一种理想的测度方法。

1. 构建城市知识型发展能力评价集

评价集是对被评价对象可能做出的各种总体评价结果的集合,通常用 $P = [P_1 \quad P_2 \quad \cdots \quad P_n]$ 表示。按照能力成熟度的表述,本书将城市知识型发展能

力成熟度评价等级设定为五级,即

$$P = [P_1 \quad P_2 \quad \cdots \quad P_5] = [低 \quad 较低 \quad 中等 \quad 较高 \quad 高]$$

各级描述如表6.8所示。

表6.8 城市知识型发展能力的评价集

评价级别	得分(F_{Ci})	城市知识型发展能力成熟度(P)
P_1	50	低
P_2	60	较低
P_3	70	中等
P_4	80	较高
P_5	90	高

需要指出,以上各相邻等级之间并不存在绝对的分割,只是为了便于分析设定的。例如,某个城市的某项评价指标得分为66分,并不能表明该城市的知识型发展能力绝对属于较低水平或者中等水平,而需要通过模糊综合评价去判断66分多大概率属于较低水平,多大概率属于中等水平,通过同一层级下指标值的综合模糊计算,得出该项指标所表征的发展能力可能隶属上述五种成熟度的不同概率,它不是一个分值或指数,而是一个向量值。总而言之,通过这种评价,如果将同一城市、同一指标、不同年份的评价结果进行对比分析,其结果可以用来观察被评价城市该项发展能力在不同年份中的变化趋势。

2. 建立评价因子的层级结构

评价因素集就是城市知识型发展能力评价的各层级因素(指标)的集合,一般可用$U = [U_1 \quad U_2 \quad \cdots \quad U_m]$表示,其中,$U$代表影响因素,共有$m$个,$U_i$($i = 1, 2, \cdots, m$)为第一层(也即最高层)中的第$i$个因素,它由第二层中的$n$个因素决定,即$U_i = [U_{i1} \quad U_{i2} \quad \cdots \quad U_{in}]$,而第二层因素$U_{ij}$($i = 1, 2, \cdots, m; j = 1, 2, \cdots, n$)由第三层因素决定。总体而言,这些因素都具有不同程度的模糊性,在模糊综合评价方法中,模糊性是通过隶属函数来处理的。

根据第6章内容,我们同理可将城市知识型发展能力的评价因素集建立如下:

(1) 城市知识型发展能力评价集为

$[B_1 \quad B_2 \quad B_3 \quad B_4]$
=[知识经济发展态势 社会发展资本 城市发展治理 数字发展应用]

(2) 知识经济发展态势评价集为

$[C_1 \quad C_2 \quad C_3 \quad C_4 \quad C_5]$
=[知识基础水平 知识密度水平 知识创造水平 知识创造与经济增长关联度 知识产业发展态势]

(3) 社会发展资本评价集为

$[C_6 \quad C_7 \quad C_8 \quad C_9 \quad C_{10}]$
=[城市发展水平 城市环境质量 城市生活质量 城市发展包容性 城市文化特质]

(4) 城市发展治理评价集为

$[C_{11} \quad C_{12} \quad C_{13}]$
=[政府知识型城市发展导向 社会知识型城市发展意愿 城市协同治理水平]

(5) 数字发展应用评价集为

$[C_{14} \quad C_{15} \quad C_{16}]$
=[数字基础设施水平 社会应用数字化 城市政务数字化]

3. 设定评价因子的权重集

评价因素集是上述各层级因素集对应的权重的集合,一般可用$[W_1 \quad W_2 \quad \cdots \quad W_m]$表示,次级层级的因素权重集可同理设定。根据表6.7的数据,我们同理可将各级评价指标的权重用集合表示如下：

（1）"城市知识型发展能力"下属各指标的权重集为

$$[W_{B_1} \quad W_{B_2} \quad W_{B_3} \quad W_{B_4}] = [0.336875 \quad 0.283278 \quad 0.238209 \quad 0.141639]$$

（2）"知识经济发展态势"下属各指标的权重集为

$$[W_{C_1} \quad W_{C_2} \quad W_{C_3} \quad W_{C_4} \quad W_{C_5}]$$
$$= [0.101937 \quad 0.119890 \quad 0.208726 \quad 0.226351 \quad 0.343097]$$

（3）"社会发展资本"下属各指标的权重集为

$$[W_{C_6} \quad W_{C_7} \quad W_{C_8} \quad W_{C_9} \quad W_{C_{10}}]$$
$$= [0.254101 \quad 0.117154 \quad 0.221208 \quad 0.167644 \quad 0.239893]$$

（4）"城市发展治理"下属各指标的权重集为

$$[W_{C_{11}} \quad W_{C_{12}} \quad W_{C_{13}}] = [0.412600 \quad 0.259920 \quad 0.327480]$$

（5）"数字发展应用"下属各指标的权重集为

$$[W_{C_{14}} \quad W_{C_{15}} \quad W_{C_{16}}] = [0.310814 \quad 0.493386 \quad 0.195800]$$

4. 计算单因子的模糊矩阵

现实中，很多评价问题和单个评价因子都存在较大的模糊性，很难将其归为某一个固定的集合。比如，我们很难简单地将课程考试得分为 85 的学生归为优秀学生或中等学生。城市知识型发展能力评价同样会遇到这样的问题。如何比较客观地评判各评价因子 C_i 呢？较为合理的办法是计算该因子会在多大程度上隶属不同的 P_i（P_i 即为评价级别，其组合即为评价集 P）。美国加利福尼亚大学 L. A. Zadeh 教授由此提出了模糊隶属度的概念，并成功运用模糊集合解决了这个问题。

所谓隶属度，是指反映评判对象具有某种属性的客观函数。通常来说，确定模糊隶属度的常用方法有模糊统计法、函数法、专家经验法等。本书根据评

价因素的特点①,选取了三角形隶属度函数法进行计算。其方法如下:

(1) 经过数据的无量纲化,城市知识型发展能力的每个指标 C_i 将换算成一个相对基准值的得分 F_{C_i} ②。

(2) 根据能力成熟度的评价集:P_1 不成熟(50)、P_2 较不成熟(60)、P_3 中等(70)、P_4 较成熟(80)和 P_5 成熟(90),建立评价区间,如图 6.5 所示。

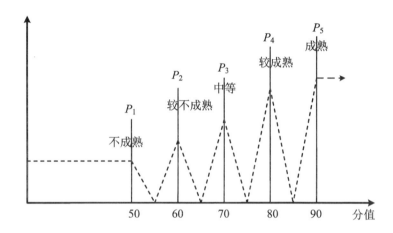

图 6.5　城市知识型发展能力评价集

资料来源:作者整理绘制。

(3) 任何一个指标 C_i 的分值 F_{C_i} 都会落入图 6.5 中的某个评价区间。在此,定义 $S_{P_j}(j=1,2,\cdots,5)$ 为因素指标 C_i 对于 P_j 的隶属度,也就是指标 C_i 对应的分值 F_{C_i} 隶属评价集中五种评级的不同程度。S_{P_j} 按照以下函数求取:

◆ 如果 $F_{C_i} \in (0, P_1)$,则 $S_{P_1}=1, S_{P_j}=0(j=2,3,4,5)$;

---

① 评价指标均有评价基准值,即赋予了指标明确的边界值,因此,各指标在进行模糊评价前均可得到一个定量化的分值,综合而言,宜采用函数法进行模糊隶属度计算。

② 详见第 6 章 6.2.2 小节"评估指标的测度方法"的内容。

◆ 如果 $F_{C_i} \in (P_5, \infty)$，则 $S_{P_5} = 1, S_{P_j} = 0 (j=1,2,3,4)$；

◆ 如果 $F_{C_i} \in (P_j, P_{j+1})(j=1,2,3,4)$，则表明该指标隶属 P_j 或者 P_{j+1} 两种评级，其他三种评级的隶属度均为 0，且

$$S_{P_j} = \left| \frac{P_{j+1} - F_{C_i}}{P_{j+1} - P_j} \right|, \quad S_{P_{j+1}} = \left| \frac{F_{C_i} - P_j}{P_{j+1} - P_j} \right|$$

通过计算，我们可以将每个因素 F_{C_i} 的模糊集表示为

$$[S_{P_1} \quad S_{P_2} \quad S_{P_3} \quad S_{P_4} \quad S_{P_5}]$$

(4) 构建城市知识型发展能力的单因素模糊矩阵 R_i，并将其定义为城市知识型发展能力的各指标 C_i 到 A 的一个模糊评价矩阵，即将第(3)步求取的同层级下的各因素集合整合为

$$R_i = \begin{bmatrix} S_{11} & S_{12} & S_{13} & \cdots & S_{15} \\ S_{21} & S_{22} & S_{23} & \cdots & S_{25} \\ \vdots & \vdots & \vdots & & \vdots \\ S_{m1} & S_{m2} & S_{m3} & \cdots & S_{m5} \end{bmatrix} \quad (m=3,5)$$

5. 对单因子进行模糊评价

在进行城市知识型发展能力模糊综合评价时，首先要对因子层的单个因素集 C_i 进行评价，确定其对评语集中各评级的隶属程度，构建因子层的各个单因素模糊矩阵 R_i，其对应的权重为 W_{C_i}，那么，单因素的模糊评判结果用模糊集合表示为 K_i，因本书的评级 $j=5$，则

$$K_i = W_{C_i} \cdot R_i = W_{C_i} \cdot \begin{bmatrix} S_{11} & S_{12} & \cdots & S_{15} \\ S_{21} & S_{22} & \cdots & S_{25} \\ \vdots & \vdots & & \vdots \\ S_{m1} & S_{m2} & \cdots & S_{m5} \end{bmatrix} \quad (m=3,5)$$

6. 对综合多因子进行模糊评价

依据自下而上的层级评价原理,按照上述步骤进行逐级模糊评价直至最顶层。每一层级的模糊评价结果将组合为一个新的矩阵并作为上层模糊评价的模糊集。以此类推,我们最终将得到一个关于评价对象的评价集合 Z。

就本书评价而言,在完成城市知识型发展能力的因子层(单因素)评价之后,我们可以得到每个因子层的模糊评价结果 K_i,它们组成的新矩阵 $T_i = \begin{bmatrix} K_1 & K_2 & \cdots & K_n \end{bmatrix}^T$ 称为准则层城市知识型发展能力的综合模糊评价集。结合准则层的权重集,就可得到城市知识型发展能力的综合模糊评价结果:

$$Z = W_B \cdot T_4 = \begin{bmatrix} Z_1 & Z_2 & Z_3 & Z_4 \end{bmatrix}$$

当 $\sum_{i=1}^{4} Z_i \neq 1$ 时,可做归一化处理得到 $Z^\theta = \begin{bmatrix} Z_1^\theta & Z_2^\theta & Z_3^\theta & Z_4^\theta \end{bmatrix}$。

综合评价:城市知识型发展能力的综合评级将表现为隶属不同评价等级的概率 Z_i^θ 的集合,即对应不同级别的一种概率分布。

6.3.3 评价结果的分析与应用

城市知识型发展能力模糊评价的结论是对不同层级的因素进行逐级评价而得出的。各层级之间的结论具有一定的独立性和承接性。因此,通过这些评价结论,我们可以对被评价城市的综合能力和分项能力有比较清晰的判断。这种判断将有利于城市去构建符合自身能力需要的知识型发展战略,通过适当的路径设计形成合理的知识型城市发展的行动路线图。需要补充的是,在历史演化的框架下,我们同样可以运用此评价模型,对城市采取相关发展行为(项目或计划)进行反馈性评价,以判断前期的行动是否实现了预期目标,并为下一年度的行动指明方向。这可能包括:

(1) 继续执行原有的知识型城市发展战略,包括发展项目和进程;
(2) 设计和实施新的项目和流程,以提升弱势领域的发展能力;
(3) 再造现有项目或流程,更为有效地促进能力优势的形成。

6.4 知识型发展能力与资源优势的匹配

6.4.1 关键资源与比较优势的识别

城市历史特色与独特资产是什么？与其他城市相比,自身的优势资源主要在哪些领域？城市在所处区域内的地位和发展层次怎样？城市与周边城市的互动关系如何？城市有无国家或省区特殊的政策支持？等等。类似这些方面的分析有助于评估城市的"关键资源与比较优势"。当然,这些资源与优势可能无法纳入知识型发展能力评估体系而需要采取一种定性而非定量的诊断,这是对能力评估的一种有益和必要的补充。

何谓关键资源？资源基础学派认为,关键资源是指能够保持企业持续竞争优势的资源(Penrose,Pitelis,2009)。由此可见,一个城市的关键资源既可能是物质的,如城市独特的产业、区位或气候环境,也可能是非物质的,如城市的历史文化和人文风貌、城市形象等。不可否认的是,任何城市都是资源的集合体,城市的发展能力来自内部资源的有效整合,这是组织能力学派的核心观点。在知识经济时代,城市的知识型发展更多取决于城市的关键资源和资源向能力转化的效能。另外,存在拓展城市资源能力的外部机会和各种国家特殊政策,也对城市的知识型发展产生重要影响。深圳就是一个鲜明的例子。

那么,如何识别关键的资源?很多成功的方法可用于这种资源优势的识别,如 Collis 和 Montgomery 提出的识别关键资源的五个特征标准:可拥有性、持续性、更具竞争性、不可复制性和非替代性(Collis,Montgomery,1995),美国战略管理专家迈克尔·波特提出的环境分析法则(宏观、行业和微观三个层面的分析)和伊格尔·安索夫的 SWOT 分析矩阵,等等。各种方法可以根据不同领域的分析需要而进行,在此不再一一赘述。

6.4.2 发展能力与资源优势的匹配

毫无疑问,资源和能力决定战略。尤其是,解释区域经济发展能力主要在于探讨不同资源和能力如何实现最有效的匹配问题(Huggins et al.,2014)。从广义上说,每一项战略活动都会涉及资源的重新布局与分配,城市的发展战略更是涉及更加广泛的社会资源与利益。如何将城市现有的关键优势资源投入到未来知识型发展的新领域,尤其是新型知识经济产业领域,需要通过正确的能力与优势资源的匹配分析,迅速把握机会并调整自身资源能力来实现。不难发现,随着经济活动的全球化,世界各经济体更加依赖较少的几个支柱产业,这在 OECD 出版的《科学、技术与工业记分板 2011》中已经充分显现。该报告显示,20 世纪 70 年代以来,资源的稀缺性已经让诸多发达国家对面面俱到的产业布局力不从心,将有限的资源能力聚集到若干能够凸显自身实力并可实现可持续发展的领域已经成为这些国家的共同选择。

经济是所有发展的根基与动力。城市知识型发展能力与优势资源的匹配和上述的产业选择道理相同,目的是对城市未来知识型发展产业进行科学定位,使城市现有资源能投入到最适合的知识型发展领域。这是知识型城市路径设计的基本思路,也是城市获取未来持续竞争优势的关键。

现实是否如此?过去十几年,我们可以看到,经济增长令人印象深刻的新加坡在知识型城市转型战略上的重要举措是在资源能力优势领域培育了世界一流的本土企业。基于未来发展趋势的判断,一些比较成熟和具有竞争优势的传统产业在新加坡创新政策的激励下实施了技术革新与产业升级计划,尤其在人工智能、环境科技、生物医疗、洁净能源、数字媒体等领域,新兴产业增长较快,有效拓展了新加坡的知识型发展能力。荷兰的代尔夫特市在其知识型城市战略初期也同样选择能够凸显其优势的设计、建筑、信息技术、新型交通系统和环保技术等五个细分领域集中发展知识密集型项目。荷兰南部的埃因霍温市在知识型城市发展路径的设计上,进行科学而审慎的分析后也选择了汽车机械和医疗技术等五个具有传统工业技术优势的领域(Ploeger,2001)。

如何进行知识型城市能力与优势资源的匹配?安索夫的环境对策组合分类法是一个可以借鉴的模型。可以说,知识型城市战略是整合城市资源的出发点,也是城市进行资源与能力匹配选择的依据。由此,本书也尝试性设计了一个匹配分析模型(如图6.6所示)。这个模型类似对策组合分类法,从城市资源优势和城市知识型发展能力两个维度将城市的所有发展领域划分为五大领域:优先领域(Ⅰ)、创新领域(Ⅱ)、风险领域(Ⅲ)、转型领域(Ⅳ)和拒绝领域(Ⅴ)。

优先领域(Ⅰ):城市知识型发展能力水平和城市资源都处在较高的支持度上,该产业是城市向知识型城市转型发展的依托领域和先导领域,需要得到资源的优先支持。

创新领域(Ⅱ):城市知识型发展能力水平和城市资源支持度分别处在高等和中等位置。也就是说,该产业在城市具有较好的潜力或基础,未来向知识产业的转型则需要结构、流程与技术等方面的创新。如西班牙巴塞罗那市,尽管在知识型城市发展之初,在电子设备制造领域并不拥有绝对优势,但是,它很快以该地区最先进的研究中心和研发实验室以及优秀的通信基础设施吸引了国际领军企业进入,通过鼓励科技项目的创新促进了该领域的知识型发展。芬兰赫尔辛基市的发展亦是如此。

风险领域(Ⅲ):城市知识型发展能力水平和城市资源支持度分别处在高等和低等两个极端位置。该领域的知识型发展未来可能面临资源短缺或者能力不足的风险,本书将其视为风险领域。若处在该领域,则需要城市当局慎重决策,在满足主要资源投入优势领域的前提下,富余资源可以考虑投向促进该产业向创新领域的转化上(如图6.6中虚线方向所示)。值得一提的是,当城市面临资源不足时,从外部有效获取资源也是可以考虑的做法,如新加坡文化产业的发展。

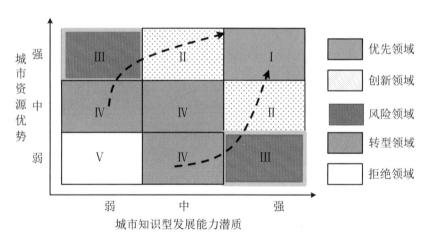

图6.6 知识型发展能力潜质与优势资源的匹配分析
资料来源:作者整理绘制。

转型领域(Ⅳ):城市知识型发展能力水平和城市资源支持度分别处在中等和低等位置。如何挖掘和获取发展资源是城市未来知识型发展的关键。重新审视自身的潜在资源和拓展能力是城市政府需要思考的。值得一提的是,某些城市的资源可以通过再投资(公共投资或私人投资)重新焕发知识型发展的生机。如贵州铜仁地区的苗药资源与苗药产业价值链的开发就是很好的实例。当地政府通过政策引导与资金支持,重新鼓励民营研发机构进入苗药的研发领域,大大激发了生物医药产业的发展潜力,推动了该地区知识型产业的转型升级和产业集群。

拒绝领域(Ⅴ):顾名思义,该领域的城市知识型发展能力水平和城市资源支持度都处在较低位置,故不应纳入知识型发展的领域范畴。一般情况下,资源型城市往往在资源枯竭期会表现出上述特征。在城市知识型发展过程中,城市政府对这种知识型发展潜质不高并且资源短缺的领域应该舍弃或进行大刀阔斧式改革,实现发展曲线向创新区域转型。如英国伦敦市工业城市的"蜕变"和韩国"港口经济"向"汽车电子产业"转变就是比较成功的例证。

资源与能力的匹配分析是城市知识型发展路径的设计基础。城市的现实资产与能力若能与城市的未来知识型产业要素相一致,则这些资源和能力就能创造知识经济价值,为城市的未来带来竞争优势。城市现实状态的诊断结果将决定其资源投入的强度与秩序。当然,发展与城市传统优势有较强互补性的或产业价值链关联度较高的知识产业固然更容易获得成功,然而,被动去适应能力资源也不是城市唯一的选择。成功的知识型城市研究表明,走向知识经济时代,城市知识型发展路径不仅在于传统比较优势的发现,还应包括如何利用外部机会使得新的资源能力增长。例如,城市即将成为国家或省功能性示范区或试验区,或者即将举办国际性赛事,等等,这些外部机遇与政策也可能为城市知识型发展带来新的发展资源,形成新的发展优势。

本章小结

毫无疑问,资源和能力决定战略。城市知识型发展既需要进行自我发展能力的评估,还需要全面审视自己的发展资源和比较优势,并进行良好的匹配。尽管评价涉及大量错综复杂的因素,而且,这些因素会直接或间接地影响一个城市的知识型发展能力,包括城市发展模式转型的质量和承受能力、新型模式与传统模式对接的稳定性以及未来知识型城市发展的可持续性,尽管设计的知识型发展能力评价指标存在不全面或部分因子难以量化分析的弊端,但是,对于一个城市而言,知识型城市能力评价是其正确选择最佳发展路径的前提,因此,我们又不得不去研究这种评价问题。

在本章中,研究者尝试性设计了一套能力评价的指标体系,并运用层次分析法对各级指标进行了赋权。在下一章,将运用这一评价体系对选定的国内研究样本城市进行评价实测,以论证评价体系的应用价值。

第 7 章
案例研究：城市知识型发展能力演化分析

为了更好地解释城市知识型发展能力评价的原理与意义,本章将选取安徽省合肥市进行个案研究,目的是对前面设计的城市知识型发展能力评价模型进行检验,说明能力评价对未来知识型城市发展路径设计的价值。

7.1 评价城市的选取

城市知识型发展能力评价系统是城市倡导知识型发展战略的一种战略环境分析工具。因此,从理论上说,任何致力于知识型发展的城市都可以作为被评价对象。但是,由于研究者能力与资源有限,暂时无法对全国主要城市开展大面积评估(当然,这方面研究将比个体城市评价更有意义)。在本章中,作者选取安徽省合肥市(安徽省省会城市)作为评估对象,演示并验证城市知识型发展能力评估模型。选择该市是基于以下考虑的:

一是基于城市发展规模和层次级别的考虑。合肥市作为安徽省的省会城市,2016 年常住人口已达 786.9 万,是中国中部地区重要核心城市之一,也是"合芜蚌""皖江城市带"等国家级主体功能区的核心城市,在发展层次上具有一定的典型性,符合测度的基本条件。例如,该市先后被评为"全国科技创新型试点城市""全国科技进步示范市""世界科技城市联盟会员城市""综合性国家科学中心建设核心承载区""国家知识产权示范城市""全国综合实力50强城市""全国甲级对外开放城市""中国城市环境综合整治优秀城市""中国节约集约用地试点市""电子信息国家高技术产业基地""国家级汽车及零部件基地城市""国家节能与新能源汽车示范推广试点城市""加工贸易梯度转移重点承接城市""中国服务外包基地城市""中国服务外包示范城市""全省最大的家电产业基地""国家铁路交通枢纽城市",等等。2017年3月,该市又被列为"中国制造2025"试点示范城市。

二是基于该市发展定位上的考虑。近年来,合肥市一直致力于"创新发展、科技立市"的战略,城市转型发展取得较好的业绩和成果。例如,在《2009—2010城市竞争力报告》中,合肥市因近年来在科技创新方面的优势、经济社会的快速发展被评为"全球最佳案例城市"之一。同样,在《中国城市竞争力报告2011》中,合肥市在国内294个城市综合竞争力排名中由2005年的第41位快速升至2010年的第25位。而且,合肥市2010年被评为中国未来10年最具潜力的城市之一。合肥市统计局的统计数据显示,2016年合肥市实现国内生产总值(GDP)6274.3亿元,人均GDP已经超过1万美元,达到12064美元。三产业比重为4.3∶50.8∶44.9,经济指标上符合基本知识型发展的条件。

此外,中国国家信息中心发布的《中国信息社会发展报告2016》显示,2016年合肥市的数字化增速位居全国省会城市第一。而且,合肥市也是国内较早推动智慧化发展的城市之一。观察其近十年来的发展数据可以发现,合肥市正处于社会信息化和产业现代化的重要时期,无论是速度还是质量,均与知识型发展的理念具有较强的契合性和现实针对性。

7.2 数据采集与处理

7.2.1 指标数据采集

由于评价中使用了多种不同指标,既有定量指标,也有定性指标,因而,数据采集面比较宽泛。为了保持数据的真实性,采集多以安徽省和合肥市官方公布的统计数据为主。同时,为了降低调研难度,在等同性较好的基础上,本书部分定性指标采纳了其他相关评估报告的评测数据作为该指标的评价数据。

为了研究合肥市近年来知识型发展能力的变化趋势,我们对合肥市 2010 年和 2015 年的数据进行了采集,用于对比分析两个年度的评价结果,揭示城市在知识型发展方向上的能力增减情况。根据前面表述的城市知识型发展能力指标体系,现将采集的数据进行整理,如表 7.1 所示。

表 7.1 合肥市知识型发展能力评估指标的采集数据

评价指标	2010	2015	主要数据来源
知识经济发展态势			
1. 知识基础水平			
"211 工程"以上高校(个)	3	3	安徽省科技统计公报
国家大科学工程(个)	5	5	安徽省科技统计公报
国家科技企业孵化器(个)	9	17	安徽省科技统计公报
国家级研发平台(个)	N/A	75	安徽省科技统计公报
国家工程技术研究中心(个)	5	5	安徽省科技统计公报

续表

评价指标	2010	2015	主要数据来源
国家(重点)实验室(个)	4	6	安徽省科技统计公报
国际联合研究中心(个)	N/A	4	安徽省科技统计公报
城市重点高校指数	0.76	0.76	合肥市科技统计公报
城市国家级研发机构指数	0.83	0.89	合肥市科技统计公报
2. 知识密度水平			
专业技术人员占从业人员的比重(%)	11.87	16.51	合肥市国民经济和社会发展统计公报;根据安徽统计年鉴中就业分布数据估算
每万人中从事R&D活动的人员	43.36	50.71	安徽省科技统计公报
3. 知识创造水平			
万名R&D活动人员发表科技论文数(篇/(万人))	5856.1	4062.5	安徽统计年鉴
万人发明专利拥有量(件)	3.8	12.25	安徽省科技统计公报
4. 知识创造与经济增长关联度			
科技进步贡献率(%)	42.63	44.68	根据相关研究的趋势外推法计算①
5. 知识产业发展态势			
城市第三产业的比重(%)	41.2	40.6	合肥市国民经济和社会发展统计公报
高新技术产业增加值占工业增加值的比重(%)	46.89	53.6	安徽统计年鉴;合肥统计年鉴
高新技术产业增加值占GDP的比重(%)	N/A	22.2	安徽省科技统计公报

---

① 根据闫文涛《合肥市科技进步对经济增长贡献率的实证研究》1998～2008年的相关数据进行直线趋势外推计算,计算公式为:$y_t = 37.3 + 0.41 x_t$ (令 $\sum_{t=1}^{n} x_t = 0, x_{2010} = 13$)。

续表

	评价指标	2010	2015	主要数据来源
社会发展资本				
1. 城市发展水平				
	城市化率(%)	68.5	70.4	安徽统计年鉴
	城市人均GDP(美元)	48312	73102	安徽统计年鉴
2. 城市环境质量				
	城市绿化覆盖率(%)	43.93	46	合肥市国民经济和社会发展统计公报
	空气质量优良率(%)	85	69.1	合肥市环保局环境状况公报(2015年未查到,以2016年代替)
	生活污水集中处理率(%)	N/A	96.5	合肥市国民经济和社会发展统计公报;合肥统计年鉴(生态环境)
	企业工业废水排放量达标率(%)	96.26	N/A	合肥市国民经济和社会发展统计公报;2016年合肥市环保局环境状况公报
	工业烟尘排放量达标率(%)	99.14	N/A	合肥市国民经济和社会发展统计公报
	生活垃圾无害化处理率(%)	100	100	合肥市国民经济和社会发展统计公报
	饮用水源水质达标率(%)	100	100	合肥市国民经济和社会发展统计公报;合肥统计年鉴(生态环境)
基础设施质量	市内基础设施指数(主要包括城市市政工程和公共服务设施)	0.627	0.702	参考《中国城市竞争力报告》《2015年度中国主要城市交通分析报告》《2015年度中国健康城市指数测评报告》
	市外基础设施指数(主要包括航空、铁路、公路等区位便捷性)	0.240	0.539	参考《中国城市竞争力报告》《2015年度中国主要城市交通分析报告》

续表

评价指标	2010	2015	主要数据来源
3. 城市生活质量			
城市居民恩格尔系数	0.3987	0.3424	合肥市国民经济和社会发展统计公报①
城市人均可支配收入(元)	19051	31989	安徽统计年鉴;合肥统计年鉴
城市房价收入比	6.47	9.2	根据合肥统计年鉴、合肥市国民经济和社会发展统计公报数据计算;参考上海易居房地产研究院发布的2015年度《全国35个大中城市房价收入比排行榜》数据
4. 城市发展包容性			
城乡居民人均可支配收入比	19051/7117.47	31989/15733	安徽统计年鉴;合肥市国民经济和社会发展统计公报
城乡人均收入增幅与GDP增幅比	0.744978	0.914286	安徽统计年鉴②;合肥市国民经济和社会发展统计公报
城市失业率(％)	3.43	2.8	安徽统计年鉴;合肥市国民经济和社会发展统计公报

---

① 2010年合肥市城镇人口占68.17％,农村人口占31.83％。城乡恩格尔系数分别为0.358,0.486。据公式:居民恩格尔系数=城镇居民恩格尔系数×城镇人口比重+农村居民恩格尔系数×农村人口比重,可计算:2010年合肥市居民恩格尔系数=0.6817×0.358+0.3183×0.486=0.3987。同理可求,2015年合肥市居民恩格尔系数=0.704×0.332+0.296×0.367=0.3424。

② 2010年合肥市常住总人口为5702466人,居住在城镇的人口为3887257人,占68.17％,居住在乡村的人口为1815209人,占31.83％。当年城镇、乡村人均收入增幅与GDP增幅(与2009年比较)分别为11.0％,17.4％,17.5％,据公式:城乡人均收入增幅与GDP增幅比=城镇居民的增幅比×城镇人口比重+农村居民的增幅比×农村人口比重,可计算:城乡人均收入增幅与GDP增幅比=0.6817×0.11/0.175+0.3183×0.174/0.175=0.744978。

续表

评价指标		2010	2015	主要数据来源
5.城市文化特质				
创新精神指数	创新氛围指数	0.917	0.917	参考《中国城市竞争力报告》此处2015年与2010年各项指标值一致，原因在于，城市文化特质的改变是一个长期的过程，短期内很难发生较大变化，故此处理
	创业精神指数	0.923	0.923	
人文开放指数	经济国际化指数	0.100	0.100	
	区域国际化指数	0.759	0.759	
	人文国际化指数	0.499	0.499	
	社会交流指数	0.635	0.635	
诚信协作指数	交往操守指数	0.892	0.892	

城市发展治理

1.政府知识型城市发展导向

评价指标	2010	2015	主要数据来源
政府教育经费占GDP的比重（%）	37.01/2702.5	119.2865/5660.27	合肥市国民经济和社会发展统计公报；合肥统计年鉴
财政科技拨款占地方财政支出的比重（%）	6.38	4.82	安徽统计年鉴；安徽省科技统计公报
政府创新发展指数	0.766	N/A	参考《中国城市竞争力报告》

2.社会知识型城市发展意愿

评价指标	2010	2015	主要数据来源
大中型企业开展创新活动的比例（%）	83/222	N/A	安徽统计年鉴
规模以上工业企业有研发机构的比重（%）	N/A	21	安徽统计年鉴
全社会R&D投入占GDP的比重（%）	2.13	3.09	安徽省科技统计公报
全社会固定资产投资中民间投资的比重（%）	1811/3066.97	4318.20/6153.5	合肥市国民经济和社会发展统计公报

续表

评价指标		2010	2015	主要数据来源
3. 城市协同治理水平				
公民知识素养	受大专及以上教育市民的百分比(%)	19.198	26.87	合肥市第6次全国人口普查数据公报；安徽统计年鉴（人口统计）
政府治理效能	政府规划能力指数	0.735	0.803	综合参考：《中国城市竞争力报告》；合肥论坛、万家热线等知名本土网络社区参与公共事务探讨的统计分析；市民对于政府官方网站城市发展相关议题（如住房、交通、城市规划等）的评价分析；中国城市竞争力研究会的《GN中国高效政府评价》；安徽统计年鉴中各市公共管理相关指标统计数据的比较分析
	政府社会凝聚力指数	0.689	0.612	
	政府执法能力指数	0.697	0.713	
	政府服务能力指数	0.855	0.871	
社会协作效能	产学研合作指数	0.73	0.81	
	社会参与公共事务指数	0.66	0.59	

数字发展应用

1. 数字基础设施

评价指标	2010	2015	主要数据来源
"三网"平均覆盖率(%)	81.3	N/A	综合参考：《2010年中国互联网络发展状况调查统计报告》；合肥统计年鉴；国家级"三网融合"试点城市的建设报道；省、市经济与信息化委员会等部门网站数据，例如《合肥市大数据发展行动纲要（2016—2020）》
"三网融合"水平指数（含城市200 M宽带覆盖质量）	0.72	0.81	
城市互联网连接速度(KB/s)	84.0	N/A	
公共场所免费Wi-Fi供给指数（覆盖率、速度与稳定性）	N/A	0.64	

续表

评价指标		2010	2015	主要数据来源
2. 社会应用数字化				
居民生活数字化指数	互联网接入率（户/人）	41/215.58	183.3/548.4	合肥统计年鉴中电信业务情况
	百户居民计算机持有率(%)	66	N/A	
	市民社会交往数字化指数	N/A	0.76	
企业生产管理数字化指数		0.76	0.71	
商务数字化水平指数		0.72	0.74	综合参考：阿里研究院《中国城市电子商务发展指数报告》;《国家信息化发展评价报告(2016)》;亚太城市信息化论坛:中国城市信息化50强;《中国"两化"融合发展报告》;高德发布2016年中国"互联网＋交通"城市指数研究报告;省、市经济与信息化委员会等官方网站数据;2016年腾讯研究院"中国互联网＋"指数报告;2015年上海国际问题研究院《城市对外交往活力指数研究报告》;中国社会科学院信息中心《2015中国智慧城市发展水平评估报告》(市民生活网络化水平)

续表

评价指标	2010	2015	主要数据来源
3. 城市政务数字化			
政务信息公开指数	0.81	0.83	综合参考：中国社会科学院信息化研究中心、国脉互联政府网站评测研究中心《中国政府网站发展研究报告》；中国软件评测中心《中国政府网站绩效评估报告》；上海市互联网经济咨询中心《中国电子政务发展水平测评报告》；包括人民日报、人民网舆情研究中心在内的多家知名研究机构的全国主要城市政务微博和微信报告、政务指数报告等；合肥市职能网站的在线服务、互动交流板块的数据分析
在线政务服务指数	0.84	0.91	
在线公众互动指数	0.67	0.71	

注：(1) N/A 表示该数据不可用、不适用或无法获得，没有纳入本年度评估。相关原因在于：一方面，与2010年相比，2015年《安徽省科技统计公报》紧扣服务政府决策需求，对公报的形式和内容进行了改版，增加或删除了若干统计指标，导致数据无法获取；另一方面，2010年的个别指标数据参考了《中国城市竞争力报告》，但是，该报告经过指标调整和改版，2015年各城市的评价指标的详细数据并未公布，因此无法获得更新。在评估过程中，针对第一类问题，一般采用新指标替代计算；针对第二类问题，主要通过在线问卷或专家匿名评测的方法进行近似评估以取得数据，或通过第三方研究机构的数据进行分析而得出一个综合评价值，例如，在线政务服务指数，主要参考中国社会科学院信息化研究中心和国脉互联政府网站评测研究中心的《中国政府网站发展研究报告》、中国软件评测中心的《中国政府网站绩效评估报告》、上海市互联网经济咨询中心的《中国电子政务发展水平测评报告》以及安徽博约公司政务微博分析数据库的相关评测结果而综合得出。

(2) "主要数据来源"一栏，除综合参考外，若2010年与2015年不一致，以分号隔开，以示区别。

7.2.2 数据无量纲化

数据的无量纲化处理是模糊综合评价对数据输入的基本要求。因为不同指标有不同的计量单位，因此，在评价前，有必要对各指标采集的原始数据进行相应处理,消除量纲造成的影响。本书的无量纲化采取与评价基准值比较的方式,即将指标的原始数据通过与评价基准值的比较而换算成一个指标评分 F_{di}(百分制)。为了更好地说明具体计算方法,在此综合说明如下:

1. 指标数值越大越优型

适用指标:$d_1 \sim d_{15}$、d_{17}、$d_{22} \sim d_{42}$。

计算公式:

$$F_{di} = f_{di}/G_{di} \times 100$$

其中,F_{di} 为指标分值;f_{di} 为指标原始数值;G_{di} 为指标基准值。

2. 指标数值越小越优型

适用指标:d_{16}、d_{18}、d_{21}。

计算公式:

$$F_{di} = G_{di}/f_{di} \times 100$$

其中,F_{di} 为指标分值;f_{di} 为指标原始数值;G_{di} 为指标基准值。

3. 指标数值最优集中型

适用指标:$d_{19} \sim d_{20}$。

这类指标有一个最佳状态值。偏离最佳值(偏大或偏小),皆次于最佳状态,如"城乡居民人均可支配收入比"这一指标。本书认为,城市的包容性发展在于城乡的协调发展,缩短城乡差距,因而,城乡居民除去基本支出外的可支配收入应相差无几,因而其标准值(最佳状态值)原则上应为 1∶1,即为满分。如果差距过大,比如 10 倍(1∶10 或 10∶1),则视为不可接受值,分值为 0。这样,我们可以通过建立简单的直线方程将指标原始数据换算成无量纲化的分值,如图 7.1 所示。

这类指标的分值计算公式为:

若 $f_{di} < G_{di}$,则

$$F_{d_i} = f_{d_i} \times 100$$

若 $f_{d_i} > G_{d_i}$，则

$$F_{d_i} = -\frac{100}{9}f_{d_i} + \frac{1000}{9}$$

若 $f_{d_i} = G_{d_i}$，则

$$F_{d_i} = 100$$

其中，F_{d_i} 为指标分值；f_{d_i} 为指标原始数值；G_{d_i} 为指标基准值。

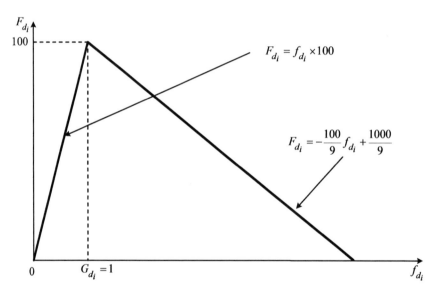

图 7.1　最优集中型指标的无量纲化方法
资料来源：作者整理绘制。

7.2.3　数据处理与计算

根据模糊评价模型的要求，我们首先将合肥市 2010 年和 2015 年的各项指

标的原始数值与基准值比较而实现无量纲化,然后综合指标测度公式计算各评价指标的分值。在这里,需要补充说明的是,第一,在计算过程中,除数值最优集中型外,任何指标的数据优于标准值,即得分超过 100 分者,为了保证其评价结果进入预设评价集,一律按 100 分处理;第二,如果公式中某项指标数据缺失或不可用,那么该项指标值为 0。涉及多个指标值求平均值时,由于此处计算简单算术平均数,因此除数为可用指标数。

1. 一级指标:知识经济发展态势(B_1)

知识经济发展态势的下级指标名称、原始数据处理公式以及 2010 年与 2015 年分值如表 7.2 所示。

表 7.2　2010 年和 2015 年合肥市知识经济发展态势计算分值

指标名称	原始数据处理公式	2010 年分值	2015 年分值
知识基础水平	$F_{C1}=\left(\dfrac{f_{d1}}{G_{d1}}+\dfrac{f_{d2}}{G_{d2}}\right)/2\times100$	79.50	82.50
知识密度水平	$F_{C2}=\left(\dfrac{f_{d3}}{G_{d3}}+\dfrac{f_{d4}}{G_{d4}}\right)/2\times100$	55.92	69.78
知识创造水平	$F_{C3}=\left(\dfrac{f_{d5}}{G_{d5}}+\dfrac{f_{d6}}{G_{d6}}\right)/2\times100$	73.75	90.63
知识创造与经济增长关联度	$F_{C4}=\dfrac{f_{d7}}{G_{d7}}\times100$	71.05	74.47
知识产业发展态势	$F_{C5}=\left(\dfrac{f_{d8}}{G_{d8}}+\dfrac{f_{d9}}{G_{d9}}\right)/2\times100$	72.06	77.73

2. 一级指标:社会发展资本(B_2)

社会发展资本的下级指标名称、原始数据处理公式以及 2010 年与 2015 年分值如表 7.3 所示。

表 7.3　2010 年和 2015 年合肥市社会发展资本计算分值

指标名称	原始数据处理公式	2010 年分值	2015 年分值
城市发展水平	$F_{C6}=\left(\dfrac{f_{d10}}{G_{d10}}+\dfrac{f_{d11}}{G_{d11}}\right)/2\times100$	73.08	86.55
城市环境质量	$F_{C7}=\left(\dfrac{f_{d12}}{G_{d12}}+\dfrac{f_{d13}}{G_{d13}}+\dfrac{f_{d14}}{G_{d14}}+\dfrac{f_{d15}}{G_{d15}}\right)/4\times100$	81.76	82.25
城市生活质量	$F_{C8}=\left(\dfrac{G_{d16}}{f_{d16}}+\dfrac{f_{d17}}{G_{d17}}+\dfrac{G_{d18}}{f_{d18}}\right)/3\times100$	81.39	84.28
城市发展包容性	$F_{C9}=\left(F_{d19}+F_{d20}+\dfrac{G_{d21}}{f_{d21}}\times100\right)/3$	81.11	90.36
城市文化特质	$F_{C10}=\left(\dfrac{f_{d22}}{G_{d22}}+\dfrac{f_{d23}}{G_{d23}}+\dfrac{f_{d24}}{G_{d24}}\right)/3\times100$	77.01	77.01

3. 一级指标:城市发展治理(B_3)

城市发展治理的下级指标名称、原始数据处理公式以及 2010 年与 2015 年分值如表 7.4 所示。

表 7.4　2010 年和 2015 年合肥市城市发展治理计算分值

指标名称	原始数据处理公式	2010 年分值	2015 年分值
政府知识型城市发展导向	$F_{C11}=\left[\left(\dfrac{f_{d25}}{G_{d25}}+\dfrac{f_{d26}}{G_{d26}}\right)/2+\dfrac{f_{d27}}{G_{d27}}\right]/2\times100$	71.86	74.45
社会知识型城市发展意愿	$F_{C12}=\left[\dfrac{f_{d28}}{G_{d28}}+\left(\dfrac{f_{d29}}{G_{d29}}+\dfrac{f_{d30}}{G_{d30}}\right)/2\right]/2\times100$	64.60	60.50
城市协同治理水平	$F_{C13}=\left(\dfrac{f_{d31}}{G_{d31}}+\dfrac{f_{d32}}{G_{d32}}+\dfrac{f_{d33}}{G_{d33}}\right)/3\times100$	65.26	72.53

4. 一级指标:数字发展应用(B_4)

数字发展应用的下级指标名称、原始数据处理公式以及 2010 年与 2015 年分值如表 7.5 所示。

表 7.5 2010 年和 2015 年合肥市数字发展应用计算分值

指标名称	原始数据处理公式	2010 年分值	2015 年分值
数字基础设施水平	$F_{C14}=\left(\dfrac{f_{d34}}{G_{d34}}+\dfrac{f_{d35}}{G_{d35}}+\dfrac{f_{d36}}{G_{d36}}\right)/3\times100$	63.25	72.50
社会应用数字化	$F_{C15}=\left(\dfrac{f_{d37}}{G_{d37}}+\dfrac{f_{d38}}{G_{d38}}+\dfrac{f_{d39}}{G_{d39}}\right)/3\times100$	66.73	72.14
城市政务数字化	$F_{C16}=\left(\dfrac{f_{d40}}{G_{d40}}+\dfrac{f_{d41}}{G_{d41}}+\dfrac{f_{d42}}{G_{d42}}\right)/3\times100$	77.33	81.67

7.3 2010 年、2015 年合肥市知识型发展能力评价

作者先以合肥市 2010 年的数据为例,进行测评演示;然后,根据相同思路,计算出 2015 年的测评结果;最后,通过对比合肥市 2015 年与 2010 年的测评结果,分析该市知识型发展能力的变化趋势及变动幅度。

7.3.1 知识经济发展能力评价

经 7.2 节计算,2010 年合肥市知识经济态势的各项指标分值如表 7.6 所示。

表 7.6 知识经济发展态势(B_1)下属指标分值

指标代码	指标	分值(F_{Ci})
C_1	知识基础水平	79.50
C_2	知识密度水平	55.92
C_3	知识创造水平	73.75
C_4	知识创造与经济增长关联度	71.05
C_5	知识产业发展态势	72.06

因子$C_1 \sim C_5$的隶属度计算如下：

(1) 知识基础水平。

因为$F_{C_1} = 79.5 \in (P_3, P_4) = (70, 80)$，所以

$$S_{P_1} = 0, \quad S_{P_2} = 0, \quad S_{P_5} = 0$$

$$S_{P_3} = \left| \frac{80 - 79.5}{80 - 70} \right| = 0.05, \quad S_{P_4} = \left| \frac{79.5 - 70}{80 - 70} \right| = 0.95$$

则评价因子"知识基础水平"的隶属度集合为[0　0　0.05　0.95　0]。

(2) 知识密度水平。

因为$F_{C_2} = 55.92 \in (P_1, P_2) = (50, 60)$，所以

$$S_{P_3} = 0, \quad S_{P_4} = 0, \quad S_{P_5} = 0$$

$$S_{P_1} = \left| \frac{60 - 55.92}{60 - 50} \right| = 0.408, \quad S_{P_2} = \left| \frac{55.92 - 50}{60 - 50} \right| = 0.592$$

则评价因子"知识密度水平"的隶属度集合为[0.408　0.592　0　0　0]。

(3) 知识创造水平。

因为$F_{C_3} = 73.75 \in (P_3, P_4) = (70, 80)$，所以

$$S_{P_1} = 0, \quad S_{P_2} = 0, \quad S_{P_5} = 0$$

$$S_{P_3} = \left| \frac{80 - 73.75}{80 - 70} \right| = 0.625, \quad S_{P_4} = \left| \frac{73.75 - 70}{80 - 70} \right| = 0.375$$

则评价因子"知识创造水平"的隶属度集合为[0 0 0.625 0.375 0]。

(4) 知识创造与经济增长关联度。

因为 $F_{C_4}=71.05\in(P_3,P_4)=(70,80)$,所以

$$S_{P_1}=0,\quad S_{P_2}=0,\quad S_{P_5}=0$$

$$S_{P_3}=\left|\frac{80-71.05}{80-70}\right|=0.895,\quad S_{P_4}=\left|\frac{71.05-70}{80-70}\right|=0.105$$

则评价因子"知识创造与经济增长关联度"的隶属度集合为[0 0 0.895 0.105 0]。

(5) 知识产业发展态势。

因为 $F_{C_5}=72.06\in(P_3,P_4)=(70,80)$,所以

$$S_{P_1}=0,\quad S_{P_2}=0,\quad S_{P_5}=0$$

$$S_{P_3}=\left|\frac{80-72.06}{80-70}\right|=0.794,\quad S_{P_4}=\left|\frac{72.06-70}{80-70}\right|=0.206$$

则评价因子"知识产业发展态势"的隶属度集合为[0 0 0.794 0.206 0]。

综合以上计算结果,整合成表7.7,形成 B_1 到评价集 P 的模糊关系,即指标 $C_1 \sim C_5$ 的隶属度矩阵,记为 R_1。

表7.7 知识经济发展态势(B_1)下属指标的模糊隶属度

指标代码	指标	分值 (F_{Ci})	城市知识型发展能力成熟度评级				
			低 (P_1)	较低 (P_2)	中等 (P_3)	较高 (P_4)	高 (P_5)
C_1	知识基础水平	79.50	0	0	0.05	0.95	0
C_2	知识密度水平	55.92	0.408	0.592	0	0	0
C_3	知识创造水平	73.75	0	0	0.625	0.375	0
C_4	知识创造与经济增长关联度	71.05	0	0	0.895	0.105	0
C_5	知识产业发展态势	72.06	0	0	0.794	0.206	0

$$R_1 = \begin{bmatrix} 0 & 0 & 0.05 & 0.95 & 0 \\ 0.408 & 0.592 & 0 & 0 & 0 \\ 0 & 0 & 0.625 & 0.375 & 0 \\ 0 & 0 & 0.895 & 0.105 & 0 \\ 0 & 0 & 0.794 & 0.206 & 0 \end{bmatrix}$$

因为 $W_{B_1} = [0.101937 \quad 0.119890 \quad 0.208726 \quad 0.226351 \quad 0.343096]$，所以知识经济发展态势($B_1$)下属评价因子($C_1 \sim C_5$)的模糊评价结果为

$K_1 = W_{B_1} \cdot R_1 = [0.101937 \quad 0.119890 \quad 0.208726 \quad 0.226351 \quad 0.343096]$

$$\cdot \begin{bmatrix} 0 & 0 & 0.05 & 0.95 & 0 \\ 0.408 & 0.592 & 0 & 0 & 0 \\ 0 & 0 & 0.625 & 0.375 & 0 \\ 0 & 0 & 0.895 & 0.105 & 0 \\ 0 & 0 & 0.794 & 0.206 & 0 \end{bmatrix}$$

$= [0.048915 \quad 0.070975 \quad 0.610553 \quad 0.269557 \quad 0]$

如果用五级成熟度来表征能力大小，2010年合肥市"知识经济发展能力"的模糊评价结果可以更加直观地呈现为图7.2中的分布区域(阴影区域)，此分布区域表示该项指标的评价结果隶属于不同成熟度等级的概率，也就是说，2010年合肥市知识经济支持城市知识型发展的成熟度有61%的可能性已经达到中等水平，27%的可能性已经达到较高水平，7%的可能性是较低水平，5%的可能性是低水平，高水平的可能性为0(下文中各项评测结果意义同此，不再赘述)。

显然，相比于评价结果是一个确定的点值，模糊评价的结论会显得更加客观。当然，最关键的价值在于，后文将进行两个年度的能力变化分析，通过分布局域的变化趋势，可以明显看出该市这项指标所反映的能力增减趋势，这是模

糊评价的优势所在。

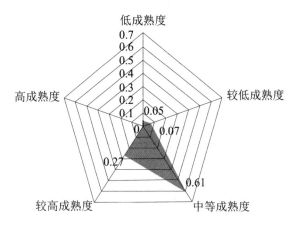

图 7.2 2010 年合肥市知识经济发展态势成熟度
资料来源:作者依据评价结果整理绘制。

根据以上步骤,我们同样可对 2015 年合肥市知识经济发展能力进行评价,限于篇幅,计算过程已略去,其结果如图 7.3 所示。

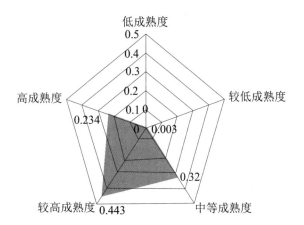

图 7.3 2015 年合肥市知识经济发展态势成熟度
资料来源:作者依据评价结果整理绘制。

7.3.2 社会发展资本能力评价

经7.2节计算,2010年合肥市社会发展资本的各项指标分值如表7.8所示。

表7.8 社会发展资本(B_2)下属指标分值

指标代码	指标	分值(F_{Ci})
C_6	城市发展水平	73.08
C_7	城市环境质量	81.76
C_8	城市生活质量	81.39
C_9	城市发展包容性	81.11
C_{10}	城市文化特质	77.01

因子$C_6 \sim C_{10}$的隶属度计算如下:

(1) 城市发展水平。

因为$F_{C_6}=73.08 \in (P_3, P_4)=(70, 80)$,所以

$$S_{P1}=0, \quad S_{P2}=0, \quad S_{P5}=0$$

$$S_{P3}=\left|\frac{80-73.08}{80-70}\right|=0.692, \quad S_{P4}=\left|\frac{73.08-70}{80-70}\right|=0.308$$

则评价因子"城市发展水平"的隶属度集合为[0　0　0.692　0.308　0]。

(2) 城市环境质量。

因为$F_{C_7}=81.76 \in (P_4, P_5)=(80, 90)$,所以

$$S_{P1}=0, \quad S_{P2}=0, \quad S_{P3}=0$$

$$S_{P_4}=\left|\frac{90-81.76}{90-80}\right|=0.824, \quad S_{P_5}=\left|\frac{81.76-80}{90-80}\right|=0.176$$

则评价因子"城市环境质量"的隶属度集合为[0　0　0　0.824　0.176]。

(3) 城市生活质量。

因为 $F_{C_8}=81.39\in(P_4,P_5)=(80,90)$，所以

$$S_{P_1}=0, \quad S_{P_2}=0, \quad S_{P_3}=0$$

$$S_{P_4}=\left|\frac{90-81.39}{90-80}\right|=0.861, \quad S_{P_5}=\left|\frac{81.39-80}{90-80}\right|=0.139$$

则评价因子"城市生活质量"的隶属度集合为[0　0　0　0.861　0.139]。

(4) 城市发展包容性。

因为 $F_{C_9}=81.11\in(P_4,P_5)=(80,90)$，所以

$$S_{P_1}=0, \quad S_{P_2}=0, \quad S_{P_3}=0$$

$$S_{P_4}=\left|\frac{90-81.11}{90-80}\right|=0.889, \quad S_{P_5}=\left|\frac{81.11-80}{90-80}\right|=0.111$$

则评价因子"城市发展包容性"的隶属度集合为[0　0　0　0.889　0.111]。

(5) 城市文化特质。

因为 $F_{C_{10}}=77.01\in(P_3,P_4)=(70,80)$，所以

$$S_{P_1}=0, \quad S_{P_2}=0, \quad S_{P_5}=0$$

$$S_{P_3}=\left|\frac{80-77.01}{80-70}\right|=0.299, \quad S_{P_4}=\left|\frac{77.01-70}{80-70}\right|=0.701$$

则评价因子"城市文化特质"的隶属度集合为[0　0　0.299　0.701　0]。

综合以上计算结果，整合成表7.9，形成 B_2 到评价集 P 的模糊关系，即指标 $C_6\sim C_{10}$ 的隶属度矩阵，记为 R_2。

表 7.9 社会发展资本(B_2)下属指标的模糊隶属度

指标代码	指标	分值 (F_{Ci})	城市知识型发展能力成熟度评级				
			低 (P_1)	较低 (P_2)	中等 (P_3)	较高 (P_4)	高 (P_5)
C_6	城市发展水平	73.08	0	0	0.692	0.308	0
C_7	城市环境质量	81.76	0	0	0	0.824	0.176
C_8	城市生活质量	81.39	0	0	0	0.861	0.139
C_9	城市发展包容性	81.11	0	0	0	0.889	0.111
C_{10}	城市文化特质	77.01	0	0	0.299	0.701	0

$$R_2 = \begin{bmatrix} 0 & 0 & 0.692 & 0.308 & 0 \\ 0 & 0 & 0 & 0.824 & 0.176 \\ 0 & 0 & 0 & 0.861 & 0.139 \\ 0 & 0 & 0 & 0.889 & 0.111 \\ 0 & 0 & 0.299 & 0.701 & 0 \end{bmatrix}$$

因为 $W_{B2} = [0.254101\quad 0.117154\quad 0.221208\quad 0.167644\quad 0.239893]$,所以社会发展资本($B_2$)下属评价因子($C_6 \sim C_{10}$)的模糊评价结果为

$$K_2 = W_{B2} \cdot R_2 = [0.254101\quad 0.117154\quad 0.221208\quad 0.167644\quad 0.239893]$$

$$\cdot \begin{bmatrix} 0 & 0 & 0.692 & 0.308 & 0 \\ 0 & 0 & 0 & 0.824 & 0.176 \\ 0 & 0 & 0 & 0.861 & 0.139 \\ 0 & 0 & 0 & 0.889 & 0.111 \\ 0 & 0 & 0.299 & 0.701 & 0 \end{bmatrix}$$

$$= [0\quad 0\quad 0.247566\quad 0.682459\quad 0.069976]$$

如果用五级成熟度来表征能力大小,2010 年合肥市"社会发展资本能力"

的模糊评价结果可以更加直观地呈现为图7.4中的分布区域(阴影区域),此分布区域表示该项指标的评价结果隶属于不同成熟等级的概率。

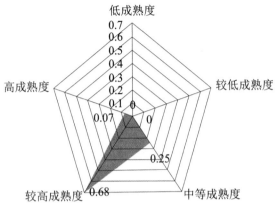

图7.4　2010年合肥市社会发展资本成熟度

资料来源:作者依据评价结果整理绘制。

根据以上步骤,我们同样可对2015年合肥市社会发展资本能力进行评价,限于篇幅,计算过程已略去,其结果如图7.5所示。

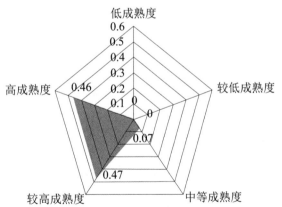

图7.5　2015年合肥市社会发展资本成熟度

资料来源:作者依据评价结果整理绘制。

7.3.3 城市发展治理能力评价

经 7.2 节计算,2010 年合肥市城市发展治理的各项指标分值如表 7.10 所示。

表 7.10 城市发展治理(B_3)下属指标分值

指标代码	指标	分值(F_{Ci})
C_{11}	政府知识型城市发展导向	71.86
C_{12}	社会知识型城市发展意愿	64.60
C_{13}	城市协同治理水平	65.26

因子 $C_{11} \sim C_{13}$ 的隶属度计算如下:

(1) 政府知识型城市发展导向。

因为 $F_{C11} = 71.86 \in (P_3, P_4) = (70, 80)$,所以

$$S_{P1} = 0, \quad S_{P2} = 0, \quad S_{P5} = 0$$

$$S_{P3} = \left| \frac{80 - 71.86}{80 - 70} \right| = 0.814, \quad S_{P4} = \left| \frac{71.86 - 70}{80 - 70} \right| = 0.186$$

则评价因子"政府知识型城市发展导向"的隶属度集合为[0　0　0.814　0.186　0]。

(2) 社会知识型城市发展意愿。

因为 $F_{C12} = 64.60 \in (P_2, P_3) = (60, 70)$,所以

$$S_{P1} = 0, \quad S_{P4} = 0, \quad S_{P5} = 0$$

$$S_{P2} = \left| \frac{70 - 64.60}{70 - 60} \right| = 0.54, \quad S_{P3} = \left| \frac{64.60 - 60}{70 - 60} \right| = 0.46$$

则评价因子"社会知识型城市发展意愿"的隶属度集合为[0　0.54　0.46　0　0]。

(3) 城市协同治理水平。

因为 $F_{C_{13}}=65.26\in(P_2,P_3)=(60,70)$,所以

$$S_{P_1}=0,\quad S_{P_4}=0,\quad S_{P_5}=0$$

$$S_{P_2}=\left|\frac{70-65.26}{70-60}\right|=0.474,\quad S_{P_3}=\left|\frac{65.26-60}{70-60}\right|=0.526$$

则评价因子"城市协同治理水平"的隶属度集合为[0　0.474　0.526　0　0]。

综合以上计算结果,整合成表7.11,形成 B_3 到评价集 P 的模糊关系,即指标 $C_{11}\sim C_{13}$ 的隶属度矩阵,记为 R_3。

表 7.11　城市发展治理(B_3)下属指标的模糊隶属度

指标代码	指标	分值 (F_{C_i})	城市知识型发展能力成熟度评级				
			低 (P_1)	较低 (P_2)	中等 (P_3)	较高 (P_4)	高 (P_5)
C_{11}	政府知识型城市发展导向	71.86	0	0	0.814	0.186	0
C_{12}	社会知识型城市发展意愿	64.60	0	0.54	0.46	0	0
C_{13}	城市协同治理水平	65.26	0	0.474	0.526	0	0

$$R_3=\begin{bmatrix}0 & 0 & 0.814 & 0.186 & 0\\ 0 & 0.54 & 0.46 & 0 & 0\\ 0 & 0.474 & 0.526 & 0 & 0\end{bmatrix}$$

因为 $W_{B_3}=[0.412600\quad 0.259920\quad 0.327480]$,所以城市发展治理($B_3$)下属评价因子($C_{11}\sim C_{13}$)的模糊评价结果为

$K_3 = W_{B3} \cdot R_3$

$$= [0.412600 \quad 0.259920 \quad 0.327480] \cdot \begin{bmatrix} 0 & 0 & 0.814 & 0.186 & 0 \\ 0 & 0.54 & 0.46 & 0 & 0 \\ 0 & 0.474 & 0.526 & 0 & 0 \end{bmatrix}$$

$$= [0 \quad 0.295582 \quad 0.627674 \quad 0.076744 \quad 0]$$

如果用五级成熟度来表征能力大小,2010年合肥市"城市发展治理能力"的模糊评价结果可以更加直观地呈现为图7.6中的分布区域(阴影区域),此分布区域表示该项指标的评价结果隶属于不同成熟等级的概率。

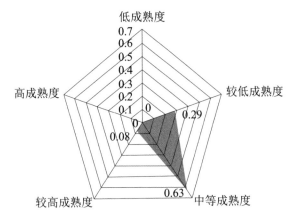

图 7.6 2010 年合肥市城市发展治理成熟度

资料来源:作者依据评价结果整理绘制。

根据以上步骤,我们同样可对2015年合肥市城市发展治理能力进行评价,限于篇幅,计算过程已略去,其结果如图7.7所示。

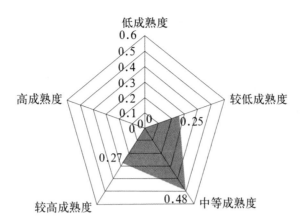

图 7.7 2015 年合肥市城市发展治理成熟度

资料来源:作者依据评价结果整理绘制。

7.3.4　数字发展应用能力评价

经 7.2 节计算,2010 年合肥市数字发展应用的各项指标分值如表 7.12 所示。

表 7.12　数字发展应用(B_4)下属指标分值

指标代码	指标	分值(F_{Ci})
C_{14}	数字基础设施水平	63.25
C_{15}	社会应用数字化	66.73
C_{16}	城市政务数字化	77.33

因子 $C_{14}\sim C_{16}$ 的隶属度计算如下:

(1) 数字基础设施水平。

因为 $F_{C14}=63.25\in(P_2,P_3)=(60,70)$,所以

$$S_{P_1}=0, \quad S_{P_4}=0, \quad S_{P_5}=0$$

$$S_{P_2}=\left|\frac{70-63.25}{70-60}\right|=0.675, \quad S_{P_3}=\left|\frac{63.25-60}{70-60}\right|=0.325$$

则评价因子"数字基础设施水平"的隶属度集合为[0　0.675　0.325　0　0]。

（2）社会应用数字化。

因为 $F_{C_{15}}=66.73\in(P_2,P_3)=(60,70)$，所以

$$S_{P_1}=0, \quad S_{P_4}=0, \quad S_{P_5}=0$$

$$S_{P_2}=\left|\frac{70-66.73}{70-60}\right|=0.327, \quad S_{P_3}=\left|\frac{66.73-60}{70-60}\right|=0.673$$

则评价因子"社会应用数字化"的隶属度集合为[0　0.327　0.673　0　0]。

（3）城市政务数字化。

因为 $F_{C_{16}}=77.33\in(P_3,P_4)=(70,80)$，所以

$$S_{P_1}=0, \quad S_{P_2}=0, \quad S_{P_5}=0$$

$$S_{P_3}=\left|\frac{80-77.33}{80-70}\right|=0.267, \quad S_{P_4}=\left|\frac{77.33-70}{80-70}\right|=0.733$$

则评价因子"城市政务数字化"的隶属度集合为[0　0　0.267　0.733　0]。

综合以上计算结果，整合成表7.13，形成 B_4 到评价集 P 的模糊关系，即指标 $C_{14}\sim C_{16}$ 的隶属度矩阵，记为 R_4。

表 7.13　数字发展应用（B_4）下属指标的模糊隶属度

指标代码	指标	分值（F_{Ci}）	城市知识型发展能力成熟度评级				
			低（P_1）	较低（P_2）	中等（P_3）	较高（P_4）	高（P_5）
C_{14}	数字基础设施水平	63.25	0	0.675	0.325	0	0
C_{15}	社会应用数字化	66.73	0	0.327	0.673	0	0
C_{16}	城市政务数字化	77.33	0	0	0.267	0.733	0

$$R_4 = \begin{bmatrix} 0 & 0.675 & 0.325 & 0 & 0 \\ 0 & 0.327 & 0.673 & 0 & 0 \\ 0 & 0 & 0.267 & 0.733 & 0 \end{bmatrix}$$

因为 $W_{B_4} = [0.310814 \quad 0.493386 \quad 0.195800]$，所以数字发展应用($B_4$)下属评价因子($C_{14} \sim C_{16}$)的模糊评价结果为

$K_4 = W_{B_4} \cdot R_4$

$= [0.310814 \quad 0.493386 \quad 0.195800] \cdot \begin{bmatrix} 0 & 0.675 & 0.325 & 0 & 0 \\ 0 & 0.327 & 0.673 & 0 & 0 \\ 0 & 0 & 0.267 & 0.733 & 0 \end{bmatrix}$

$= [0 \quad 0.371137 \quad 0.485342 \quad 0.143521 \quad 0]$

如果用五级成熟度来表征能力大小，2010年合肥市"数字发展应用能力"的模糊评价结果可以更加直观地呈现为图7.8中的分布区域（阴影区域），此分布区域表示该项指标的评价结果隶属于不同成熟等级的概率。

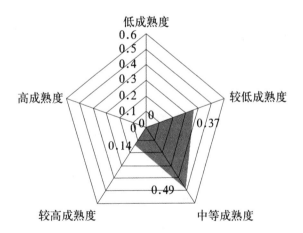

图7.8 2010年合肥市数字发展应用成熟度

资料来源：作者依据评价结果整理绘制。

根据以上步骤,我们同样可对 2015 年合肥市数字发展应用能力进行评价,限于篇幅,计算过程已略去,其结果如图 7.9 所示。

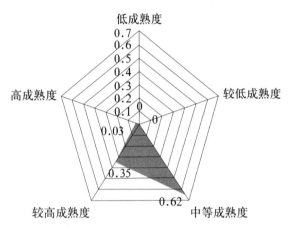

图 7.9　2015 年合肥市数字发展应用成熟度

资料来源:作者依据评价结果整理绘制。

7.3.5　城市知识型发展能力综合评价

通过对城市知识型发展能力主要因子层的模糊评价,我们得到了知识经济发展态势(B_1)、社会发展资本(B_2)、城市发展治理(B_3)与数字发展应用(B_4)四个主因子的模糊评价向量 $K_1 \sim K_4$:

$$K_1 = [0.048915 \quad 0.070975 \quad 0.610553 \quad 0.269557 \quad 0]$$

$$K_2 = [0 \quad 0 \quad 0.247566 \quad 0.682459 \quad 0.069976]$$

$$K_3 = [0 \quad 0.295582 \quad 0.627674 \quad 0.076744 \quad 0]$$

$$K_4 = [0 \quad 0.371137 \quad 0.485342 \quad 0.143521 \quad 0]$$

由这四个主因子构成的新模糊矩阵，记为 T_A：

$$T_A = \begin{bmatrix} 0.048915 & 0.070975 & 0.610553 & 0.269557 & 0 \\ 0 & 0 & 0.247566 & 0.682459 & 0.069976 \\ 0 & 0.295582 & 0.627674 & 0.076744 & 0 \\ 0 & 0.371137 & 0.485342 & 0.143521 & 0 \end{bmatrix}$$

这四类主因子的权重集合为

$$W_B = \begin{bmatrix} 0.336875 & 0.283278 & 0.238209 & 0.141638 \end{bmatrix}$$

则城市知识型发展能力的综合模糊评价结果为

$$\begin{aligned} Z &= W_B \cdot T_A \\ &= \begin{bmatrix} 0.336875 & 0.283278 & 0.238209 & 0.141638 \end{bmatrix} \\ &\quad \cdot \begin{bmatrix} 0.048915 & 0.070975 & 0.610553 & 0.269557 & 0 \\ 0 & 0 & 0.247566 & 0.682459 & 0.069976 \\ 0 & 0.295582 & 0.627674 & 0.076744 & 0 \\ 0 & 0.371137 & 0.485342 & 0.143521 & 0 \end{bmatrix} \\ &= \begin{bmatrix} 0.016478 & 0.146887 & 0.494071 & 0.322742 & 0.019823 \end{bmatrix} \\ &\approx \begin{bmatrix} 0.02 & 0.15 & 0.49 & 0.32 & 0.02 \end{bmatrix} \end{aligned}$$

至此，我们完成了合肥市 2010 年城市知识型发展能力的总体评价。表 7.14 和图 7.10 显示，2010 年合肥市的城市知识型发展能力如下："低成熟度"的隶属度是 0.02，"较低成熟度"的隶属度是 0.15，"中等成熟度"的隶属度是 0.49，"较高成熟度"的隶属度是 0.32，"高成熟度"的隶属度是 0.02。由此得出，2010 年合肥市的城市知识型发展能力处于中等偏上水平。

表 7.14　2010 年合肥市知识型发展能力成熟度

维度 成熟度	知识型 发展能力	知识经济 发展态势	社会 发展资本	城市 发展治理	数字 发展应用
低成熟度	0.02	0.05	0	0	0
较低成熟度	0.15	0.07	0	0.29	0.37
中等成熟度	0.49	0.61	0.25	0.63	0.49
较高成熟度	0.32	0.27	0.68	0.08	0.14
高成熟度	0.02	0	0.07	0	0

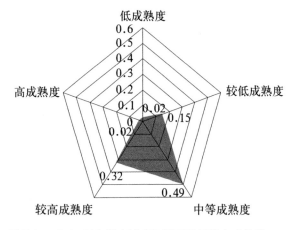

图 7.10　2010 年合肥市城市知识型发展能力成熟度

资料来源:作者依据评价结果整理绘制。

同理,我们可对 2015 年合肥市城市知识型发展能力进行评价,限于篇幅,计算过程略去,其综合能力和分项能力的测评结果(隶属度)如表 7.15 所示,直观表达如图 7.11 所示。

表 7.15　2015 年合肥市城市知识型发展能力成熟度

成熟度 \ 维度	知识型发展能力	知识经济发展态势	社会发展资本	城市发展治理	数字发展应用
低成熟度	0	0	0	0	0
较低成熟度	0.06	0.003	0	0.25	0
中等成熟度	0.33	0.32	0.07	0.48	0.62
较高成熟度	0.40	0.443	0.47	0.27	0.35
高成熟度	0.21	0.234	0.46	0	0.03

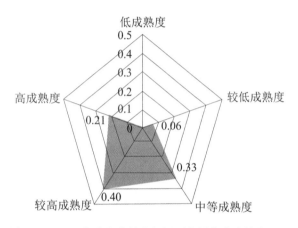

图 7.11　2015 年合肥市城市知识型发展能力成熟度

资料来源:作者依据评价结果整理绘制。

7.4　2010 年、2015 年合肥市知识型发展能力演化分析

评价的根本目的在于识别城市当前知识型发展能力的优势领域与劣势领

域,以便为城市实施知识型发展战略提供资政性建议。前面已经完成了2010年和2015年合肥市知识型发展能力的评测。接下来,我们对两次评价结果展开综合对比分析,以便阐释合肥市知识型发展能力的变化趋势。

7.4.1 知识型发展的整体能力演化分析

将2010年与2015年合肥市知识型发展的能力评价结果进行对比分析,如图7.12所示,很容易看出该市知识型发展能力的总体变化。

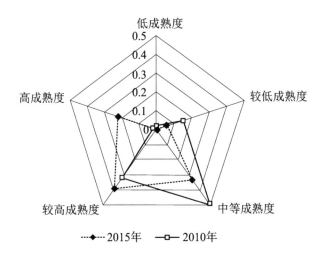

图7.12 合肥市知识型发展能力变化趋势(2010年、2015年)
资料来源:作者依据评价结果整理绘制。

图7.12显示,合肥市2015年的知识型发展能力相比2010年有较大提升,实施知识型发展战略的现实条件已具备较高的成熟度。具体而言,合肥市知识型发展能力成熟度在2010年基本处于中等偏上水平。对二级维度指标数据的分析可知,在2010年,合肥市社会发展资本的支撑能力处于较高水平,而且,城

市知识经济驱动能力和城市治理的导向能力也都处于中等水平,这三类因子对城市知识型发展产生了正向支持作用。

经过发展,合肥市 2015 年知识型发展能力整体走向了较高成熟度,并且,数字化应用能力水平相比 2010 年有较大幅度提升,知识经济发展也有所增长,但是,城市社会发展资本变化相对不明显。其原因可能在于:一是 2011 年以来,合肥市城市规模的迅速扩大带来了公共基础设施在短期内供给不足,城市经济快速增长的同时,环境质量出现了下滑;二是 2015 年开始,合肥市的房价急剧攀升,导致原本具备的比较优势逐渐弱化,与同等房价水平的沿海发达城市相比,城市对留住和吸引人才的能力在降低,社会知识资本聚集正在受到不利影响,这一问题应当引起城市政府的高度重视,因为相比周边省会城市,2010 年合肥市的能力优势在于城市相对丰裕的社会资本,那么,社会资本弱化对城市未来知识型发展可能有不利的冲击。

7.4.2 知识型发展各领域能力的演化分析

1. 知识经济发展态势

如图 7.13 所示,就知识经济发展能力而言,2015 年合肥市的知识经济发展能力已经从 2010 年的中等成熟度向较高成熟度迈进,尤其是 2010 年,该市知识经济发展态势高度支持城市知识型发展的可能性(隶属度)为 0,而 2015 年明显可以看出这种高度支持的可能性已经达到 23.4%,较高支持的可能性为 44.3%。

通过知识经济发展态势下细分指标分析可知,知识经济发展能力进步的主要原因在于该市知识创造水平的提升。数据显示,该市在 2015 年,万人发明专利拥有量达到 12.25 件,已经超出创新型城市的评价基准值。此外,作为"科教之城",该市的知识基础设施水平较高,据统计显示,2015年,该市已经拥有4个国家级实验室、75个国家级研发平台以及中国科学技术大学等高水平研究型大学,这对提升城市知识密度和知识创造水平并推动知识经济发展都起到了重要作用。

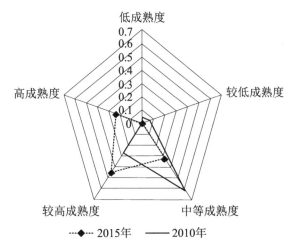

图7.13 合肥市知识经济发展能力变化趋势(2010年、2015年)

资料来源:作者依据评价结果整理绘制。

2. 社会发展资本

如图7.14所示,从社会发展资本来看,2010年,该市的环境质量、生活质量、城市发展包容性都对城市知识型发展有较高的支持度。尽管城市文化特质和城市发展水平都处于中等水平,但是,总体上看,城市面向知识型城市发展的社会资本是比较充裕的。

较2010年,合肥市2015年的社会资本已有较大积累,通过指标数据分析发现,这种发展主要源于城市整体经济总量的快速增长,提高了城市整体发展水平,而且发展的包容性也比较好。主要体现在:一是人均收入增长幅度基本与 GDP 增长幅度保持一致;二是城乡人均可支配收入的差距在比较合理的范围内。然而,不容忽视的是,随着经济快速增长、城区快速扩张和大规模基础设施建设,该市的环境质量有较大幅度的下降。此外,大幅攀升的房价收入比(2015 年已经达到 9.2)使得城市整体生活品质下降,影响了社会资本的增长速度。

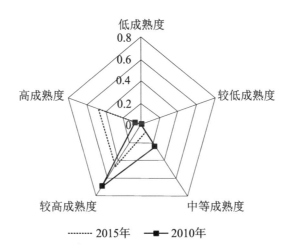

图 7.14　合肥市社会发展资本变化趋势(2010 年、2015 年)

资料来源:作者依据评价结果整理绘制。

3. 城市发展治理

城市发展治理重在测度城市政府与社会对城市创新发展的意愿,这是知识型城市发展的主观条件。如图 7.15 所示,2015 年和 2010 年,合肥市面向知识型城市发展意愿变化较小,基本处于中等水平。其中,政府的创新发展意愿高于社会的创新发展意愿。相对来说,城市的社会发展意愿与城市的协同治理水平仍处于中等偏低水平。

知识型发展的根基在于社会的创新,城市大中型企业无疑是创新的中流砥柱。2015年和2010年的数据显示,无论是合肥市开展创新活动的大中型企业的比重,还是规模以上工业企业有研发机构的比重均不高,因此,未来对大中型企业的创新行为采取有效的激励和支持是十分必要的,此外,需要加强政府与社会在公共事务上的协同合作,提升城市知识型发展的治理能力。

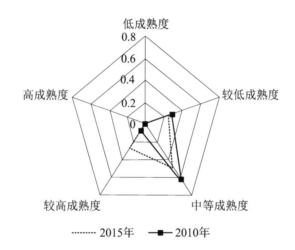

图 7.15　合肥市城市发展治理能力变化趋势(2010 年、2015 年)

资料来源:作者依据评价结果整理绘制。

4. 数字发展应用

数字发展应用重在测度城市的数字技术支持能力。作为知识型城市,一个典型的特征就是城市需具备比较完善的知识网络并在城市实体组织中嵌入知识管理系统(包括电子采购系统、电子政务系统和数字化生产管理系统等)。可以说,城市数字技术应用是知识型城市发展的技术根基。

如图 7.16 所示,合肥市数字发展应用能力已经从 2010 年的中低等成熟度走向 2015 年的中等成熟度,主要原因是政府在线服务效能的提升和城市数字基础设施的不断完善。但是,居民生活数字化和商务数字化相对变化不大,均处于中等水平。中国社会科学院信息中心的《2015中国智慧城市发展水平评估报告》也证实了这种观点。如表7.16所示,从该报告"智慧管理"评测结果发现,2015年合肥市位居全国测评城市第三位。尽管"政府在线服务水平""公共资源交易平台"两项二级指标得分与第一名的宁波市相同,但"社会化媒体参与度"得分较低①。而且,在"市民生活网络化"指标上,该报告评测结果显示,合肥市位居第十八位,与第一名的深圳市差距十分明显。另外,在阿里研究院的《中国城市电子商务发展指数报告》中,合肥市在"电商应用指数""电商服务指数""电商发展指数"的评测上均处于中等水平,与第一名的杭州市均存在不小的差距。

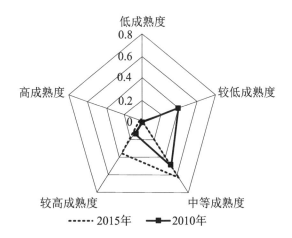

图7.16 合肥市数字发展应用能力变化趋势(2010年、2015年)

资料来源:作者依据评价结果整理绘制。

---

① 根据该报告,"社会化媒体参与度"是衡量政府公共管理智能化、互动化和透明化的重要指标,表征政府应用社会化媒体加强政府与社会的互动程度。

表7.16 2015中国智慧城市发展水平评估总排名(前20名)

总排名	城市	智慧基础设施	智慧管理	智慧服务	智慧经济	智慧人群	保障体系	加分项
1	无锡	18.70	15.73	13.50	8.94	5.74	12.80	4.8
2	上海	17.08	12.30	15.00	10.29	6.78	13.80	4.8
3	北京	16.45	14.58	14.50	11.56	7.83	10.00	4.8
4	杭州	17.36	16.83	10.50	10.84	7.15	9.50	4.8
5	宁波	18.80	16.83	10.50	7.87	5.87	12.30	4.5
6	深圳	16.61	9.70	14.00	11.54	8.47	11.00	3.0
7	珠海	11.89	15.35	10.00	7.90	7.34	9.00	2.5
8	佛山	15.37	12.70	14.00	6.74	4.34	7.80	3.0
9	厦门	14.99	12.10	9.00	8.82	7.90	4.20	4.8
10	广州	17.14	11.40	10.50	9.61	4.81	5.50	2.5
11	青岛	14.03	11.93	8.50	7.87	5.53	8.00	4.8
12	南京	13.95	11.25	6.00	8.86	7.56	9.00	4.0
13	苏州	16.34	11.03	6.00	8.94	6.10	7.00	3.5
14	金华	13.65	15.10	9.50	6.30	5.35	6.30	2.0
15	成都	12.62	13.30	9.00	8.44	6.24	5.10	2.5
16	武汉	13.09	11.23	14.50	7.00	4.01	3.00	4.0
17	合肥	13.53	15.73	5.50	7.46	5.79	5.70	2.5
18	绍兴	14.14	14.00	9.50	4.51	4.53	7.50	1.5
19	嘉兴	14.50	14.05	8.00	6.34	3.17	6.40	2.5
20	中山	13.20	14.30	9.00	5.14	5.62	6.20	1.0

综合而言,数字化应用在合肥市已经具备一定的基础。并且,该市已经着手进行大规模的城市智慧化建设,并于2016年形成了《智慧合肥建设"十三五"规划纲要》。作者认为,未来在"智慧合肥"建设过程中,该市应重点加大城市数字基础设施建设投入,特别是提高城市公共场所免费网络质量和城市宽带网络的覆盖率,积极推行公共服务网络化,开放更多渠道引导鼓励市民享受智慧生活。

7.4.3 知识型发展能力的总体增幅分析

通过上述分析,我们将 2015 年和 2010 年合肥市的城市知识型发展能力的评价结果进行归纳,如表 7.17 所示。

表 7.17 合肥市城市知识型发展能力 2010 年、2015 年变化情况

维度	评价指标	2010 年分值	2015 年分值	变化幅度
知识经济发展态势 B_1	知识基础水平	79.50	82.50	3.8%
	知识密度水平	55.92	69.78	24.8%
	知识创造水平	73.75	90.63	22.9%
	知识创造与经济增长关联度	71.05	74.47	4.8%
	知识产业态势	72.06	77.73	7.9%
社会发展资本 B_2	城市发展水平	73.08	86.55	18.4%
	城市环境质量	81.76	82.25	0.6%
	城市生活质量	81.39	84.28	3.6%
	城市发展包容性	81.11	90.36	11.4%
	城市文化特质	77.01	77.01	0
城市发展治理 B_3	政府知识型城市发展导向	71.86	74.45	3.6%
	社会知识型城市发展意愿	64.60	60.50	−6.3%
	城市协同治理水平	65.26	72.53	11.1%
数字发展应用 B_4	数字基础设施水平	63.25	72.50	14.6%
	社会应用数字化	66.73	72.14	8.1%
	城市政务数字化	77.33	81.67	5.6%

整体而言,该市在知识基础水平、城市社会发展资本等领域能力表现优异。与2010年相比较,2015年知识密度水平和知识创造水平增幅最大,达到24.8%和22.9%,属于支持城市面向知识型城市发展或转型的重要因素。然而,在社会创新发展意愿、城市数字化应用等领域却没有明显的发展优势,增幅较小,甚至出现负增长。未来城市政府则需要调配自身资源,积极进行智慧城市建设,同时彰显城市"科教之城"的优势,激发社会大中型企业创新能力,以推动城市走向知识型城市。

本章小结

城市知识型发展能力评价本质上是对城市知识型发展潜能的前瞻性评估,而不是知识型城市发展状态的测度。评价重在对城市相关知识型发展要素及其强度进行测评,以确定其是否具备发展知识型城市的基础条件。另外,模糊评价的目的不是对现实基础进行客观极致的定量评价,而在于通过评价来识别城市的优势与劣势在何处,这是本书选用模糊评价模型的根本用意。

鉴于诸多因素的界定并不十分清晰,模糊评价方法的原理在于,先对单个因素进行评价,然后对所有因素进行综合模糊评价,防止评价陷入绝对的"是"或"否"的"刚性判断",提升评价的客观性。需要指出的是,本书建议的方法是通用的,可以适用于国内任何一个打算在知识型城市发展上做积极努力的城市。

第8章
城市知识型发展的关键行动领域

组织发展能力无疑会受到传统"路径依赖"的影响,新路径的选择会引起组织资产的重组并引起"发展位势"的改变,从而使组织拥有新的发展能力。在前两章,研究城市知识型发展能力评估与优势资源识别的主要目的是能够找出促进城市知识型发展能力增长的路径。在本章,作者将探讨如何促进城市向知识型城市转型,城市政府可在哪些关键领域做出努力。

8.1　城市环境与生活品质

相关研究表明,一座城市的繁荣程度与环境的质量密不可分。只有当经济目标与环境目标和社会目标完全一致时,城市才会拥有可持续的繁荣(Yigitcanlar et al., 2015),因此,在促进城市走向知识型发展道路时,我们需要对城市的生态环境和生活品质进行自评和比较,以有利于做出正确的决策,并确定应该采取哪些行动和不应采取哪些行动。更为重要的是,一座城市具备培育、吸引和聚集不同行业领域的知识型人才的城市环境和生活品质,将对城市实现知识型发展至关重要。

高品质的地方可以成为知识生产的一种动力,优越的城市环境与生活品质对知识型城市发展具有潜在促进作用,对知识型工人与知识型企业的流入表现尤为突出(van den Berg et al.,2004)。相反,在全球知识经济时代,一个城市如果缺乏竞争优势、无法吸引人才和投资、无法向居民提供高质量的生活,就几乎没有机会成为知识型城市(Yigitcanlar, Lönnqvist, 2013)。

那么,与传统城市环境相比,知识型城市发展所需的生活品质体现在哪些方面?我们又该采取何种路径以提升环境与生活的品质?下文就此展开探讨。

8.1.1 什么是高品质生活环境

正如本节开头所言,一座城市的生活环境是否是高品质的,判断标准在于其能否满足知识型城市发展的需求,尤其是知识型人才对城市生活环境的特殊需求。言外之意,作者此处对"城市生活环境与生活品质"的探讨是基于一个城市知识型发展这种特殊需求所进行的,而不会在诸如城市气候、自然地理等传统意义的城市环境上做过多阐述。

城市的生活品质是指人们对城市生活的满意程度,或者说,它是指一个地区的吸引力和宜居程度,通常包括教育和社区服务质量、气候、生态状况、住房负担能力、社会治安状况和交通便捷性等若干特征领域(van den Berg et al., 2004)。知识型城市发展需要怎样的生活环境品质一直受到学者们的关注。有学者认为,城市的生活品质来源于城市的物理环境、城市文化、社会声誉和吸引力。有人则认为,城市的生活品质应源于丰富的娱乐与文化设施,如公园、博物馆和艺术画廊等,丰富多样的知识咖啡馆和餐厅,充满活力的夜生活,多元化和宽容的城市人口政策。因为,"在建筑环境和自然环境的完美结合下,富有多样性的人群将通过适宜的生活基础设施进行互动,从而创造城市的活力……"(Florida, 2002)。春燕也指出,促进城市知识型发展的基本要素除了城市的高端研究能力、研究机构规模、创新激励、研究者待遇和专业人才的保障之外,还包括居住成本、宜居性和生活便利性、交通便捷化程度等在内的城市生活环境品质(春燕,2016)。

值得一提的是,Mostafa 和 Mohamed 曾对知识型城市的生活环境进行过系统阐述。如图 8.1 所示,在他们看来,城市环境包括信息与通信基础设施(ICT)、城市知识机构、城市一般基础设施和高级服务设施。它们对知识型城市建设起到基础性作用,并通过一个复杂的作用流程推动知识型城市发展。

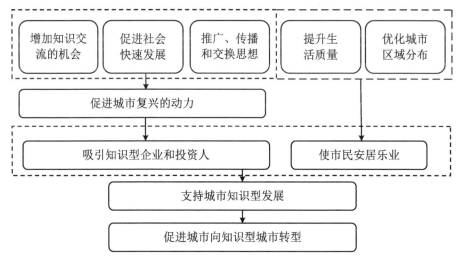

图 8.1　知识型城市发展的环境要素
资料来源:作者整理绘制。

综合来看,尽管不同学者在理解知识型城市发展所需要的高品质生活环境的标准上存在一定差异,然而,他们强调的那些共同特质不应该被城市政府所忽视。它们主要包括以下几个方面。

1. 城市规模

城市规模包含了城市的大小、级别和层次等相关信息,同时,城市规模也指城市的劳动力和消费规模。有研究表明,当前知识生产活动最可能发生在能够发挥区域性功能的城区。因为,这些城市更能以自身的开放性而成为国内甚至全球网络的一个节点,从而使得知识型城市发展所必需的知识资本能够更好地流入与流出,同时也更有利于城市的知识生产和知识工作者在广泛的外部网络中获取资源而茁壮成长。

2. 知识基础设施

知识基础设施是城市知识型发展的条件,它有别于传统的基础设施。这类设施更多地服务于城市的知识生产、知识流动和知识应用等活动,主要包括以下几个方面。

(1) 丰富的知识活动机构

为了促进知识型发展,城市首先需要拥有开展知识活动的基本机构,如大学、企业研发中心、专业科研机构和私人 R&D 组织等。格拉斯哥大学 Lever 开发了一套城市知识基础(隐性知识、显性知识和知识基础设施)的测量工具,并对 19 个欧洲城市做了实证研究,结果显示,知识基础和新经济增长之间存在广泛联系,其中,大学、图书馆和公共数据库等知识机构对城市知识型发展极为重要。在城市知识型发展战略能见度较高的前提下,这些城市的知识机构能够广泛吸纳知识型人才,使自身实力得到充实并形成各具特色的知识型组织。这些组织开展新知识的创造和技术开发工作,并利用新技术来制造商品和服务,实现知识的商业价值。这种"知识流"将推动城市与外部经济保持广泛的联系,促进官产学研的合作,吸引风险资本的投资,促进知识产权交易,等等。

(2) 先进的 ICT 基础设施

在知识型城市,低成本的信息与通信技术网络(ICT Networks)对于城市运营是非常重要的,这也是智慧城市建设的重点领域。之所以强调 ICT 的质量,是因为它不仅是城市智能基础设施、智慧化社会服务、电子商务和电子政务的技术基础,而且,基于 ICT 的各种社交媒介和知识管理系统可以促使不同组织之间和个人之间进行便捷沟通和知识分享。正如研究指出,在知识型城市,信息与通信技术基础设施不仅有助于传播知识并增加知识交流的机会,还有助于产生知识密集型的产业区(Mostafa,Mohamed,2016),形成了一个有利于知识工作者进行广泛社会交流的绿色创新生态系统,其中,知识工作者能通过收购、加工和信息使用来创造经济价值(朱志红 等,2017)。因此,知识型城市发展的首要知识基础设施是信息与通信技术基础设施,它可以确保所有知识实体能够低成本接入先进的信息通信网络。

(3) 公共文化服务设施

知识型城市不仅仅在于城市知识经济的繁荣,更在于城市市民的知识化。显然,公共文化基础设施对市民知识素养的提升是必要的,也就是说,市民的知识化首先需要城市能够为广大市民提供便捷的知识获取与分享的场所,如实体或虚拟的城市图书馆、公共学习交流中心、文化馆和博物馆等。值得注意的是,这些公共文化基础设施不应该仅仅看成是城市文化业绩的观瞻和护养之地,而应该作为一个能够开展知识交流、激发知识创新的活跃之地(Dvir,Pasher,2004)。

(4) 与知识经济发展相关的服务设施

知识型城市的发展离不开知识经济的繁荣,而知识经济的繁荣又离不开城市知识型组织的发展。事实上,城市的知识经济发展可以发生在如电子商务等虚拟空间中,但城市更需要知识经济的实体组织,如从事先进制造业与创意设计的组织。这些知识型组织需要城市管理者进行有效的管理,鼓励彼此有益的合作以实现知识生产与知识应用之间良好的转化与衔接。其中,最根本的是需要为知识经济提供基础服务设施,以便为知识创造需求和知识交易提供优质平台并为更广泛意义上的经济活动提供服务。当然,就目前来看,国内不少城市已经出现类似的服务设施,如知识产权交易中心,但是,未来创造更多的服务产品、构建更为全面和便捷的服务体系仍然十分紧迫。

此外,城市在建设知识型发展专区过程中,知识型企业及其员工对生产生活设施的需求同样十分重要,因为如果一座城市不能提供优质的服务和设施去创造一个宜居的城市环境,那么保留或吸引年轻有为的知识工作者是不太可能的(Florida,2004)。

3. 城市社会互动的空间

不同层面的社会互动是产生创意和知识型人才集聚的动力,这对于城市创新和知识经济的发展至关重要(Florida,2002)。创造城市社会互动的空间关键在于能够为知识型人才创造利用当地机会与全球机会的空间。在知识型城市发展中,首先需要城市政府鼓励社会创新并提供必要的基础设施与公共服务,以及为城市内从事知识活动的各类组织提供必要的协调服务,包括有意识的研发项目与资源分配,为知识型人才提供丰富的内外交流与学习的机会等。其次,在城市内部构建知识产品和技术交易的平台,满足不同组织间知识交换的需要,例如,在城市产业内构建开放式的创新体系就是这种平台建设的一个典型。不难看出,这种平台建设实质上是为城市不同知识实体创造一种新型互动空间,进而更好地推动创新并利用创新创造更大的价值。

知识型城市研究学者Edvinsson就曾指出,美国科技产业的成功在于其善于创造国际开放创新的平台,如互联网是利用瑞士欧洲核子研究中心实验室的成果,iPad是苹果公司部分采纳了德国的创新(Edvinsson,2006)。此外,城市管理者也需要为市民创造安全舒适的生活环境,并开放更多正式的和非正式的社会互动空间,激发市民活力。

4. 开放包容性

新经济社会学认为,一切经济活动的根基在于社会文化与社会制度,宽容多样性的社会文化与社会制度对经济发展具有重要的促进作用。这种宽容性实质上就是城市的包容性、多样性和开放性。包容性主要体现在对城市多样性的容忍与综合上,是考量城市社会公平的重要尺度。所谓多样性,是指城市对不同性别、社会种族、文化和国籍的人群的开放与接受(van den Berg et al.,2004),也是指一个富有包容性的城市文化氛围、对外来人口和其他外来文化的接纳程度。因为,多样性文化可以为知识活动构建一种更为宽容和开放的氛围,使得创意创新人才愿意流向具备这种特质的城市,也会使知识应用于实践更加便捷(Florida,2002)。Ergazakis等人更是强调,知识型城市必须对多样性建立一种包容才能取得成功(Ergazakis et al.,2006b)。开放因素是影响知识发展水平的另一个重要因素。开放不仅包括对外和对内的开放,还包括对国内不同主体的开放,如对外地区、民间组织、私人的开放,它可以建立一种更为广泛的参与机制,推动知识发展进程。中国东部地区的知识发展水平较高,很大程度上得益于其较高的对外开放度(胡鞍钢,熊义志,2012)。

需要指出的是,开放包容性并不仅仅是城市与生俱来的特质,更是城市政府有意识的行动和培育的结果。因此,塑造包容性的城市文化是知识型城市高品质生活环境建设的主要目标之一。

5. 交通便捷性

知识经济是一种网络经济,具有强大地方交通连接能力和广泛国际联系的城市通常是高水平企业创新的重要地区(Simmie,Lever,2002)。毫无疑问,知识型城市的发展将会增加新的资源流动性,无论是人力资源、知识资源还是其他生产要素资源。然而,如果没有便捷的交通网络,就不可能保证流动性的高品质,同时也会降低城市的生活质量和外部吸引力。尤其是,对于规模较小的城市,缺乏国际运输能力是经济发展的一个重大障碍(van Winden et al.,2007)。可以说,便捷化的交通网络是知识型城市环境发展的重要内容,也是城市知识型发展的要素之一。言外之意,城市政府要致力于多种交通连接模式的建设与完善,为市民的交通方式提供更多选择。

8.1.2 高品质生活环境从何而来

生活品质从何而来?任何致力于知识型城市发展的城市除了积极改善传统的生态环境之外,更需要针对知识工作者特殊环境需求做出必要的努力,其路径在于以下几个方面。

1. 塑造包容与开放的城市文化

一个具有"包容和开放"特质的城市文化在吸引知识型人才和智力资本上具有显著的优势,它不仅可以吸引知识型企业和知识型人才进入城市,进而促进城市知识产业的培育与成长,实现城市知识经济的繁荣,还可以强化城市市民的荣誉感和归属感,让城市文化精髓深入人心并成为一种社会共识。

知识型城市的发展需要促进知识在城市内外部能够自由流动,其首要问题是将城市塑造成为一个能够理解、尊重并善于学习异质文化与知识的地方,那么,有意识地营造城市包容开放的文化氛围就显得尤为必要。可能路径包括两个方面:一方面,城市管理者可以在城市内部构建虚拟或现实的公共知识基础设施,如城市图书馆、博物馆、剧院或开放式文化交流中心并开展丰富的文化娱乐活动,通过有主题的城市文化主题互动,引导市民热爱文化,并促使他们产生更多的知识渴求,促进包容开放的文化特质成为一种可以感知的社会氛围。例如,广东省深圳市是一个典型的外来人口聚集地,该市就曾通过广泛开展文化艺术活动来让广大市民近距离体验城市文化,其结果是,城市开放包容与务实创新的精神已经深入人心并受到市民推崇。另一方面,在城市外部,城市可以通过媒体宣传、公益庆典、公开推介等活动来宣传城市包容与创新的形象,吸引外来人才流入城市并为之开放便捷的通道。如美国奥斯汀市在知识型发展过程中,就一直积极建设和推广该市包容的文化特质以吸引有创意的技术人才来本市发展,其效果十分显著,值得借鉴。

2. 投资并改善城市 ICT 基础设施

知识型城市的信息交互和知识管理需要建立在高质量的 ICT 基础设施之上。为了提高 ICT 基础设施质量,首先,城市政府需要认真评估现有 ICT 网络的通达性与覆盖面。在面向知识型城市发展的过程中,城市政府需要采取必要的投资行动对城市的信息与通信基础设施加以改善。特别是在前沿网络技术的发展上,如高速率和安全的数据传输网络和技术。其次,城市政府应该积极考虑如何将城市公共服务模块嵌入虚拟网络加以管理,最基本的服务模块包括构建信息共享和知识交互的政府知识管理中心和为一般公众开放在线获取公共服务的平台,提高民生类服务项目的效率,推动精准化服务,让市民享受智慧生活。最后,大力支持城市电子商务的发展和企业知识管理系统的建设,引导各种知识型企业借用大数据为市民提供各种基于位置的服务(Location Based Service,LBS),包括各种商业化或公益性的信息服务。

事实上,国内很多城市正在进行这方面的积极尝试并取得了很好的成效。需要强调的是,城市 ICT 基础设施只是知识型城市的硬件基础,并不代表城市的数字化应用能力。由于技术应用本身不会被动等待人的适应,人应该主动地适应技术,并将其作为生活的一部分(Kitchin,2014),因此,城市政府在完善 ICT 基础设施供给的同时,需要通过积极的措施推动政府部门利用 ICT 技术来提升管理和服务效率,提高市民的数字应用能力。

3. 建设城市便捷化的交通网络系统

便捷化的交通网络系统是城市管理者需要重点考虑的环境问题之一，因为它在国内各大城市普遍出现的"拥堵现象"中更加发人深省。2015年的《中国城市竞争力报告》显示，全国各大城市交通普遍拥堵，北京、济南、哈尔滨、杭州、大连、广州、上海、深圳等跻身全国十大交通拥堵城市，其中，北京拥堵成本排在全国之首（倪鹏飞，2016）。现实解决此问题的普遍做法就是增加城市交通网络的密度，如构建城市轻轨与高架桥等快速通道以缓解交通压力。城市功能区的合理划分与重新布局尽管让人看到缓解城市交通压力的希望，但是，改变人们对交通模式选择的偏好也许更有必要。因此，城市政府交通管理部门需要通过激励及管制措施倡导市民尽量选择公共交通工具出行。此外，在大型城市中，城市各功能区间的连接成本和配套基础设施的完备程度是否影响城市整体生活品质也需要慎重考虑。

4. 提供均等化的城市公共服务

这是一个不断重申并值得强调的问题。在知识型城市发展过程中，关键的公共服务均等化主要体现在四个方面：首先，城市管理者应该确保公众都拥有低成本享有城市知识基础设施的权利，因为这直接关乎知识型城市基础设施的利用率和知识型城市发展给社会公众带来的福祉。为此，城市政府应该制定相应的价格管制政策，降低信息使用成本，通过财政与差别定价的方式进行必要的补贴或援助，促进公民能够均等地利用互联网络与城市知识网络。其次，城市管理者需为市民的生活方式提供多样化的选择，例如既有高价位的商业住宅可供选择，也有经济实惠的住房可供选择。再次，重新整合城市有形的文化资源和无形的文化资本，为市民提供更多有关文化与知识的公共服务，包括丰富的文化设施和城市文化及艺术活动。最后，鼓励乡村社区与城市社区的发展，通过基层社区为公众提供优质的基层服务，诸如此类的工作将有助于提升城市生活的宜居性和外部吸引力。

8.1.3　传统文化与城市形象推广

城市传统文化资源应受到重视与挖掘。城市的历史遗产和社会文化对吸引人才非常重要,因为,城市生活品质不仅取决于住房、教育、交通、社会保障等公共服务的水平,也与城市传统文化和历史资产的保护与发展有关。事实亦是如此,比如,伦敦、巴黎、悉尼等国际城市就非常重视城市人类和文化资源的发展,因为这样可以塑造城市的品格以获得更多高级人才的青睐(Knight,1995)。除此之外,还需要主动创造城市营销的机会。城市营销是市场营销学在城市领域的应用,当前城市的发展迹象表明,城市营销学已经逐渐成为城市发展领域的显学,尤其在以会展、旅游观光等生态休闲产业为主要经济形态的城市更为突出。事实上,近年来,很多国内城市都在积极拓展和改造城区,以建立良好的视觉形象。城市管理者已经清晰地认识到经济、社会和文化等领域的整体营销方案的设计与传播对于城市形象塑造的价值。

正如知识型城市研究者Edvinsson所言,知识型城市的发展是一种需要自觉且有目的的规划去鼓励知识培育的行为(Edvinsson,2002)。知识型城市的发展重点在于城市知识资本的增长,因此,制定有吸引力的政策使国内外知名知识型组织,如高校、研究所、重点企业研发机构进入城市,对于加快城市知识资本集聚具有重要作用,而且,这些知识机构及人才的到来又与城市环境资本、声誉资本、形象资本、文化资本等传播息息相关,因此,正确评析自身的文化资本以制定长期且富有特色的城市营销方案并积极对外传播已经十分必要,其中包括举办高知名度的国内外交易会、展览会、招商推介会和重大赛事活动等。

值得注意的是,在知识型城市发展过程中,不断积累的资本与人才的跨域流动以及多元文化的碰撞可能会对本土独特的城市文化产生一定的冲击,这种现象需要城市政府做出积极的回应并加以调适。

8.1.4 不容忽视的其他问题

一方面,需要突破对"生活环境质量"常识性的理解,因为,在知识型城市的发展导向下,环境和公共服务的改善更为关注未来知识工作者群体或创意阶层的需求,而非仅仅吸引投资。由于知识工作者群体不同于其他群体,该群体无论是在消费需求还是在城市公共服务需求上,都有比较高的追求和期望。有研究指出,满足知识工作者生活需求的城市文化基础设施(包括公共图书馆、艺术画廊、歌剧院等休闲场所)是改善城市生活品质的重点领域(Graham,2002)。2017年,浙江财经大学两位人员的研究也证实了这一观点。他们从空间地理学视角,对深圳市创意阶层聚集问题进行了研究,结果表明,一个城市的社会宽容、开放性和经济激励政策对创意个体和创意中心的形成均具有重要的影响,但影响力度和重要性存在时空的阶段性变化。因此,他们建议,城市政府制定政策不应过分强调城市环境对创新资本的吸引力,而应该长期关注并改善各种有关区位的因素,比如便利的基础设施、住房、教育、社会氛围等(You,Bie,2017)。

有研究表明,仅仅关注知识工作者这个群体的普遍环境需求是不够的,因为不同类型的知识工作者的偏好存在差异。在Baum等人看来,知识工作者主要由科学家、工程师、职业经理人、艺术家、建筑师、专业服务人士和学生等不同职业群体构成(Baum et al.,2007),他们对城市环境的偏好差异如表8.1所示。

表 8.1　不同类型的知识工作者的环境偏好

群体类型＼环境偏好	科技工作者、专业创意人士	艺术工作者、媒体工作者	学生群体
环境特质	大学环境质量 休闲设施 娱乐环境 便捷性 生活环境的风格 文化设施	住房支付能力 创意环境 娱乐 创意空间 城市的多样性	生活成本 名牌大学 生活环境的风格 廉价住宿

资料来源：Baum S, Yigitcanlar T, Horton S, et al., 2007. The Role of Community and Lifestyle in the Making of a Knowledge City[M]. Brisbane：Griffith University：20.

这要求，不同城市在改善城市生活环境品质时，既要关注不同知识工作者共同的环境需求，又要充分考虑城市中不同知识工作者群体对环境的差异化需求。

8.2　知识密度与知识经济

在"互联网＋"时代，人们越来越清晰地发现，知识信息已经逐渐替代石油和电力，成为推动城市创新发展的重要新兴战略资源。通过有目的的措施提升城市知识创造与集聚能力，并能够将知识价值广泛应用于经济社会发展的各个领域，既是知识型城市发展的基本方略，也是城市获取未来竞争力的先见之举。城市学家 Henderson 通过研究发现，一个行业在某个地方聚集，将导致区域经济出现，进而导致中小城市产生，多个行业在一个地方聚集，就会出现城市化经济（Urbanization Economy），而城市化经济将会进一步导致大城市的产生

(Henderson,2010)。通过上述研究,我们可以得出一个结论,即知识经济的发展在于知识资产的积累,并通过这种积累推动知识产业的发展,最终促进知识经济的繁荣。也就是说,知识的聚集是推动知识经济发展乃至城市知识型发展的根本动力。现实是否如此呢?从本节开始,作者将从城市的知识密度出发,阐述如何从知识密度的增加角度来培育和促进城市知识产业和知识经济的发展。

8.2.1 衡量知识密度的三个标准

在了解知识密度这个概念之前,我们首先需要明确什么是知识,确切地说,需要明确什么是知识型城市应该鼓励的知识。知识型城市研究学者Lever认为,四类知识在城市知识型发展过程中应得到重视,它们是服务于产品创新和城市服务的技术知识、识别市场经济变化的市场知识、衡量生产和发展进程的投入与产出的金融知识、以技能和创造力为表现形式的人类知识(Lever,2002)。所谓知识密度就是掌握上述四类知识的城市智力资本或知识型人才占总体的比例及分布状况。当然,它可以理解为以人才吸引人才而形成的集群分布(Edvinsson,2006),也可以理解为城市的知识资产或知识存量,并且指出,在知识经济时代,知识存量是解释城市长期经济增长的关键变量,一个国家和区域的经济增长主要受人力资本和创新绩效的影响(Hájková,Hájek,2014)。问题是,如何衡量一个地区的知识密度呢?据蒙特利尔知识型城市咨询委员会(Montreal Knowledge City Advisory Committee)2003年发布的一份报告称,衡量一个城市的知识密度主要取决于以下三个标准(Ergazakis et al.,2006):

(1)知识生产的强度。知识是由大学、研究中心、商业部门和创造个体(如艺术家)生产的。强大的"知识流"有利于技术、组织和制度三个层面上的创新。

(2) 吸收和运用新知识的速度。城市不断受益于新类型的知识和新的专业知识的能力和容量。这取决于对新知识类型的理解并将其融入组织活动的能力。

(3) 知识流通的广度。知识扩散和分享的量被认为是影响知识型城市知识密度的另一种决定性因素。

从上述表述中可以发现,一个城市的知识密度取决于掌握知识的人才密集程度。事实上,在城市知识型发展中,经济繁荣越来越取决于能够创造经济社会价值的人才数量与质量而非物理资源的获取能力。城市聚集人才的能力对城市知识经济的发展越来越具有决定性作用,然而,今天,我们看到的是,鼓励志同道合的人,特别是各自"身怀绝技"的人才在一起交流分享知识并产生新知识不是一件容易的事情,需要一定的条件。因此,下面将从"如何提升城市知识密度"的问题开始,探讨城市人才聚集的路径及促进知识经济增长的机理。

8.2.2　知识密度与知识经济的关联性

自从美国经济学家舒尔茨提出人力资本理论后,新经济增长理论对知识密度与知识经济增长之间的关联性问题的探究就从未停止过,并形成了知识溢出模型、知识驱动模型、边干边学模型、人力资本模型等。这些理论模型无一例外都强调了知识增长是经济增长的源泉这一观点。例如,经济学家马歇尔就对资本、技术、知识对经济增长的贡献率做过研究,结果发现,知识创新在很大程度上决定了经济发展的水平。

1961年,城市经济学家Jacobs通过研究发现,城市经济发展的根本动因在于产业多样性共存与人力资本的集聚,而非企业和资本的集聚。在之后的几十年里,大量的实证研究也证实了人力资本与经济增长存在密切关联。创新能力是吸引投资和人才以增强一个城市经济活力的重要来源之一(Landry,2000),只要有人才、创造力和创意的地方,就一定会出现知识经济的增长(Clarke,2001)。清华大学胡鞍钢教授的团队对中国地区知识发展能力测度的结果同样表明,知识发展与经济发展关系密切。他们认为,形成各地区知识发展差距的因素是多方面的,也是极其复杂的。第一个因素是经济发展因素。知识发展是经济发展的一个重要因素,也是经济发展的重要结果(胡鞍钢,熊义志,2012)。

从这些研究中,我们明显可以发现,通过培育、吸引和保留知识型人才以提高一个城市的知识密度是知识经济发展的关键。现实亦是如此,例如,在知识型企业能否流入城市的问题上,一个城市的市场网络是否发达固然重要,但当地是否具备高质量的人力资源更受投资者关注。事实上,知识城市的发展主要取决于两个直接因素:知识、资本与劳动力的投入和知识的创新。因为知识创新已成为知识社会和知识经济最主要的推动力,知识型城市中知识创新的主体包括企业、科研机构、高校、中介机构、知识工作者、市民,其中企业、科研机构和高校等主体对知识创新起着绝对的作用(纪慧生,2015)。

一个城市向知识型发展转型过程中,必然会兴起从事知识密集型商品和服务生产的各种组织,而且这种组织兴起总是伴随着资本流动和跨国公司寻求新兴市场机会而进行的,然而,拥有资本的投资企业和跨国公司在区位选择上往往会跟随人才的流向决定去处。这样一来,一个近似连锁反应的知识经济发展机制,即城市通过提升知识密度来促进知识经济发展的路径已经呈现,如图8.2所示。然而,知识密度的增加与知识经济的成长之间并不是一种单纯的线性关系,其中会涉及诸多因素和环节,这些问题将在下面进行探讨。

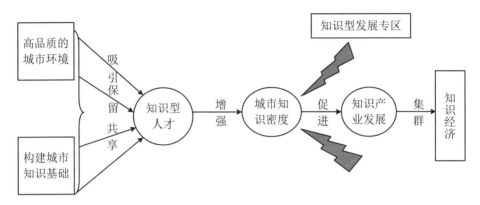

图 8.2　知识密度促进知识经济发展的机理
资料来源:作者整理绘制。

8.2.3　知识产业与知识经济的成长机理

1. 人才聚集与机会空间

经济增长理论表明,人力资本的水平和积累是生产、成长过程中获取竞争优势的重要因素。随着城市及其经济朝更具创新力和竞争力的方向发展,知识生产和以知识为基础的城市发展已成为吸引、留住知识工作者与知识密集产业的全球化竞争的关键成功要素(Florida,2005)。推动城市知识产业和知识经济的发展,最基础的任务是思考如何提升一个城市的知识密度。

众所周知,知识型人才向某一座城市聚集需要一定的条件,这是毫无疑问的。国际案例研究表明,影响城市人才聚集的两个重要因素需要城市管理者予以关注,即丰富的机会空间和优质的生活环境。也就是说,城市除了能为人才提供发展的经济空间(如产业资源优势、新兴知识产业机会等)外,优质的城市基础设施,包括知识基础设施(如高质量的大学、公共或私人研发机构等)、技术基础设施（如通达的 ICT 网络、科研生产设备等）和经济基础设施（如物流、贸易投资、金融信贷机构等），对外部人才的流入同样是富有吸引力的。鉴于如何构建高品质的生活环境已在前面分析过，我们接下来将探讨的重点转向城市如何为知识型人才聚集创造丰富的机会空间。

为人才创造发展的机会空间就是为城市内外部知识工作者提供丰富的创新创业机会。总体来看，可从三个方面加以努力：第一，城市需要明确宣称并坚定不移地支持本市重点发展的知识产业，使城市内外部的知识型人才能够清晰地看到城市产业发展的未来路线和潜藏的机会空间，包括通过产业政策激发城市内部企业开展研发与创新活动所带来人才需求的增加。第二，积极推动城市优势知识产业形成产业集群，通过产业垂直关联和互补关联来促进城市内外部相关知识产业在本市聚集，同时，鼓励城市优势企业形成研发联盟，重新整合企业、大学以及科研院所之间的研发合作形式与路径，促进城市不同知识实体在知识创造、知识转移和知识应用上向知识网络发展。通过以上两个方面的聚集与联合为知识型人才创造更多的工作机会。我们看到，只有提供更多可供知识型人才发展的机会与平台，人才才会更集聚。例如，浙江横店影视城的发展带动影视拍摄、旅游策划和影视教育等多种人才在那里聚集就是一个成功的范例。第三，凭借城市的比较优势尽可能多地吸引国内外高等教育和卓越的研究机构在本市设立基地同样是快速聚集人才的一个便捷路径。

2. 城市知识密度的增加

今天，随着经济朝知识化和智慧化方向发展，国际城市已经在促进产业变革的新技术领域和推动这种变革的智慧人群上展开了全球性竞争。除了创造丰富的机会空间外，一个城市可以通过哪些具体路径来增加城市的知识密度呢？

第一，就培育路径而言，主要在于开发城市现有人力资源的价值以促进总体人力资本的增加。当然,这种开发首先取决于城市拥有的知识资本存量和城市内部知识的扩散程度。大量研究表明,分布于教育、技术研发、媒体艺术和管理咨询等各种知识活动领域的知识工作者一旦进行知识交互活动,就会使城市现有人力资本在彼此"知识外溢与扩散"中实现增值。问题在于,如何促进这种知识外溢与知识扩散呢?本书认为,首先,正确评估城市现有人力资源的现状并倡导有益的知识交互机制是应该努力的方向,包括统计并绘制城市的知识网络和知识地图,评测现有的专业知识资产,建立城市各类人才库,建设完善的知识检索、知识交易、知识交流的平台和机制。其次,为优秀的知识人才提供一流的学习与深造机会、高端技能培训和专业领域的国际交流活动,等等,通过"以学习促进知识增长"的路径来增加城市的知识密度。例如,我国山西省长治市在城市光电产业发展过程中,为了培育产业人才,就从太原理工大学招聘大学毕业生定期送往世界先进光电产业基地或企业进行培训学习,学有所成后召回发展,这种措施有效缓解了该市在光电产业领域的人才短缺问题。最后,产业集群对知识密度的提升作用同样值得肯定,因为,知识产业的集群可以促进产业内形成技术创新联盟和产业联盟,从而可以为城市内部人才创造更多的学习与交流机会,使参与者能够更有效地进行知识分享,进而增加知识资本的总量。

第二,就引进路径而言,也许人才引进是目前城市普遍存在的一个难点。这是因为,创造一个有吸引力的城市环境和制定富有竞争力的人才引进政策固然重要,但是,提供有利于知识创造和知识共享的丰富发展机会往往十分艰难(Landry,2000)。为此,城市政府一方面需要在知识产业上充分利用集群来凸显城市的机会优势和光明的发展前景,并有目的地开展优势宣传活动以吸引人才。另外,城市政府可以制定灵活的"安居乐业"措施来鼓励城市现有知识型人才引荐其他外部人才进入。事实上,知识型人才的集聚一般会加速激发新思想和新技术的产生,从而产生更多的发展机会以吸引行业内人才向本土集聚,而且，每个领域内的知识型人才彼此最能"相知相惜"，因而，通过城市内部人才"推介引进"其他知识型人才流入城市是城市低成本聚集外部人才的一个捷径。同样是通过这种内部人才引荐的方式，山西省长治市的光电产业已经从世界各地引进了很多的行业知识型人才。还需要强调的是，一个城市具备开放的文化氛围和支持创新创业的政策导向对人才的引进至关重要。只有城市对知识产生浓郁需求，才可以"筑巢引凤"和"花香引蝶"。

第三，就留住路径而言，众所周知，优秀人才的流失是任何城市都不愿意看到的。一个城市拥有长期留住优秀人才的能力在今天看来同样重要。因为当今的商业战略重点或许已经不再局限于商品本身，而越来越多地在于人才的获取。优秀人才具有高度的流动性是毫无疑问的，优秀的人才会流向能够使他们获得更大成就的城市。高流动性无论是对于一个企业而言，还是对于一个新兴产业抑或一座城市而言，都是极为不利的。在城市知识型发展过程中，人才将是知识经济最有价值的投入要素，堪比工业社会的石油。如果一个城市没有足够的智慧解决人才流失的问题，比如城市优秀高校毕业生的大量外流，当地政府应当警醒与思考。

如何使人才不外流呢？我们从城市学家 Florida 的研究中也许能找到答案。他通过研究发现，丰富的职业发展空间和宽容性的城市文化是保留人才最为关键的两个因素（Florida，2005）。关于这两个因素，因为前面已有比较充分的阐述，所以在此不做重复探讨。需要补充的是，在人才需求上，城市管理者组织开展对本市知识人才的长期需求的分析与预测工作是有必要的，包括城市未来的人才需求领域和需求量以及它们的长期变化等。在需求导向下，设立如博士后科研工作站等知识研发机构来储备未来所需要的人才同样是值得肯定的留住人才的方式。

此外，在外部人才流入艰难且内部人才不足的情况下，"资源共享"也是提高城市知识密度的一个辅助路径。此路径类似于今天开放式创新平台和"代工生产"的合作方式,即城市鼓励本市内部的知识型组织通过如项目跨域联合研究、委托研发、外包合作等方式,借用外部智力资源为城市知识经济发展服务。为此,如何在不同级别上建立联网人才库,连接来自外部不同机构的创新人才,并提供适当的协作机会是"虚拟共享人才"路径下需要考虑的问题。

3. 知识产业的定位与选择

长期以来,发展产业集聚研究一直聚焦于降低成本和风险分担的分析,然而,政府有意识的产业需求(包括生产需求和消费需求)也会加速知识技术的创新与扩散,进而推动新兴产业的集聚发展。国内学者张守一和葛新权在知识经济研究中说道,"影响产业结构变化的因素是复杂的……科技进步和社会需求是最具有决定意义的因素"(张守一,葛新权,2010)。事实正是如此,例如,新加坡在新兴产业的发展上,当地政府就曾有意识地采取了包括研发激励和资金支持等一系列刺激需求的措施,并以公共部门领先采用新技术产品的方式推动新兴产业发展,结果是,这些有意识的产业需求行为对该市知识经济的发展产生了卓越成效(Wong et al., 2006)。

这里所指的有意识的产业需求实质上是要求城市政府在新兴知识产业的选择上具有明确的目的性。也就是说,政府提出的新产业方向能够充分利用城市现实资源的潜能与优势[①]。事实上,诸多成功的知识型城市实践也证明了这一点。例如,德国慕尼黑市的知识产业发展战略就是建立在精心的产业分析之上的,进而选择了能够发挥自身资源优势的生物技术和环保等领域作为产业革新的方向;瑞典斯德哥尔摩市的知识产业定位同样选择了能够凸显自身传统优势的生命科学和金融产业;西班牙巴塞罗那市选择电子设备制造产业作为重点

---

① 此问题的解释可参考第 6 章 6.4 节的相关内容。

发展的知识产业之一同样与其电信领域的竞争优势不无关联。

　　强调有目的地分析与选择知识产业很重要,因为盲目的新兴产业发展需求也许不会令城市知识经济有新的希望,反而可能会导致传统产业的滑坡,尤其是,对于国内一些资源枯竭型城市而言,尽管寻找能够替代传统资源型产业的新兴产业是现实的迫切选择,但这个选择是一个需要审慎分析的过程。由此可见,有意识的产业需求重在城市管理者对城市传统资源优势和未来产业趋势有一个清晰的分析和正确的判断。因为产业集群更可能发生在那些彼此存在技术互补且能够开展知识交流的知识密集型产业之间,所以需要以产业链的垂直关联和突出城市产业特色的水平关联视角分析城市产业分布状况、资源优势和市场潜能。

　　问题是,一个城市该如何进行知识产业的定位与选择呢？结合国内外城市案例研究的结论,作者接下来提出一个可供城市进行知识产业选择与定位的建议性框架。如图 8.3 所示,该框架由四个阶段组成。

　　第一阶段:诊断城市的现实产业基础。

　　任何致力于发展知识产业的城市,首先需要全面评估城市目前的产业基础。众所周知,城市知识产业的发展与城市的产业基础密切相关,很多城市知识产业的兴起源于传统产业的升级或转型。良好的产业基础,尤其是传统主导产业具有明显竞争优势的城市在知识产业发展上会变得更为顺利,例如,深圳电子信息产业的传统优势为该市文化创意产业的快速成长提供了重要技术支持和资金供给。总体来说,产业基础的分析包括城市的产业总量、产业结构、主导产业与优势产业四个方面的分析。诊断的结果是从现实产业基础的视角提出若干知识产业的发展设想。

　　• 产业总量主要分析城市的总体经济实力,通用指标是 GDP 或者人均 GDP。一个城市的经济实力无论是对城市知识产业的发展还是对知识型城市战略的实施都是至关重要的,因为它直接决定了这个城市拥有支持发展的物质条件。

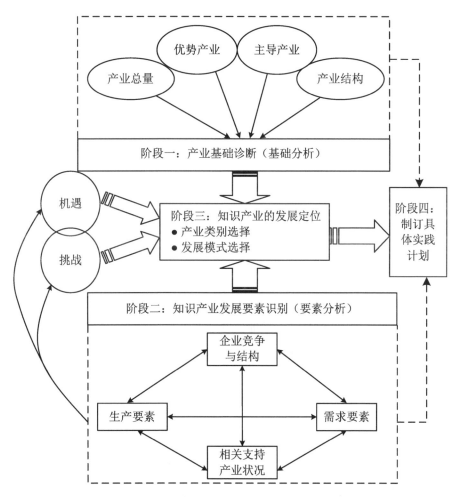

图 8.3 知识产业选择与定位的建议性框架
资料来源:作者结合相关文献整理绘制。

- 知识产业的发展是后工业化经济(又称知识经济、信息经济)的典型表现。产业结构分析可以判断一个城市的产业发展是否进入后工业化阶段,从而有助于判断知识产业发展的"时机"是否成熟。经济学家西蒙·库茨涅兹（Simon Kuznets）认为,后工业化经济的典型特征是第二产业的比重在下降且第三产业已经成为产业主体。案例研究同样显示,成功发展知识产业的城市具有一个共同的特征,即城市第二产业和第三产业的比重已经达到70％以上,占据经济的主导地位。换言之,拥有比重较大的第二和第三产业是城市知识产业发展的重要基础。

- 作为推动经济增长的核心动力,主导产业是城市最能创造价值的产业。一个城市的主导产业可能是某几种产业,也可能是单一产业。与非主导产业相比,由于城市主导产业更有条件向知识产业转型,因此,主导产业的分析对于思考主导产业向知识产业转型或升级的路径有重要价值。例如,城市主导产业是具有竞争优势的化工产业,也许在知识型发展中可以推动药剂和生物技术产业的发展。

- 优势产业是指在区域市场上具有竞争力的产业。优势产业不一定是城市的主导产业,因为城市具有主导地位的产业不一定在外部竞争中具备优势。但是,城市的优势产业无疑会更容易获得快速发展,明智的产业政策应该加速此类产业迈向知识型发展,因为,优势产业的存在为城市知识产业的发展提供了一种快捷的路径和市场竞争资源,例如声誉、技术和市场网络等。

当然,产业基础的诊断也不能忽视城市"夕阳产业"问题,因为它可能成为知识产业发展的资源障碍或复兴的基础。

第二阶段:识别城市的知识产业发展要素。

这个阶段的目的是判断第一阶段提出的若干知识产业设想是否契合城市的能力优势与核心资源。美国战略管理学家迈克尔·波特提出的"钻石模型"为我们分析知识产业的发展要素提供了较好的框架。根据该理论,发展一个富有竞争力的产业需要分析四类要素,即企业竞争与结构、生产要素、相关支持产业状况和需求市场状况,这构成了我们分析知识产业发展要素的四个基本领域。每个领域的分析又可以从内部的必然性因素(优势与劣势)和外部的偶然性因素(机会与威胁)四个方面进行,如图8.4所示。

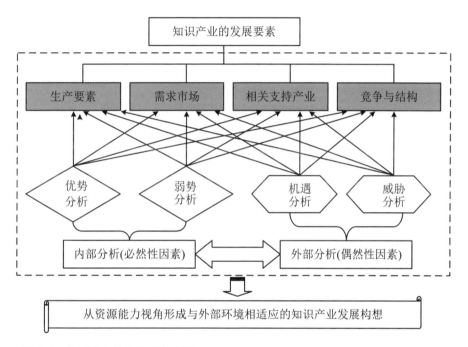

图8.4 知识产业的发展要素分析

资料来源:作者根据分析需要设计。

• 优势与劣势分析。四类要素的优劣势分析重点在于判断城市目前是否具备发展知识产业的核心要素,其识别方法及指标如表8.2所示。

表 8.2 四类发展要素的优劣势分析

分析要素	要素解释	优劣势分析层面
生产要素	包括基础性要素和投入性要素。基础性要素指城市的交通、自然环境、金融市场和物流系统状况。投入性要素指人才密度、技术成果、研发能力、产业资本等	(1) 基础设施领域的优、劣势； (2) 人力资本水平，即知识密度； (3) 科技专利及优势领域； (4) 资金充裕程度，含风险资本
需求市场	国内外的市场需求，特别是区域内部市场需求。强大的市场需求对城市知识产业发展是至关重要的。需求越旺盛，引致本地企业技术创新越快。例如，深圳市文化产业的快速进步与当地市民追求文化科技类产品的强劲需求是密不可分的	(1) 地区消费者的购买力； (2) 国内外市场的购买力； (3) 潜在的市场需求预测
相关支持产业	知识产业（第一阶段提出的设想）纵向的上下游支持产业和横向的互补性产业的发展状况。例如，汽车产业的零配件生产商是汽车制造产业的纵向支持性企业，而汽油生产企业就是汽车的互补性产业	(1) 上下游产业数量与竞争状况； (2) 互补企业的数量和竞争状况
竞争与结构	城市内企业的整体竞争态势和企业战略动向。有益的竞争往往会激励企业不断进行知识创造和技术革新，这显然对知识产业的发展是有利的。对于城市预想的知识产业而言，这种分析有利于构建良好的竞争结构，例如，在未来可能缺乏竞争的知识产业领域，市政府可以通过有效的开放政策和优惠计划吸引外部竞争者进入，以获得有效的竞争结构	(1) 地区企业数量，数量越多，意味着知识产业能够便捷获得原材料供应，产品更容易交易； (2) 本市企业的 R&D 水平； (3) 本市企业的整体动向：战略、产业选择和技术创新的焦点

- 机遇与风险分析。机遇与风险属于偶然因素，例如重大的国际赛事、国

家功能区规划、重大国家项目进入城市等,机遇可以为城市发展知识产业创造资源和条件。风险是一种威胁,同样具有偶然性,例如无法保持高质量的人力资本和无法吸引知识型工作者等。不可否认的是,机会与威胁总是通过对知识产业发展的四类要素的影响而发生作用的,无论是积极影响还是消极影响,所以机会与威胁分析同样需要从以上四个维度进行。

通过这种分析,我们可以得到城市在四类要素上存在哪些内部的优势与劣势、外部的机会与威胁。通过综合评价,我们可以从资源能力视角形成与外部环境相适应的知识产业发展构想。

第三阶段:选择并定位知识产业发展。

根据前两步的分析,我们确定了城市的现有产业基础和可供知识产业发展的核心要素。通过二者的组合分析,我们基本可以确定何种知识产业是可以作为城市未来努力的方向。我们可以将不同组合状态下的知识产业发展模式归纳为四种,如图8.5所示,横轴表示城市传统产业发展所积累的资本和优势;纵轴表示目前城市知识产业的发展要素的充裕程度。

模式Ⅰ:传统产业缺乏优势,也没有知识产业发展的迹象,属于产业基础匮乏类型,这会使得城市知识产业发展面临最为复杂的困难,因为在知识产业发展自身乏力的情况下,传统产业又因缺乏优势而没有充足的资源以支持城市知识产业的植入。坦白地说,城市基本不具备知识产业发展的条件。在这种情况下,城市政府可能需要重新思考本市的资源和外部机会,对城市的未来产业结构重新设计并进行适当的产业培育(选择知识型产业或有前景的非知识型产业)以积累资本。因此,它的发展轨迹是由外圆向圆心方向靠近,如图8.5所示。这类情况我们可以在我国一些资源枯竭型城市得到验证。

模式Ⅱ:城市传统产业已经不具备优势,但是知识产业发展要素却比较高。可以说,城市经济正处在知识经济变革的关键时期。其发展模式可界定为"转型",即利用传统产业所积累的资金、技术和人才,或借助外部力量,培育全新的产业,把原来的创新资源转移到新兴的产业上来。具体而言,一方面要积极支持现有知识产业的成长,明确未来该产业的战略方向;另一方面需要积极通过产业价值链和互补产业关系发展相关支持性产业,促进该产业走向集群化。

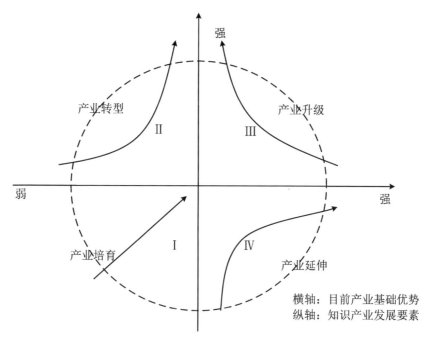

图 8.5 促进知识产业发展的四种模式
资料来源:作者根据分析需要设计。

模式Ⅲ:传统产业拥有很强的竞争优势。更为可喜的是,该市知识产业的支持要素同样比较充分。该市知识产业的发展可概括为"产业升级"。与产业转型模式不同,产业升级需要依赖而不是脱离原有产业,即在资源开发的基础上,加大产业内知识创新和技术研发的强度,促进传统产业朝知识型发展方向升级。同时,对不可持续的传统产业需积极寻找可以替代的知识型产业,实现资源,特别是人力资源的有效利用。例如,作为我国重要的煤炭资源城市——安徽省淮北市在遭遇煤炭资源枯竭、部分市区因煤炭开采而造成塌陷的关键时刻,市领导积极寻求和支持替代产业的发展,利用塌陷区发展生态湿地公园和生态养殖等生态农业就是一个值得赞赏的实例。

模式Ⅳ:传统产业具有一定的优势,但知识产业发展迹象不明显。可以说,知识型发展的产业基础同样并不成熟。对于这类城市,一个发展误区需要警惕,即严重依赖传统资源路径来维持或拓展传统产业以期望可持续的经济增长。或许,慎重思考城市现有的主导产业并尽可能预测它未来方向的时刻已经到来。

如果城市选择知识型发展,其可能的产业发展模式可以概括为"产业延伸"。一方面,从现有具有优势的产业中定位关联性较高的或者说转型更为平稳的"潜在产业"。也许这个产业暂时不一定属于知识产业范畴,但需要随时做好从现有产业向知识型产业过渡或转型的准备,即利用传统产业积累的资金、人才和技术建立全新的知识产业,如广东省东莞市的电子产业向高端显示制造产业的转型。另一方面,可通过对现有产业价值链的延伸,实现原有产业的拓展,深化发展下游产业或其他更高形态的产业,例如,在传统种植产业基础上发展现代化的生态农业、太空农业、生物基因农业等。

第四阶段:制订详细的产业行动计划。

这种行动计划将使城市知识产业发展行为更加清晰和透明。通过第三阶段的分析,我们基本可以把握知识产业发展的总体模式。在此阶段,我们将具体思考城市应该发展哪些薄弱要素来支持知识产业的成长。例如,城市相关产业的支持度不高,下一步显然应该在如何完善支持产业上采取具体行动。需要强调的是,产业行动计划是作为知识型城市战略的一个重要组成部分而加以管理的。

综上所述,知识产业的选择需要城市管理者对城市传统资源优势和未来产业趋势有一个清晰的分析和判断。

4. 构建产业创新生态与创新引擎

一个城市知识产业的发展离不开创新能力,因为,在知识经济时代,城市的成功主要取决于其创新能力(Yigitcanlar,2009),而且,创新能力的强弱在一定程度上直接决定了城市知识产业成长规模的大小。然而,当探讨如何提升城市创新能力来促进城市知识产业和知识经济发展时,我们必须看到,在科技与经济社会互动日趋密切的今天,创新活动的复杂性也在日益增加,创新活动已进入了所谓的"大科学"时代。在这个时代,创新已经不再是某个企业或科研机构的个体行为或者简单的合作,而是"大学、产业企业、政府机构和其他的科学研究中心,都在被整合成单一的系统,旨在服务于先进生活方式的多种多样的需求"(约翰·齐曼,2002)。科学的社会化和社会的科学化不断交融的趋势表明,一个城市的知识产业发展不仅取决于创新要素的产出效能,更依赖于该产业内不同创新主体与创新要素整合形成支持可持续性创新的生态系统,这是思考城市知识产业发展的基础框架。

如本书开篇所述,美国斯坦福大学学者 Nordfors 认为,创新生态系统是一种环境和氛围,即一个由商界、金融界、教育者和监督管理人员组成的"创新系统"以及有益于新老企业创新及蓬勃发展的"社会气候"(Nordfors,2009)。就本质而言,它是指在区域经济社会环境中,多种创新主体围绕技术创新和产业化问题而进行创新要素供给与交换的创新群落。城市创新引擎是指城市中可以激发、产生、培育和促进创新活动的一个复杂系统,包括人员、价值观、流程、互动性、技术工具、物理工具等(Dvir,Pasher,2004)。城市创新引擎的本质在于城市内外部从事知识活动的组织通过网络化和集群化模式连接为一个知识创造和应用的联盟体系。这种联盟既可以通过物理空间相连,也可以通过虚拟的网络进行协作。知识在这些网络中通过创造、传播和应用以实现价值增值,从而构成了城市知识产业发展的驱动力。

不难看出,城市创新引擎与创新生态都是寻求城市各类创新主体的有益联合以促进城市产业创新能力的整体增长。确切地说,良好的创新生态是城市创新引擎构建的基础生境,卓越的城市创新引擎是创新生态的具体建构与表达。从创新生态的视角去构建城市产业创新引擎,是城市知识产业获取可持续发展的动力机制。综合来看,构建城市产业创新引擎的路径要点在于以下几个方面。

(1) 成立卓越的知识实体联盟

知识实体的联盟是城市内外部从事知识活动的知识实体(主要是各类大学和研究中心)形成了基于知识创造与共享的联合组织。在知识型城市发展过程中,卓越的知识实体联盟对城市的知识创造和技术创新能力的促进作用是毋庸置疑的,因为这些知识实体一旦联盟,将会有效促进城市"知识流"的循环,增强知识在生产、传播与应用中所产生的整体效能,并为城市知识型发展专区的构建和生产集群创造基础(Landry,2000)。

如何促进城市形成卓越的知识实体联盟呢? 一个重点在于城市管理者需要对城市现有优势产业和未来产业有清晰的规划与表达,面向城市内外部大学和研究机构,明确提出城市未来知识产业的关键研究需求并进行研究资源的合理布局与调配。当然,这个过程可能会面临许多复杂性问题,比较典型的是,大城市通常都有多种专长、不同类型且彼此独立的高校和科研机构,而且坦率地说,它们在某些研究领域多少存在重叠且"彼此隔绝",表面上看这是一种缺乏合作的现象,实质上则是不同优秀人才的知识缺乏共享的渠道或者不愿意共享,由此导致城市整体的创新能力大打折扣。因此,政府在调整研发资源的同时，可以利用知识专区的构建，推动城市知识研发机构在优势领域实现研发合作与协同研究，特别是在共同研发项目上实现知识交流和协作。事实上，在国际领域，研究界的联合已经十分常见，如剑桥和牛津的合作（Edvinsson，2006）。

当然，营建一个有利于联盟形成的客观环境也是非常重要的，除了合作与竞争的文化环境外，城市知识基础设施的发展同样应该受到重视，这一点已在前面得到充分论述，此处不再重述。

(2) 完善产业创新生态链

"产业合作链"和"技术创新链"是构建创新生态系统两个基本的"创新生态链"，也是知识产业从技术创新到价值实现的微观机制。创新生态系统是由政府、企业、科研及中介机构、横向与纵向配套企业等若干主体和各自供给的创新要素构成的。整合这些不同的创新主体和创新要素，需要依托这两条"创新生态链"："技术创新链"可以整合大学及科研机构、企业研发中心、科技创新中介等主体形成"研发投入-知识发现-技术开发-产品研制"的"知识-技术流"的创新循环；"产业合作链"可以整合原材料供应商、上下游配套产业、市场管理机构、售后服务机构等主体形成"原料采购-零部件生产-产品制造-市场营销-售后管理"的"产品-价值流"的物质循环。之所以称之为流，是因为这两条创新生态链的运行会驱使原材料、信息、技术、资本等物质和非物质的创新要素实现有序流动和转化。这两种"流的运动"或者说"创新生态链"并非平行关系，而会在各自的运行节点发生着新的交互并连接，从而形成创新网络。

对于一座城市而言，发展知识产业需要全面评估本市产业内部两种创新生态链的完备度及存在的"瓶颈"①。在技术创新链的构建上，城市政府需要积极

---

① 详见本章"知识产业的定位与选择"的相关内容。

推动本区域组建产学研联盟和外部的创新合作,同时提供必要的创新服务,包括企业间技术转移的接口和平台构建、科技金融的支持、科技企业孵化器的建设、知识产权的保护制度和交易机制设计等。在产业链的发展上,一方面,需要从全产业链的视角评估本市新兴产业发展的核心要素充裕度、产业链完备度及自身优势,由此制定明晰的产业路线图,进行产业规划与引导;另一方面,鼓励内部投资与外部招商引资相结合,发展产业链中薄弱的配套产业,构建全产业链。

(3) 鼓励核心企业建立开放式创新机制

所谓"开放式创新",是指企业可以有目的地利用内外部知识流来促进自我创新,并扩大创新应用的外部市场(Chesbrough, 2003)。随着科技发展日趋精细化,技术更新速度不断加快,产品生命周期和创新周期也随之不断缩短,然而,组织间"知识外溢"的可能性以及创新的成本与风险却与日俱增,创新资源极其有限的企业想要通过传统的"封闭式创新"维持其竞争优势已经显得捉襟见肘。为此,如图 8.6 所示,企业只有开放边界,善于利用内外部技术库,通过技术并购与技术溢出的方式寻求与其他外部主体协同创新,才可以扩大既有的市场。显然,这种所谓的"开放式创新"是通过许可(Licensing)、众包(Open Sourcing)、众筹(Crowd-sourcing)、联盟(Alliances)等多种方式整合、利用内外创新资源,并通过创新网络构建的一种共生共荣、共同演进的创新生态系统(Oh et al., 2016)。

在国内,这种开放式创新模式正在兴起,例如,北京大学与东莞市共建光电研究院,哈尔滨工业大学与常州市共建高端装备技术研究院,复旦大学与广州市签订战略合作协议,浙江大学等与华源制药成立联合研发中心以及四川长虹挂帅 26 家研究院和企业组建智能电视产业联盟,等等。

在开放式创新机制下,构建城市创新引擎的具体途径在于以产业内核心企业为主导,组建技术创新联盟和产业联盟。一方面,通过技术并购、技术购买和技术互换的形式加快外部技术资源的输入,同时,通过技术转让、技术许可及技术共享的方式扩大外部市场。另一方面,鼓励产业内的核心企业打破企业边界,带动存在核心技术关联的企业群与政府、大学及科研机构、专业咨询公司、科技创新中介、关联企业甚至竞争企业建立彼此开放的创新体系,以获取更高的创新绩效,例如,专业咨询公司提供的产业动向信息和来自客户或供应商的市场需求信息可以有效降低封闭式创新的盲目性与滞后性。当然,在开放式创新体系的参与者之间,构建有效的利益分享和风险分担机制是需要考虑的。

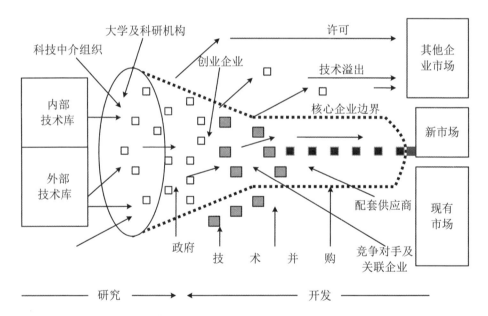

图 8.6 改进的开放式城市创新机制

资料来源:Chesbrough H W, 2003. Open Innovation: The New Imperative for Creating and Profiting from Technology [M]. Boston M A: Harvard Business School Press.

8.2.4 知识经济发展可能面临的困境

1. 外部资源短缺的反思

应当承认,并不是所有城市的知识型发展道路都是一帆风顺的,不同城市在发展过程中或多或少会遇到一些挑战,其中一个问题可能是面临外部资源的短缺,表现为外部投资和人才流入乏力,这将会直接导致获取用于支持知识产业发展的资源十分困难。在这种情况下,城市政府应该认真评估本市现实的优势和潜在的有形与无形资产,包括区位生态、潜在资源、历史文化和政策机遇,如国际赛事活动的举办和城市纳入国家功能区规划等。这些优势与资产也许不能为传统产业带来更多益处,但可能会为知识型产业发展创造新的资源和机会。此外,通过前面所述的"虚拟共享"的方式获取外部人才资源也是一个值得思考的途径,尤其在城市竞争尤为激烈的今天。

2. 传统产业可能面临的困境

相关研究显示,很多城市在知识型发展过程中都面临传统产业难以转型的困境,尤其在资源型城市中的表现更为突出。这种困境源于多种原因,也许是因为新型替代产业的出现所造成的"创造性毁灭",抑或产业效益退化而"难以为继",抑或因为不可再生资源的"枯竭不复"。但是,无可否认,城市的产业转型将意味着新资源的开发和新知识技术的转向。较传统产业而言,知识型产业的一个显著特征就是增加知识、信息、技术等无形要素在经济投入中的比重,使这些无形要素对经济的贡献率起到主要作用。由此而言,当传统产业面临困境的时候,也许正是城市管理者思考能否在传统产业中增加或植入新知识和新技术使其重新焕发生机或者开始新产业培育的时刻。在某种程度上,传统产业在新知识基础之上的"再生"也会带动新产业的出现,例如,转基因技术可以给传统农业带来"知识型发展"转型的条件。

无论是新知识技术应用到传统行业以实现产业知识型发展转型,还是依托自身技术独立发展为一种全新产业,传统产业并不会很快自我消亡,只是它们在经济总量中的比重会随着城市知识产业的增长而逐渐减少。国内外不少"资源枯竭"城市的成功转型案例已经让人看到了突围传统产业困境的希望,例如,曾经以矿产资源开发为支柱产业的德国鲁尔工业区与美国的休斯敦已经通过"矿山复垦"等计划重新挖掘地区的区位优势和生态价值,重新营造的优质环境受到了产业投资者的青睐并成功实现了金融和航空航天等知识产业的崛起。在国内,曾经的"煤炭之都"安徽省淮南市也积极利用废弃的矿山坑地资源发展生态农业并取得了不错的业绩。总之,无论何种情况,城市均需要寻找一种新的资源去促进传统非知识产业向知识产业转型或是培育新知识产业。

言归正传,当城市传统产业看似成为知识型发展的一种"障碍"的时候,可能需要我们静心思考这种产业是否存在"因知识再植入而复兴"的可能。对积累已久的城市资源与优势是舍弃、维持还是二次开发的决策固然异常艰难,但对当前"同质化竞争"日益严重的城市而言,"适时而变"也许更能适应知识经济时代的潮流。

3. 产业结构多元化的利弊

在一定程度上,这个问题也许是上述问题的延伸和拓展。一直以来,一个不可否认的事实是,城市产业基础对知识经济的发展具有深刻影响。经历过1997年的"亚洲金融风暴"的东南亚国家对此也许会有更加深刻的体会。这次危机充分暴露了传统"三来一补"的产业基础所隐藏的巨大风险,让很多国家警醒并加快了自主创新和经济转型的步伐,其中包括今天已经在新经济上成就卓著的韩国和新加坡等国家。2008年爆发的"金融危机"和后续的"欧债危机"同样让欧美国家认真反思实体产业的存在价值并着手谋划新一轮的知识产业变革。那么，究竟什么样的产业基础会使得风险防御能力更强或者说获得发展机会更多呢？尽管有研究指出，多样化的产业结构会更有利于城市获取更多发展的机会，而单一的产业结构会大大降低抵御风险的能力，但是，我们仍需要结合自身的城市现实状况来辩证地看待这一问题。

4. 突破产业发展的误区

诚然，按照"经济是城市发展的根本动力"的论断，可以肯定地说，知识产业的兴衰将会直接决定城市知识型发展能否拥有光明的未来。换言之，城市在知识型发展过程中必须将经济重心投向知识产业，但是，这并不意味着要完全抛弃传统产业，这是一个需要指出的产业发展误区。

现实的情况是，城市在产业转型或升级过程中需要综合考虑转型对不同利益群体造成的影响，例如企业市场份额的缩小、信贷发展资金的紧缩、就业机会的锐减甚至丧失等，这可能会导致部分依靠劳动力谋生的群体陷入失业而很难重新就业的困境。以中国台湾东部地区为例，尽管城市政府一直致力于效益低下的传统槟榔种植业向新型产业转型发展，但是，由于槟榔种植业是维系当地中低收入群体的主要经济命脉，政府只能采取既不鼓励也不禁止的政策。这个事例表明，城市政府在寻求新兴产业转型过程中，既要重点支持知识产业的发展，也要处理好产业转型可能对社会不同群体造成的冲击与不利影响，防控转型导致部分群体失业和传统企业陷入更为严重的困境。

因此，城市管理者需要积极创造新的就业机会和投资空间，促使传统产业投资者主动投向新兴产业，以"主动转型"替代"被动转型"，在更大范围内获得社会对知识型发展的感知与理解，使经济发展更具包容性和分享性，同时，因部分群体的生计暂时留存转型困难的产业也是无可厚非的惠民之举。

8.3 知识网络与知识管理

当今社会,知识已经被商业界视为最宝贵的资产,如何有效管理知识已经成为企业竞争的重要战略。作为一种应用策略,知识管理理念已经从商业领域拓展到更宽泛的领域,尤其在当今大数据时代,知识管理的重要性及其价值正在激发更多的组织积极实施组建知识管理网络,并成立专门的机构完成知识管理任务。知识型城市的发展同样显示了知识管理和城市运营体系之间的连接已经产生,在城市不同知识实体之间推广和嵌入知识网络并导入知识管理流程已经成为知识型城市发展的一种必要任务。推广知识网络并启用知识管理程序的最终目的在于为产业聚集和创新联盟提供更好的管理平台,为市民提供便捷化的数字服务,为城市善治提供更加有效的工具性平台。

8.3.1 知识为何需要管理

知识本身具有哲学、经济学、社会学、心理学和管理学上的多维解读。知识可以被定义为解决问题或者决策的经过整理的易于理解和结构化的信息,也可以理解为社会行动能力的表征,即一种行为能力的提升(汤书昆,2007)。

知识管理(Knowledge Management,KM)可以理解为组织显性知识的系统管理和隐性知识的创新开发。在商业界,知识管理有时会被理解为从企业无形资产中创造价值的行为。但确切地说,知识管理就是在正确的时间以正确的方式向正确的人提供正确知识的一种战略(Wiig,1997)。

今天,一个显著的变化就是更多的创新与创造已经不再属于某一个体的"智慧或灵感",而更多地属于知识网络群体的智力交汇与合作的"结晶"。在这个过程中,知识创造主体已经从分散于社会各个角落的知识个体或企业演变为遍布全球不同网络节点的知识工作者所结成的团队,这是从事知识生产、传播、获取和应用的一种新的网络形式,并且它已经对传统的封闭式的知识管理模式造成了巨大冲击,并迫使其做出相应的变革与调整,例如,知识网络的出现从根本上扭转了彼此时空隔绝的工作状态。值得注意的是,随着现代信息和通信技术的发展,以相对低廉的成本和便捷的手持设备完成对知识的搜索、获取、传播、创造与共享已经成为一种新常态。在现实生活中,我们同样可以看到,知识工作已不再是少数精英的专业活动,而是普通大众的生活需求。从创客、极客群体的出现到个人微博分享与传播的行为,我们无不对此有深刻的体会。

不可否认的是,随着城市各类知识实体内部的知识总量的增加,有效管理这些知识对城市管理而言已经变得十分迫切。我们不难发现,知识型城市的知识管理不仅在于能够更好地将编纂的显性知识条理化并使其增值,更在于在知识活动中不断发掘分散在城市不同知识实体内部的隐性知识并使其显性化。这其中包括企业间的生产知识(技术诀窍)、市民的生活知识(民间创意与发明)、政府的治理知识(治理经验)等。如果不同知识实体能够顺利导入知识管理流程并使不同领域的知识得到有效编纂和规范化,那么,不同群体之间所需的知识就有可能得到有效连接与共享,从而促使分散在城市各个角落的知识在隐性化与显性化的系列转化中实现外溢与增值[1]。正如管

---

[1] Ikujiro Nonaka 认为知识管理包括 SECI 四大流程:隐性到隐性(社会化过程,简记为 S)、隐性到显性(外部化过程,简记为 E)、显性到显性(组合过程,简记为 C)和显性到隐性(内化过程,简记为 I)。Frappuolo 也认为知识管理应当有外部化(获取知识)、内部化(组织知识)、中介化(知识工具)和认知化(知识应用)四个功能单元。

理学家彼得·德鲁克阐述的那样,知识社会的知识必须以高度专业化的生产应用满足新要求。

综合而言,知识管理的目标在于创新,即运用集体的智慧,提高应变和创新的能力(黄顺基,1998)。在城市发展过程中,地方政府同样需要知识管理来处理日益增加的发展复杂性和不确定性问题。来自印度、南非、巴西和秘鲁等国家的城市案例研究表明,城市推行知识管理的价值在于:第一,促进城市发展知识管理数字化;第二,构建社会空间知识的行动者网络;第三,在政府决策过程中嵌入知识管理;第四,提升工作效率和公民互动(Baud et al.,2014)。

8.3.2 城市知识网络的构建

知识管理的关键是能够实现知识的顺畅流动,因为,知识只能在知识劳动者之间通过社会性协作过程中的操作与相互间的沟通交流,在分享彼此的知识和相互构筑彼此的思想的基础上才得以产生(黄顺基,1998),因此,完善的城市知识网络对于不同的知识管理活动的作用是不言而喻的。这种知识网络包括正式与非正式、虚拟与实体、组织内部与组织间等多种类别。它们是知识协同创造与分享的平台。

所谓正式的知识网络是指城市各种知识实体内部与知识实体之间的常规化和相对正式的知识互动网络,如政府的电子政务平台,非正式的知识网络是指临时组建、不具有长期运营的知识网,如为了应对危机而组成的临时专家智囊团网络等;所谓虚拟网络主要是指借助互联网而形成的各种虚拟知识管理网络,而实体网络正好相反;所谓组织内部网络是指城市知识实体内部的知识网络,组织外部网络则是不同知识实体之间的协同网络,如城市间的联盟网络、企业创新联盟网络、高校联盟网络等。在城市知识型发展过程中,城市管理者应该积极进行知识网络的合理整合与规划,积极拓展城市知识网络的种类。此外,鼓励和推动不同知识实体构建自身的知识网络、知识库和知识地图以及知识分享路径是至关重要的,它可以使网络内外部成员迅速检索、交易和传送所需的知识。

现实中,我们看到,维基百科、百度知道等网站平台以及个人的"朋友圈"已经成为广大网民获取知识与信息、分享观点与看法的重要渠道。同样,一篇"微博热文"或"热点新闻"可以瞬间通过各种媒体进行快速传播,并引起全球网民的集体"围观讨论"。事实上,以前我们曾为每天接触知识的渠道太少而抱怨,今天却为信息爆炸时代无法有效管理自我信息而感到困惑与担忧。大量"鱼目混珠"式的信息充斥着我们每天的工作与生活,如果缺乏有效的知识、信息、时间等方面的管理,足以让人疲惫不堪、毫无效率,流于知识碎片化或陷入"娱乐至死"的境地。无论是组织还是个人,诸多现实足以让我们感到知识网络快速发展的背后,亟须构建有效的知识管理系统,只有在海量的大数据背后善于管理好知识与信息,才能更好地拥抱这个智慧化的时代。

8.3.3 知识管理系统的推广

知识只有得到正确的管理才可以发挥最大的价值。在完备的知识网络基础上,需要在不同知识实体内部推广、植入和开启知识管理流程以实现城市的知识管理。简单地说,就是要使知识在这些不同的知识网络中通畅地流动,发挥不同级别和不同规模的知识实体在知识获取、知识创造、知识传播、知识分享与知识存储上的功能,并形成各具特色的知识库。为此,城市管理者需要通过定点推广、先行示范、配套激励等措施发展知识网络平台,围绕知识价值链向其他组织推介知识管理流程,最终推动不同知识实体自发构建各自的知识生产、交流、共享与服务的知识管理体系。在不同知识实体建立起各自的知识管理流程之后,城市管理者也可以进一步在更高层次集成这些分散的知识网络形成导航地图,促进城市拥有分布合理、互联共享的庞大知识资源库。具体路径在于:

首先,在城市大型企业和知识型企业,如城市的高校和高新技术企业等内部进行知识管理流程建设的试点。以试点产生示范效应,进而带动企业自发进行知识管理流程建设,促进更多企业构建特色的知识网络并预留外部集成的接口。关于这一点,我们可以从过去国内企业门户网站建设的历史经验中得到验证。

其次,城市管理者应当积极将知识管理流程引入公共部门,鼓励知识分享。Martini曾对印度尼西亚的万隆的知识分享方式进行了案例研究,并指出,知识分享是创意城市发展的重要动力,政府、学术团体和知识社区是促进知识分享的重要主体,这些主体通过各种传统媒介、网络新媒体与民众进行对话和交流,可以有效提升市民的知识应用能力,为城市很多领域的治理提供创意方案(Martini, 2016)。因此,笔者强调的政府知识管理系统的建设,除了内部政务网络的知识管理之外,还需要发展公共服务领域的知识管理体系,通过发展各种公共服务的网络平台引导城市利益相关者应用政府知识管理系统。

我们看到,当前不少城市政府正在通过政务在线、城市公共交通集中管理系统等平台提供相关便民服务,这是一个很好的开端。此外,类似Facebook、YouTube、Twitter、博客、分享网站以及其他社交媒介不仅成为了社会公众获取信息和沟通的重要渠道,也在政府处理公共事务中发挥了重要的作用(Mergel, 2013),包括纳税、更新驾照、身份证跨域办理等诸多事务已经可以通过各种在线或移动服务平台实时办理。尽管这些都不是严格意义上的知识管理,但是,它已经让人看到城市政府与市民、社会之间的知识互动非常必要且极有意义。本书认为,随着大数据管理技术的不断成熟,在不久的将来,各种组织必将建设更为专业的知识管理系统和电子服务网络。

最后，以更加审慎的态度关注知识产权与知识网络的安全问题。一是随着虚拟知识网络的产生与发展，不可避免的风险是含有知识产权的知识创意或技术产品存在"泄密"或"被盗用"的可能。对于这个问题，我们从当前互联网广泛存在免费下载具有知识版权保护的盗版软件或解码电影中可见一斑。二是互联网病毒的威胁依然存在。特别是，2017年爆发的全球勒索病毒也为全球的知识信息保护问题再次敲响了警钟。三是公众个人隐私被劫取和泄密、在网络蓄意散布虚假信息等问题难以根治。总而言之，城市管理者在知识型城市发展过程中，需要针对网络安全和知识产权保护问题制定更加有效的管控措施。

需要补充的是，在知识型城市发展过程中，城市知识网络资源及其应用能力不均衡可能会引发"数字鸿沟"问题。如前面所述，促进城市市民成为知识型市民，拥有最基本的知识获取和应用能力是非常关键的，否则他们极有可能被排斥在"智慧生活"之外。本书认为，防范和解决这一问题，城市除了低成本地供给宽带接入等数字基础设施之外，从教育上提升公民的信息和通信技术素养以及应用技能，无论是对当前市民还是对未来新生代市民都具有重要价值。

8.4 发展专区与创新文化

8.4.1 建立城市知识型发展示范专区

知识型发展专区是知识活动的专属空间，如知识专区、知识走廊、知识部落、知识区域等(Dvir, Pasher, 2004)。有研究表明，构建知识型发展专区的根本目的在于，方便不同知识实体更广泛和低成本的知识交易活动，创造开放协同的活动空间，促进知识产业的集群发展。事实上，在过去几十年内，建设知识型发展专区已成为全球城市经济发展的重要举措之一，但是，本书所指的发展专区更加强调专区知识生产与生活的综合功能，它不仅是 R&D 的集群区域、创新创意集中区和高科技产品的制造基地，而且也是知识工作者群体工作、生活的理想集成区域。类似于城市新区，除了拥有繁荣的经济之外，这些专区还能够为其居民和就业人员提供优质的生活和居所，使他们能够有多种生活方式的选择。

在知识型发展专区上，一个典型的例子就是澳大利亚的布里斯班市。该市在知识型城市发展过程中就曾依托昆士兰科技大学，在其周边一个名为"开尔文格罗夫"的城中村中开发出一个充满活力的知识型发展专区。该区成功利用周边大学的研究来获得创意产业、健康和生物产业的蓬勃发展。类似的专区同样出现在该市南部的格里菲斯大学附近的戈莱沃特山研究园和布里斯班科技园。基于阳光海岸大学和格里菲斯大学而发展的黄金海岸已经带来了新兴的产业集群，而且，欣欣向荣的信息技术和休闲娱乐产业已经吸引了大批知识工作者纷至沓来并定居于此（Yigitcanlar，Velibeyoglu，2008）。此外，马来西亚吉隆坡市早在 1993 年就推出了"2020 年远景规划"，旨在通过宽松的货币政策及免税措施打造一个新媒体产业的超级走廊，吸引世界一流的新媒体企业进入该区，希望发展成为一个大 ICT 产业的现代自由港（Edvinsson，2006）。

如何构建知识型发展专区呢？首先，城市管理者需要进行精心合理的选址与规划，尽可能在城市现有知识密集型区域（如高校和科研院所密集的市区、大型企业和先进制造业的工业园区）发展专区，作为城市知识型发展的试点和先行区域。广泛的专区发展政策除了在财政税收上实施特惠之外，开发和采用先进的知识基础设施，提高知识专区的生活居住、交际交流与休闲娱乐功能是值得强调的。其次,开展知识型发展专区的外部传播与营销,吸引外部人才、投资和知识型企业进入专区发展。最后,广泛吸引社会资本或国际资本进入知识专区并设置专区发展基金。这可以使政府对城市未来知识型产业的调控更具有灵活性,例如,它可以有效增强对知识型企业在创业阶段的资金援助,对于中小或小微型企业来说,这种资本支持也许是最为迫切的。

需要指出的是,所有的专区发展行为应该有明确的产业导向。政策不仅仅为了吸引知识产业,更重要的是为城市的未来发展创造更多的机会。也就是说,知识型专区的发展要面向未来知识型产业之间存在的垂直关联、水平关联和互补关联来提出尚未开发的市场和机会。此外,知识型发展专区并不是一个永远不变的空间形态,设立专区在于构建知识型城市发展的试点先行区域,并以此为基础,通过发展来逐步向整个市区拓展和渗透,以形成更加广泛的知识型区域,促进城市成为知识型城市。

8.4.2 鼓励创新与包容试错的文化

文化是一种受人信仰的精神,也是一种可以感知的制度和行为。为什么要强调鼓励创新和包容试错的文化?这是因为,这种文化是吸引外部投资和人才流入的一种关键的文化生态和创新土壤,对提升城市创新能力,促进传统产业向知识型产业转型起着潜移默化的作用。事实上,全球许多国家和地区为了激发本地创新活动,都在致力于卓越研究基地和创新文化氛围的建设,如创新能力全球位居领先位置的芬兰、瑞典、德国和韩国,等等。本书认为,一个城市构建鼓励创新与包容试错的文化可从以下几个方面做出努力:

第一,可以通过政策设计、项目引导和相关激励措施来支持创新活动的发生,通过各种媒介传播创新创业精神。例如,城市政府可以组织创新成果展活动,公开表达城市经过慎重选择的知识产业发展蓝图,组织外部知识型企业来本市考察和实施高端人才支持计划,设立市政府创新激励基金来支持社会创新创业行为,等等。

第二,通过税收优惠与财政支持、设立政府创新奖、举办创新科技赛事和交易博览会等活动,让社会感知创新创业活动在城市受到的礼遇。特别是中小型企业、高校大学生群体的创新活动更应该得到扶持、表彰和奖励。不仅要表彰创新成功者,更要宽容创新失败者,激励创新坚持者。政府支持创新创业政策需要在基础研究和应用研究中保持适度的平衡,特别是财政引导资金的分配能够优先用于城市知识产业的培育和关键技术的研发支持上。

第三,城市管理者的公开示范行动对城市创新文化构建具有重要作用。韩国政府对高新技术产业的扶持就是很好的例证。当年,韩国政府推动高新技术发展一个颇具成效的做法是,通过出台《振兴国家科技法》《科学技术促进法》《政府采购的合同法》来推动各级政府加大本国高新技术产品的采购力度,这一举措对韩国的现代、三星等企业的成长与繁荣起到了积极的推动作用。

第四,发展城市知识交易平台,促进更为广泛和分散的创新创业活动能够快速商业化,发展分享式经济。鼓励城市知识实体从事城市的开放式知识数据库建设,在商业实践中嵌入知识管理技术,构建知识交易平台,为技术研发需求方和创新创意能力供给方创造交易空间。当前在网络交易平台上出现了C2C、B2B、C2B的创意技术和产品交易就是一个很好的趋势。建设城市创新文化之所以强调知识交易平台建设,是因为发达的知识交易平台能够更好地对接创新成果的供需交易,促进成果的应用转化。只有激发社会自主进行创新创业活动,城市创新文化才有可持续的根基。

本章小结

在城市转型发展过程中,我们的行为总是受目标而驱动的。知识对城市体现出一种"复兴"价值时,便成为一种重要资源支持城市知识型发展。有些城市已经具备知识基础或创新氛围,但知识尚未成为这些城市发展的核心要素,这类城市可以将知识型城市作为一种城市战略目标而努力。有些城市知识型发展的氛围并不浓厚,但知识产业已经欣欣向荣,这类城市可以将知识经济作为城市知识型发展的驱动力。

因此,我们究竟应该如何行动仍然取决于城市自身的实际情况,但是,无论如何,改善城市环境与生活品质、发展知识经济、推行知识管理和建设创新文化是城市知识型发展的四大关键领域。

第 9 章
城市知识型发展的政府职能

发展知识型城市是城市政府有目的、有计划的战略行为。在知识型城市发展过程中，政府所扮演的功能角色不同会直接影响知识型城市战略的实施进度与发展成效。强有力的政府治理能力是不可或缺的。在 Yigitcanlar 看来，这是制度发展的需要。他曾说过，制度发展关键在于政府的治理，其目的是使知识民主化和人性化，促进各种知识型组织学习制度化，激发更多的行为主体、利益攸关方和公民一起对城市愿景进行战略性规划，组织实施和采取必要行动发展知识基础设施和知识密集型活动（Yigitcanlar，2011）。那么，在知识型城市战略下，政府需要扮演怎样的角色，又应该发挥怎样的功能呢？结合国内外学者的研究，本章将从城市经营、公共战略与社会发展三重视角加以探讨。

9.1 政府职能定位的三重视角

9.1.1 城市经营视角下的政府职能

城市经营或者城市经营规划的理念源于城市经济问题、环境问题、交通问题、城市生态与可持续发展问题的对策研究,聚焦于空间布局规划、城市品牌塑造与城市形象推广等领域。事实上,早在20世纪之初,国外研究人员就对城市经营问题进行了长周期的探究[①]。国内长期从事城市发展与城市生态经济研究的学者朱铁臻先生在其著作《城市发展战略和经营》中明确阐述了"城市经营"的理念。当前,一个重要的趋势是,城市经营活动需要城市政府对城市的管理逐步走向系统化和服务化,重点在于为城市产业和市民构建一种有利于创新发展的环境,而且,判断政府构建的创新生态环境优劣的一个标准是相关政策和服务提供是否实现了制度化,也就是对创新环境稳定性水平做出评价(苏英亮,2017)。

知识型城市尽管没有排斥与脱离现实的城市形态,但它是作为一种新型城市发展战略而出现的,本质在于构建城市创新生态系统,实现城市可持续发展。从城市经营视角而言,知识型城市的发展需要城市政府发挥"掌舵者而非划桨者"的功能,能够把各种目标与城市战略相结合,平衡城市发展的各个子系统的关系,思考城市未来的知识创新区、知识共享网络、知识产业聚集以及智慧化公共服务的整体布局与规划,建设宜居性城市生活环境,为城市创新活动做好基础性服务,从宏观系统的角度把握城市的发展方向和未来演化趋势。

9.1.2 公共战略视角下的政府职能

作为一种新理论范式,公共部门战略理论是新公共管理理论的一个重要组

---

① 20世纪70年代,环境污染和城市拥挤带来的"城市病"大量出现后,"逆城市化运动"(Counter Urbanization)这种思潮和实践随后风靡欧洲发达国家。20世纪90年代以后,随着全球环保运动兴起,如何"建设生态健康城市"和"发展可持续性城市"成为研究新焦点,知识型城市模式应运而生。

成部分,并受到了私人部门(工商企业)战略管理实践的深刻影响①。伊萨克·亨利(Isaac Henry)在《公共服务中的战略管理》一文中认为,虽然人们对"公共战略"概念的界定和解释不同,但"战略"本质上是指管理者和组织者通过思考、计划和做出战略性决策的意图。随着社会的发展,公民公共服务需求日趋多样化和精细化,网络问政形成了强大的"网络民意",加强了社会对政府的问责和监督。与此同时,外部城市的竞争已经拓展到城市发展的各个领域,长期性资源竞争尤为激烈。在这种情况下,传统政府只考虑城市内部和短期目标的取向已完全不适应时代的需要,迫切需要城市政府加强内外部环境的动态扫描并采取战略性回应。具有外部取向和未来导向特征的战略管理恰恰能满足公共部门的新需求。

如果没有一个明晰的战略愿景为指导,任何企图发展知识型城市的努力注定是要失败的。以公共战略的视角观察城市政府在城市知识型发展中的功能,我们基本可以厘清的是:一方面,知识城市建设是一个系统的工程,涉及城市建设规划子系统、城市基础设施子系统、制度文化子系统、科教机构子系统、支柱性产业子系统和知识型人才子系统,每个子系统又由诸多要素构成(纪慧生,

---

① 自20世纪70年代初起,特别是自1973年的第一次石油危机过后,所有西方发达国家无一例外地出现了经济停滞、高失业和高通货膨胀并存的滞胀现象,滞胀使政府陷入严重财政危机,人们对政府的信心受挫,对于政府所面临的一系列社会和政治问题,传统的公共行政学根本无能为力。随着20世纪80年代"新公共管理运动"的开展,以重塑政府和管理主义回归为导向的政府改革迅速席卷了欧美发达国家。尽管各国政府改革的起因、议程、战略、范围和力度等不尽相同,但都具有一个相同或相似的基本取向,这就是师法企业,采用私营部门成熟的管理理论与技术提高公共管理水平,其中一些来自工商管理领域的学者从战略管理理论出发,试图将企业战略管理理论应用于公共部门;同时一些公共行政学者、公共政策学者也开始认识到战略管理理论对公共管理研究的重要意义,并着手构建公共部门战略管理理论。正是来自于上述力量的推动,公共部门战略管理于20世纪80年代初在新公共管理的浪潮中诞生。

2015)。建设知识型城市需要通过有目的性的公共战略发展各子系统并处理好它们之间的关系。另一方面,公共部门战略实施涉及利益相关者管理、组织职能结构管理和资源管理三类活动。城市政府作为知识型城市战略管理者,其管理同样会涉及战略动员、战略分析、战略资源准备、战略实施和战略控制等活动。城市政府需要成为知识型城市战略愿景的"阐释者"、城市知识型发展理念的"传播者"、知识型城市战略过程的"调控者"、城市知识型发展路径的"设计者"。

9.1.3 社会发展视角下的政府职能

作为社会的一部分,城市的发展必然带动社会的发展,城市战略的过程同样也是社会发展的过程。这里的社会发展既指城市主体如何更好地参与城市的社会治理过程,又包含如何使社会共享城市发展的利益更加均衡化。20世纪80年代,美国学者萨瓦斯在他的经典著作《民营化与公司部门的伙伴关系》中系统、深刻地阐述了民营化思想,对城市的社会发展观念产生了重要影响,它成功打破了传统政府治理的误区,即长期忽视服务提供和服务生产之间的区别,进而错误地认为如果政府放弃服务生产者的功能就会自然放弃服务提供者的角色。萨瓦斯认为政府最重要的事务不是如何做好公共物品的生产,而是如何通过社会化使政府服务更有效。可以说,城市管治模式的变革可以带来社会发展的变化,城市多元主体参与社会发展行动并共享发展成果将促进城市社会利益创造和分配机制更具包容性,避免在城市战略过程中社会发展陷入停滞不前的危险。

城市发展需要市场的力量,然而,政府的引导与控制同样至关重要。政府不应该在公共服务市场化和民营化改革中丢失全部应有的公共服务责任。曾有研究指出,在信息社会,信息和通信技术的使用能力被视为经济增长的关键,而技术的使用又取决于公民获取这种技术的能力,最终取决于政府对研究与发展的投资和对信息通信技术部门的重视程度,这是政府的责任(Navarro et al.,2017)。

从社会发展角度而言,城市政府在城市知识型发展过程中应该成为城市知识型发展政策的"制定者"、城市知识型发展利益的"调配者"和城市知识型发展行动的"社会动员者"。公共政策是一种执政资源和工具,是政府城市管理的一只"看得见的手",它能够以法令、措施、条例、计划、方案、规划等形式去支持城市知识型发展的总体战略。同时,知识型城市战略是一个社会资源和社会利益得到发展和重新调配的过程,任何政府在分配社会资源或利益时,总是要解决向谁分配、怎样分配等问题,正确调解各种利益群体的矛盾,使各种利益矛盾在调和中得到平衡,各种冲突张力得到释放,动员社会力量参与城市知识型发展,这些是政府需要发挥积极作用的领域。

9.2 城市知识型发展的战略管理

明确一致的政治意志和社会意愿是一切知识型城市发展行为的开始。无论何种知识型城市发展模式,城市政府及其市民对知识型城市有强烈的发展期望是发展的主观条件①。承认这一点非常重要,因为只有城市内部达成了知识型城市发展方向上的共识,才会提升社会意愿的一致性和参与行为的自觉性,这与当今全球性环境污染促进各国形成"低碳发展"的共识是同样的道理。城

---

① 详见本书第3章关于城市知识型发展的典型模式研究。

市政府在知识型城市战略推行前,需要将这种城市新愿景的现实意义与未来价值清晰地传递给社会,并在社会中形成强有力的支持氛围,这将会使后期的知识型城市发展行动变得更加顺利。

当然,一个城市的知识型城市战略意愿的形成离不开上级政府和下级政府的明确支持,而且,城市管理者与城市其他社会主体之间形成一个积极的伙伴关系是知识型城市发展行动的基础,所以,这种变革的社会意愿需要通过一定的行动转化为政治意志,并且,这种政治意志需要通过一定的途径取得城市管理者统一的认知与推动。

9.2.1 成立知识型发展战略实施机构

城市政府在知识型城市发展过程中具有主导作用。对于任何期望知识型发展的城市而言,首先需要设立知识型城市发展战略的专门管理机构。例如,西班牙的巴塞罗那市早在1999年就任命了首席知识官(CKO),后期又设立了首席创新官(CIO),以负责城市知识型发展行动(Edvinsson,2006)。这个专门的组织机构全面主导知识型城市战略管理,负责组织管理城市知识型发展的一切行动,其中包括对知识型城市发展做出明确的战略愿景规划、制定阶段性目标和行动方案等。同时,这个专业机构需要强化政府与社会以及城市的外部联系,向市民传播知识型城市理念并以社会可感知的方式获得社会公众的认可。在具体机构设置上,需要注意以下几点要求:

第一,这个组织机构可以由所有可能的行动者和利益相关者的代表平等地参与其中,也可以由城市政府成立责任机构,并通过多种渠道与社会不同主体保持密切的磋商和必要的协调。在知识型城市战略执行的各阶段,各参与主体不应该仅限于表达他们的意见、看法和需求,而应包括在整个发展过程中保持行动上有效协作。例如,他们可以参与对城市现状和发展能力的诊断,解决环境不确定性和突发的困境,提炼独特的历史渊源和城市文化,参与知识型城市建设项目的阶段性绩效评估等活动。

第二,这个组织机构是城市管理者一种持续的官方承诺与部署。也就是说,其发展及职能履行需要保持一定的连贯性和持续性,不因领导更迭而偏废。市民期望他们的政府作为知识型城市决策者,通过发展促进城市公共利益持续增长。

第三,城市知识型组织是官方组织机构的重要支持者,应该鼓励这些组织参与各种知识型城市发展活动,如城市产业项目的设计和实施、相关技术合作研究与知识共享,吸引和保留知识型人才进入城市、城市产业布局与方向的论证以及知识型城市发展理念的推广等(Ergazakis et al., 2006b)。荷兰埃因霍温市在知识型战略中就有许多社会组织参与了城市战略的设计与实施工作。

需要强调的是,分散在城市知识产业内部的优秀人才应当受到重视并尽可能参与到城市知识型发展战略设计过程中,因为他们的支持无论是对知识型城市理念的推广、外部人才的引荐,还是对城市知识经济的发展都是重要的。

9.2.2 组织开展愿景探讨与社会化传播

客观地说,在知识型发展理念社会接受度较差的情况下,任何城市的知识型发展战略都可能面临困难。学者 Amidon 的研究表明,有些城市政府将知识型城市的发展理解为某些特定领域的发展,如科学技术的追求或文化资本的积累,这种结果往往会导致社会缺乏吸引力(Amidon, 2005)。因此,不仅需要在广大市民中,更需要在城市政府内部、城市商界群体、高校科研机构中开展知识型城市愿景探讨与公共传播,让他们了解什么是知识型城市以及他们将如何从中获益,这样有利于在社会中形成对知识型城市发展的正向支持氛围。综合国

外实践,其行动路径在于:

(1) 城市政府需要以"公民顾客观"去向社会传达城市知识型发展的必要性和为社会带来的福祉,并尽可能形成通俗易懂的书面化战略愿景,以便于传播。在这方面,知识型城市发展的官方组织机构可以组织城市不同主体进行专题讨论活动,如对话访谈、论坛交流、民意调查等。这些活动的目的在于探讨城市的知识型发展定位。通过交流与传播,知识型城市愿景和战略计划在社会上具有较高的接受性。

(2) 建立能广泛吸纳市民参与的理念推广平台或渠道,通过有计划的传播方案对知识型城市理念进行社会推广。除了公开制作宣传册实施宣传和借助传统媒体进行推广活动之外,利用新媒体开展相关探讨活动也是值得推荐的路径。事实上,这一做法已有先例而且市民参与积极性非常高,如江西省九江市电视台举办的《城市发展市民对话》节目,合肥市有关环境污染处理的电视问政活动等。这些活动有利于政府感知民意,同时极大地激发市民参与城市发展治理的热情。

(3) 设立知识型城市发展的官方专题网站或专栏,提高信息公开的透明度。一方面,专题网站具有完善的电子政务功能,使得市民更容易获得知识型城市发展的相关政策和信息,回应市民的信息需求和参与知识型城市活动的愿望;另一方面,专题网站可以为市民提供一个必要的交互空间,构建虚拟的参政平台。它既可以成为协调不同发展主体行动的一个平台,也是获取有价值的意见与建议的通道。

9.2.3 制订详细的战略行动计划

在愿景探讨的过程中,城市管理者需要通过有效的评估方法来确定城市面向知识型城市发展的优势与不足,进而确立知识型城市发展的战略方向并制订详细的行动计划。该行动计划应尽可能以官方政策文件的形式出现,而且每年由当地政府批准,并由上述专业机构负责实施。考虑到发展项目数量众多,该计划应当包括城市明晰的知识型城市战略周期、各阶段战略任务与优先秩序、具体项目实施责任机构与任务目标。而且,每个项目和行动都必须是经过深思熟虑的设计和精心准备的。为了适应知识型城市发展的需要,城市政府制定相关发展政策和政府自身的再造计划也必须纳入战略范畴,例如,政府内部如何嵌入知识管理流程、如何实行开放和自由流动的政策以促进外部知识产业和知识型人才的流入等。

9.2.4 建立必要的财政与投资保障

知识型城市发展是一个系统工程,除了城市知识基础设施的建设之外,城市知识创新区的建设是一个耗资巨大的工程,因此,城市管理者在每一个具体行动计划实施之前,必须有充足的预算和筹资计划以满足项目对资金的需求。出于这个原因,城市政府首先需要建立长期的专项财政预算,并积极通过其他渠道获取外部资金的投入,如私人投资和风险资本。

Ergazakis 等人曾研究指出,社会资本或风险资本的充分参与对知识型城市发展具有重要的促进作用,特别是对中小型、小微型城市的成长非常必要①(Ergazakis et al.,2004)。这意味着,地方政府需要提供一定的激励与惠顾政

---

① 风险投资基金是支持城市中小型或小微型企业和个体进行高科技创新创业的主要资金来源,其本身是一种无担保、高风险的投资。20 世纪以来,风险投资基金已经成为美国信息科技产业的重要资金源,它支撑了微软和戴尔等公司的高速增长。

策,以获得本土企业家和外来投资者的青睐。因为他们的投资既可以促进本市知识经济的增长,又可以使政府获取更多的税收以支持城市公共物品的供给,充裕的资金保障是知识型城市发展中需要重点考虑的问题。

9.3 城市知识型发展的行动者网络

知识型城市战略的倡议和行动应得到整个社会的积极支持和参与,这是本书多次重申的观点。全球知识型城市的发展路径研究表明,来自于公共部门、私营部门以及社会公众的协同合作是城市知识型发展的行动方式。换言之,城市政府需要创造一个良好的协同机制以整合和协调所有可能的行动者。为此,我们将探讨城市知识型发展过程中政府的第二大职能——发展行动者之间有效的伙伴关系。

9.3.1 城市知识型发展的行动者

根据 Ergazakis 等人对知识型城市的描述,知识型城市需要鼓励市民之间和市民与其他城市市民之间的互动交流,进而促进持续性知识创造、知识分享、知识评价和知识更新(Ergazakis, et al., 2004)。知识互动是知识型城市的发展精髓,在城市知识型发展过程中,利益相关者可能包括城市内外部参与互动的所有群体或个人,因为知识型城市的发展会对其利益产生不同程度的影响。也就是说,在城市知识型发展过程中,地方政府、城市社区、私营部门(主要指私营企业)、公共事业组织(城市传媒、大学和各类研发机构等)、社会团体(非政府或非营利组织)、城市外部的其他支持性组织和公民都可以成为知识型城市发展的参与者。

在这里,强调利益相关者的目的在于,在城市知识型发展过程中,城市管理者需要尽可能多地关注和协调各方群体的利益诉求,并能够积极鼓励和调动各方力量参与知识型城市的发展行动。但这不能简单地理解为,城市政府需要与所有群体或个人保持直接对话与协作,事实上这并不现实。然而,从上述不同群体中邀请必要的代表参与知识型城市重要发展行动却是必要的,如分析城市的资源环境、制定愿景和战略、设计具体行动方案、传播知识型发展理念等。

9.3.2 建立行动者之间有效的伙伴关系

伙伴关系的形成需要互动与合作以增进共识的平台和机制。为此,我们必须强调能够促进这种关系形成的"交互网络"。这种网络既指不同利益相关者能够面对面交流沟通的实体网络,比如城市发展的研讨与决策会议,也指能够进行虚拟沟通交流的各种网络平台。今天,发达的互联网和社交媒介正在促使这种网络的构建由理想变为现实。

诸多研究表明,发展有效的利益相关者的伙伴关系,目的在于开发更好的知识管理(Knowledge Management,KM)流程,以促进知识互动。这个知识管理流程是城市政府与利益相关者之间进行知识创造、传播、共享、使用和评价的彼此互动的过程。一方面,城市政府可以借助先进的城市 ICT 基础设施设计有效的知识网络和互动平台,对社会的知识与信息需求能够有效捕获,且能快速做出反馈,必要时能够及时纳入政务议题加以解决,增强社会回应性;另一方面,城市利益相关群体可以借助知识网络来获取公开透明的政务信息,加深对相关政策的了解,并通过在线互动的方式参与城市公共事务的管理。由此可见,知识互动的效果将取决于城市知识管理流程的有效性和利益相关者参与的积极性。

对于知识管理流程的有效性,其核心在于知识互动机制的构建,即确保利益相关群体能够顺利参与相关发展项目的分析、决策和评价反馈等过程。为此,城市管理者一方面可建立城市公共知识网络(如专题网站、虚拟政务平台等)和信息公开资源库,及时提供政策信息。如有必要,能够及时组织多方主体进行虚拟互动。另外,加强政府内部的知识管理能力建设,完善对利益相关者的信息需求、关注热点和利益诉求的搜集、分类、整理和处理机制。

在提升利益相关者的参与能力上,关键在于提升市民的参与意识和数字应用技能,防止出现"数字鸿沟"(Digital Gap)。可以说,一个城市想要发展成为知识型城市,必须使其市民发展成为能够充分运用知识网络的知识型市民。城市管理者需要考虑所有群体参与方式的差异性,关注不具备 ICT 使用技能的群体是否存在被边缘化的可能。当地政府需要预先识别知识互动可能存在的障碍点,如城市不同阶层、城乡之间以及地域之间的语言和文化教育素养等方面的差异性,或者使用资源的成本限制等;然后设计适当的干预政策和行动计划,寻求有效的方式以克服这些障碍,如公共场所免费无线网络的建设、推广网络宽带入户、降低通信费用等。

9.3.3 构建多样化的行动者协同机制

探讨协同机制实质上就是思考不同发展主体之间的互动方式。当然,城市协同机制是多样化的,没有固定不变的模式。所以,回答多样化的协同路径究竟包括哪些类型,这无疑是一个颇具挑战性的问题。鉴于此,下面仅就协同机制的形成路径问题做如下几点思考：

第一，培育和发展城市不同主体的协同意愿。这个意愿来自不同主体的客观需要和自发需求。从国际城市的发展经验来看，任何主体单方面设计知识型城市发展策略都会在执行过程中面临困难，特别是在城市产业方向、知识专区规划和社会利益分配等问题上。缺乏协同会导致利益相关者的感知与行动能力千差万别，出现不可预知的结果。因此，唤醒不同的利益相关者形成积极参与城市知识型发展的意愿是非常重要的。最为关键的是，让企业感知到知识经济的发展对企业成长的价值，让政府公职人员看到知识型城市独特的治理价值，让市民看到知识型发展对生活品质的提升价值。关于这一点，具体内容已经在"知识型城市理念与社会意愿"部分充分阐释，此处不再重述。

第二，充分运用城市现有资源，开发多样化的对话和参与平台。除了开展如市长接待日、现场办公会（城市政府和市民的直接对话）等公开互动活动之外，还可以利用城市媒体、政务网络来构建其他形式的知识互动平台。政府还需要通过常规化的管理来维护和升级这些互动网络，重大的知识型发展决策需要基于充分的互动而达成共识。

第三，围绕特定主题开展形式多样的协同活动。这需要负责知识型城市发展的官方机构进行规划和实施。针对特定城市议题或发展项目召集不同利益群体的代表共同组成工作团队，开展分析研讨、论证评价和方案设计等协作活动，保持在关键问题上有统一的行动，集合社会民众的智慧去为一些公共问题的解决提供奇思妙想的方案，促使更多的社会隐形知识得到释放，并通过有效的共享而发挥决策和应用价值。

9.4　城市知识型发展的善治与公平

毫无疑问,有效的治理可以让城市更具有竞争力。治理是城市走向知识型发展道路的重要条件,社会公平是城市治理的主要目标之一。本节将探讨第三个问题——城市治理与社会公平,阐释城市政府如何在城市知识型发展中以善治促进社会公平。

9.4.1　善治目标是民生福祉和社会公平

20世纪80年代以来,西方社会掀起了声势浩大的新公共管理运动,原因在于,许多公共事务的管理如果单纯依靠政府已经显得捉襟见肘,急需政府以外的市场主体、社会组织和公民的参与[1]。这种公共管理方式的变革造就了崭新"治理"理念的出现并逐渐发展成为备受推崇的治理理论。

---

[1] 20世纪80年代,在全球化、信息化与国际竞争加剧的时代背景下,西方发达国家政府自身面临着财政、管理与信任三大危机,政府管理能力遭遇前所未有的挑战,要求政府改革的呼声此起彼伏,以官僚制为基础的传统公共行政模式在经历了将近一百年的辉煌之后遭到了普遍的质疑和批判,由此揭开了新公共管理运动的序幕。这场运动起源于英国、美国、澳大利亚和新西兰,并逐步扩展到其他西方国家,各国结合本国的实际情况分别制定了各自不同的政府改革方案,如美国的"企业化政府"改革、英国的"管理主义"运动、奥地利的"行政管理计划"、丹麦的"公营部门现代化计划"、法国的"革新公共行政计划"、葡萄牙的"公共选择计划"、澳大利亚的"财政管理改进计划"等。(参考:蓝志勇,2003. 行政官僚与现代社会[M]. 广州:中山大学出版社: 140-143.)

"治理"一词最早源于16世纪的法语gouvemanee,当时被启蒙哲学家理解为开明政府对市民社会的尊重所向往的一个要素,后译成governance,意思是控制、引导和操作。长期以来,它与government一词等同使用,主要是指政府合法化的指挥和控制行为(俞可平,2000)。全球治理委员会1995年在《Our Global Neighborhood》研究报告中对"治理"做出了比较权威的解释:治理是各种公共机构、私人机构、个人共同管理公共事务的诸多方式的总和,是使相互冲突的或不同的利益得以调和,以至于采取联合行动的持续性过程。

从定义上理解,治理是政府与社会多种主体对公共事务的一种合作化管理,构建政府与市民社会之间的一种新型关系,但是,其目标在于"善治",就是使治理的公共利益最大化,追求普惠式发展。对于政府而言,善治包含了六大基本要素——合法、透明、法治、责任、回应、有效,如图9.1所示。

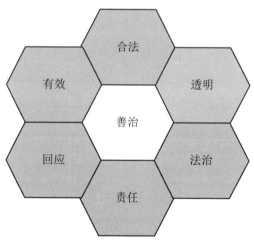

图9.1 善治的六大要素

资料来源:作者整理绘制。

（1）合法：社会秩序和权威被自觉认可和服从。这种认可和服从是人们发自内心的，而不是靠政府强制来保证的。

（2）透明：政府信息的公开性与透明性。这要求立法活动、政策制定、法律条款、政策实施、行政预算、公共开支以及其他有关的政务信息能够及时通过各种媒体为公民所知，以便公民能够有效地参与公共决策过程，并对公共管理过程实施有效监督。

（3）责任：管理人员及管理机构由于其承担的职务而必须履行一定的责任和义务。没有履行或不适当地履行应当履行的职能和义务，就是失职或者缺乏责任。

（4）法治：法律是公共管理的最高准则，任何政府官员和公民都必须依法行事，在法律面前人人平等。

（5）回应：公共管理人员和管理机构必须对公民的要求做出及时和负责任的回应，不得无故拖延或没有下文。

（6）有效：公共管理的效率。包括管理机构设置合理、管理程序科学、管理活动灵活、管理成本节约。

显而易见，城市的"善治"既是政府对城市经济社会发展进行有效管理的自主过程，又是公共部门与其他城市主体共同参与城市事务管理的社会过程。就前者而言，"善治"将更多强调政府对社会的责任及城市可持续发展的价值追求。从经济的宏观调控、城市市场的监管到公共物品的供给等施政领域，善治需要城市政府能够准确把握知识型城市发展价值的归属和目标，即实现知识型城市发展价值普惠于民，增强善治的透明度和民主性，实质上是为了民生、民权和幸福。可以说，民生幸福就是检验政府善治的最终尺度（俞可平，2000）。就后者而言，知识型城市的发展治理离不开城市政府，但也离不开其他城市主体的通力合作。成功的知识型城市依赖一种善治路径的选择，而善治路径取决于公民的自愿合作和对权威的自觉认同,没有公民的积极参与协作,城市治理只会流于构想,而不会真正实现。

总而言之,善治理论为政府如何更为有效地管理与发展城市并促进社会公平提供了解释性框架,为探讨城市政府如何以治理促进社会公平指明了方向。

9.4.2 城市知识型发展中的社会公平问题

从案例研究来看,知识经济的增长、和谐的生态和社会公平是知识型城市发展的三重价值目标。毋庸置疑,知识型城市的发展只有不断增进社会整体利益并扩大社会公平,才能获取更为广泛的社会支持。问题是,什么是社会公平?确切地说,什么是知识型城市发展过程中政府需要重点关注的社会公平问题?事实上,社会公平的内涵如此宽泛,以至于我们无法一一列举。现实中测度社会公平时,我们也同样会遇到这样棘手的问题,从而往往只能选择一个城市的失业率或者基尼系数等几个指标来近似估计。在这里,笔者对知识型城市发展过程中社会公平问题的分析同样无法做到面面俱到,而只能将最有可能引发社会不公平的三个问题进行如下思考:

首先,第一个问题就是城市知识型发展可能引发失业率大幅攀升。相关知识型城市案例研究也证实了这一点。在知识型城市发展初期,传统产业的转型可能会伴随着失业率的上升和贫困群体的出现。究其原因,可能是因为,随着知识经济的发展,知识产业会将原本从事简单装配线的非知识工人群体的失业率推向更高的水平。这种知识经济转型可能引致的失业问题应提前预测并积极防控。

其次,知识型城市的发展可能会造成社会阶层分化和利益不均衡,这是需要重点关注的第二个问题。关于这个问题,作者已在前面进行过论述。在知识型城市中,知识获取并参与学习的机会与能力将决定个人的社会地位。换句话说,随着城市知识型发展,拥有丰富知识和技能的社会群体将会成为社会优势群体。无论是在收入消费还是在社会保障上,这类群体将会获得更多的资源或机会,而非知识型工作者群体就可能会因为拥有的知识与技能不足存在被边缘化的风险。现实中,我们可以找到很多这样的事例,例如,2012年初,国内启动了火车票的网络订票业务。我们看到,不会网络订票的农民工群体正在面临比以往"通宵排队买票"更为艰难的购票困境。再比如,互联网通达的城市的学生更容易接触知识与资讯,并进行自我学习,相反,农村地区的学生却因为没有互联网而无法进行自主学习活动。善于利用网络预约就诊、车位的人群,更能节约资源去获得更为及时方便的服务,反之则不然。

在知识型城市,发达的知识网络将无处不在地充分渗透或嵌入人们的生活与工作之中,知识网络应用成为民众工作生活的一种必需生活技能和工作需要,我们没有理由不去预想新变革可能会给某些社会群体带来不利之影响,因为它有违"普惠于民"的原则。

最后,知识管理过程的参与民主化问题同样不容忽视。具体来说,在关乎城市相关群体利益的重大决策上,充分开展公开透明的对话,通过知识网络进行有效的信息传播、沟通并获取反馈是必要的。例如,在拆迁改造和规划重建、城市街道整治、城市交通治理以及住房政策等与社会民众利益密切相关的问题上,城市政府需要向社会民众做好详细的解释工作,并保持良好的沟通。如果存在参与条件或者参与能力不足而导致某些群体无法参与相关事务的讨论与决策问题,应当实施有效的援助行动来增进社会公平感。

9.4.3 以发展治理促进社会公平的思考

我们看到,几乎在每一座城市中,或多或少地存在着一部分居民仍然生活在非常脆弱的环境中。不适宜的住房条件、低水平的生存保障、长期性失业、低程度享受城市公共服务等问题一直困扰着这部分群体。在城市知识型发展过程中,如何以治理促进社会公平,尤其是促进城市弱势群体获得均等的健康、教育和就业等公共服务需要得到城市政府的重视,本书提出以下几个路径供参考。

1. 丰富的发展机会和生活方式选择

促进城市知识产业集群并由此创造产业投资与就业机会,一直是城市知识型发展的首要目标,也是促进城市社会利益整体增长的根本途径。在很大程度上,城市繁荣与否取决于它能否抓住机遇实现就业的持续增长,以及能否尽量减少经济发展条件上的竞争和城市人口增长带来的挑战(Yigitcanlar, Velibeyoglu, 2008)。可以说,丰富的发展机会对增进社会公平具有极其重要的作用。

就投资机会而言,一个值得注意的问题是,城市政府需要在城市知识型企业与非知识型企业之间、大型企业与中小型企业之间尽可能做到发展机会均等。尤其在产业转型时期,一味推崇知识产业或大型企业的发展,也许会对其他非知识型企业和中小企业的创业投资热情造成伤害,严重的可能会导致一些"富有潜力"的发展资源流失,当然这是任何城市都不愿意看到的。因此,城市管理者在鼓励传统产业有序转型的同时,清晰公布新兴产业的投资机会并鼓励所有企业可以公平参与是值得推荐的。

在就业机会上,城市政府需要关注新兴知识工作者对就业机会的特殊偏好,并尽可能为这类群体提供个性化的就业服务,例如,为从事创意设计的人群提供相对集中的创业基地的支持。同时,城市政府可以考虑如何为城市弱势群体提供免费的技能和知识培训服务,以增强其就业能力。此外,为不同阶层提供多样化的生活方式选择,如高低档住房,同样可以增强城市的公平性与包容性。

2. "数字鸿沟"的"弥合"

俗语说,授人以鱼不如授人以渔。诺贝尔经济学奖得主阿玛蒂亚·森曾在解释东南亚国家的贫困问题时指出,一个地区的贫困主要源于该地区自身脱贫能力的缺乏。同样,在城市知识型发展过程中,一个令人担忧的问题是,数字应用技能水平的分化可能会导致在城市不同群体之间出现"数字鸿沟"问题,特别是,教育水平较低的群体可能在知识型城市发展中遭遇困境。

如何解决此问题?联合国人类住区规划署在《世界城市状况报告2010—2011:促进城市平等》中曾明确指出,知识、教育和信息是促进城市平等和消除城市鸿沟最为重要的途径。为此,城市政府需要鼓励发展多元化的技能教育和培训体系,利用政策激励城市各级院校和提供专业技能培训的社会教育机构向这类群体提供丰富多样的数字应用技能教育,从而提升其数字应用能力,"弥合""数字鸿沟"。当然,保证所有公民享有在交通、通信、教育和医疗等方面的基本权利和优惠服务,为资源不足的城市郊区和农村地区的民众提供必要的援助同样需要得到重视。

3. 生态环境的可持续发展

城市治理的重要目标之一是实现城市经济、社会与自然的可持续发展。也许人们看不到生态的可持续发展与社会公平究竟存在何种关联,然而,基于可持续发展的定义,我们可以看到,所谓的"可持续发展"应该是基于城市未来的长远利益而进行的发展,而不是"损害下一代利益"的短期发展。也就是说,城市的发展需要在现实与未来之间保持利益的平衡。事实上,近年来,诸如农村的工业污染和城市邻避的垃圾互相排放等问题已经给城市与城市之间、市区与郊区、城市与乡村之间造成了一系列的不公平问题。因此，作者此处强调的"社会公平"是更加广泛意义上共建共治共享的社会公平。

如何促进生态可持续发展？城市政府的地位决定了它必须在促进知识经济发展、维护社会公平和保护生态环境方面发挥平衡性作用。首先，城市需要有明确的生态环境目标和环境保护政策，用以监控和问责环境污染问题；其次，城市管理者可以在知识型城市发展战略下进行科学合理的市区规划，优化城市居民生活区、文化休闲区、工业经济区和商业交易区的布局，并为市民提供足够的生活空间和休闲环境，有计划地增加城市公共绿地面积；再次，实施产业发展转型，主动寻找绿色产业"替代"资源能耗大、环境污染重的传统产业，并通过污染治理和生态修复行动改善城市生态环境；最后，推动城市生态文化的传播。城市政府可以与企业、社会团体等其他城市主体合作，共同传播城市生态保护的理念，促进公众理解和参与环境治理行动，在社会中形成一种自觉的生态文化，从生态环境层面支持城市知识型发展。

本章小结

政府是城市知识型发展的推动者，也是战略管理者。其功能角色的发挥对城市成功走向知识型城市具有至关重要的作用。城市政府既要在社会中获得对知识型发展战略的高度认同与支持，同时，还需要制定长远的战略规划并加以管理。更为重要的是，城市无论向哪一种发展模式转型，其发展本质始终在于增加人民的福祉并增进社会公平，以治理促进社会公平才是发展知识型城市的真正价值之所在。

参考文献

REFERENCE

陈劲,黄海霞,梅亮,2017.基于嵌入性网络视角的创新生态系统运行机制研究:以美国 DARPA 创新生态系统为例[J].吉林大学社会科学学报,57(2):86-96.

陈柳钦,2010.知识城市发展研究[J].西华大学学报(哲学社会科学版),29(2):112-120.

春燕,2016.研究者视角的亚洲主要城市知识型创新要素评价:基于《全球城市综合实力排名》报告[J].科学管理研究,34(2):21-25.

董铠军,2017.微观视角下创新生态系统研究:概念与界定[J].科技进步与对策,34(8):9-14.

董晓峰,杨春志,刘星光,2017.中国新型城镇化理论探讨[J].城市发展研究,24(1):26-34.

辜胜阻,2011.智慧城市是"十二五"发展方式的转换器[EB/OL].(2011-04-27)[2016-09-16]. http://finance.sina.com.cn/hy/20110422/11559736235.shtml.

国家统计局,2008.改革开放 30 年我国经济社会发展成就系列报告之七[R/OL].(2008-11-04)[2012-06-10]. www.stats.gov.cn/ztjc/ztfx/jnggkf30n/200811/t20081104_65693.html.

国家信息中心,2016.中国信息社会发展报告.2016[R/OL].(2016-05-18)
[2017-06-10].http://www.sic.gov.cn/News/250/6362.htm.

胡鞍钢,熊义志,2012.我国知识发展的地区差距:特点、成因及对策[R].北京:清华大学21世纪发展研究院:35.

黄鲁成,2003a.区域技术创新生态系统的特征[J].中国科技论坛(1):23-26.

黄鲁成,2003b.论区域技术创新生态系统的生存机制[J].科学管理研究,21(2):47-51.

黄鲁成,2006.区域技术创新生态系统的制约因子与应变策略[J].科学学与科学技术管理(11):93-97.

黄顺基,1998.走向知识经济时代[M].北京:中国人民大学出版社:3-35,228-257.

纪慧生,2015.知识城市的知识系统构成及其发展模型[J].吉林工商学院学报,31(1):66-70.

蓝志勇,2003.行政官僚与现代社会[M].广州:中山大学出版社:140-143.

陆学艺,景天魁,1994.转型中的中国社会[M].哈尔滨:黑龙江人民出版社.

[美]彼得·德鲁克,1998.后资本主义社会[M].上海:上海译文出版社:9.

[美]塞缪尔·亨廷顿,1989.变化社会中的政治秩序[M].上海:三联书店:89.

倪鹏飞,2011.中国城市竞争力报告2011[M].北京:社会科学文献出版社:336-374,368-369.

倪鹏飞,2016.中国城市竞争力报告NO.14[M].北京:中国社会科学出版社:26-38,208-229.

沈大风,2011.电子政务发展前沿2011[M].北京:社会科学文献出版社:20-51.

苏英亮,2017.政府职能与创新生态系统研究[J].现代管理科学(1):82-84.

隋映辉,2004.城市创新生态系统与"城市创新圈"[J].社会科学辑刊(2):65-70.

汤书昆,2007.传媒知识管理[M].北京:科学出版社:22-37.

汪明生,胡象明,2010.公共管理实用分析方法[M].北京:中国人民大学出版社:195-196.

王东,刘璐,苏婧,2007.深圳构建知识城市的战略思考[J].开放导报(10):106-108.

王东,王琴丽,别江波,2008."知识型城市"理论源流及评述[J].中国技术管理与战略(1):51-59.

王宏智,赵扬,温瑞珺,2016.智能城市创新生态系统发展研究[J].科技和产业,16(8):145-149.

王伟光,2010.知识型城市的路径构成[R/OL].(2010-01-09)[2017-05-18]. http://money.163.com/10/0109/14/5SJI97L200254391.html.

王志章,2007.全球知识城市与中国城市化进程中的新路径[J].城市发展研究,14(3):13-19.

王志章,王启凤,2008.创新生态学视角下的知识城市构建[J].郑州航空工业管理学院学报,26(6):56-62.

许成安,王昊,杨青,2001.我国城市化理论研究与实践发展中的若干问题:兼评"广义小城镇"为主的城市化理论[J].江淮论坛(3):3-9.

杨天成,2017.大数据时代智慧城市的建设与发展[J].电子技术与软件工程(2):162.

姚士谋,陈维肖,陈振光,等,2016.新常态下中国新型城镇化的若干问题[J].地域研究与开发,35(1):1-4.

姚士谋,朱英明,陈振光,2001.中国城市群[M].合肥:中国科学技术大学出版社:1-2.

［英］约翰·齐曼,2002.真科学[M].上海:上海科技教育出版社:31-37.

余建清,吕拉昌,2011.城市创新生态系统指标体系的构建及其比较研究:以广州和深圳为例[J].规划师,27(3):99-103.

俞可平,2000.治理与善治[M].北京:社会科学文献出版社:6-9,330.

张成福,2001.公共管理学[M].北京:中国人民大学出版社:75-76,100.

张少彤,王芳,王理达,2013.智慧城市的发展特点与趋势[J].电子政务(4):2-9.

张守一,葛新权,2010.知识经济原理[M].北京:经济科学出版社:209-217.

赵黎明,李振华,2003.城市创新系统的动力学机制研究[J].科学学研究,21(1):97-100.

赵英伟,姜坤,2016.中国知识城市竞争力报告:迈向创新驱动的知识城市[M]//倪鹏飞.中国城市竞争力报告 NO.14.北京:中国社会科学出版社:208.

郑杭生,2009.改革开放三十年:社会发展理论和社会转型理论[J].中国社会科学(2):10-19.

中国社会科学院信息化研究中心,国脉互联智慧城市研究中心,2015.第五届(2015)中国智慧城市发展水平评估报告[R/OL].(2015-11-23)[2017-06-13]. http://www.cbdio.com/BigData/2016-01/07/content_4449818_2.htm.

中国现代化战略研究课题组,中国科学院中国现代化研究中心,2010.中国现代化报告 2010:世界现代化概览[M].北京:北京大学出版社.

朱志红,邱书香,徐平,等,2017.智能城市绿色创新生态系统模型研究[J].科技管理研究(6):230-234.

Amidon D M, 2005. Knowledge Zones Fueling Innovation Worldwide [J]. Research Technology Management, 48(1): 6-8.

Arbonies A, Moso M, 2002. Basque Country: The Knowledge Cluster [J]. Journal of Knowledge Management, 6(4): 347-355.

Baud I, Scott D, Pfeffer K, et al., 2014. Digital and Spatial Knowledge Management in Urban Governance: Emerging Issues in India, Brazil, South Africa, and Peru [J]. Habitat International, 44: 501-509.

Baum S, Yigitcanlar T, Horton S, et al., 2007. The Role of Community and Lifestyle in the Making of a Knowledge City [Z]. Brisbane: Griffith University: 20.

Cantner U, Meder A, Ter Wal A L J, 2010. Innovator Networks and Regional Knowledge Base [J]. Technovation, 30(9/10): 496-507.

Carrillo F J, 2004. Capital Cities: A Taxonomy of Capital Accounts for Knowledge Cities [J]. Journal of Knowledge Management, 8(5): 28-46.

Carrillo F J, 2006a. Introduction: The Century of Knowledge Cities [M]//Carrillo F J. Knowledge Cities: Approaches, Experiences and Perspectives. Oxford: Butterworth-Heinemann/Elsevier: xi-xv.

Carrillo F J, 2006b. A Taxonomy of Urban Capital [M]//Carrillo F J. Knowledge Cities: Approaches, Experiences and Perspectives. Oxford: Butterworth-Heinemann/Elsevier: 43-58.

Carrillo F J, 2007. The Coming of Age of Knowledge-based Development [J]. Journal of Knowledge Management, 11(5): 3-5.

Chatzkel J, 2004. Greater Phoenix as a Knowledge Capital [J]. Journal of Knowledge Management, 8(5): 61-72.

Chesbrough H W, 2003. Open Innovation: The New Imperative for Creating and Profiting from Technology [M]. Boston M A: Harvard Business School Press.

Chesbrough H W, 2005. Open Innovation: A Paradigm for Understanding Industrial Innovation [M]//Chesbrough H W, Vanhaverbeke W, West J. Open Innovation: Researching a New Paradigm. Oxford: Oxford University Press: 25-27.

Clarke T, 2001. The Knowledge Economy [J]. Education and Training, 43 (4/5): 189-196.

Collis D J, Montgomery C A, 1995. Competing on Resource: Strategy in 1990s [J]. Harvard Business Review, 73(4): 118-128.

Commission on Global Governance, 1995. Our Global Neighborhood [R/OL].(1995-12-10)[2012-05-12]. http://www.gdrc.org/u-gov/global-neighbourhood/index.htm.

Cugurullo F, 2013. How to Build a Sandcastle: An Analysis of the Genesis and Development of Masdar City[J]. Journal of Urban Technology, 20 (1): 23-37.

Dvir R, Pasher E, 2004. Innovative Engines for Knowledge Cities: An Innovation Ecology Perspective [J]. Journal of Knowledge Management, 8 (5): 16-27.

Edvinsson L, 2002. Corporate Longitude: What You need to Know to Navigate the Knowledge Economy [M]. Stockholm: Bookhouse & Pearson.

Edvinsson L, 2006. Aspects on the City as a Knowledge Tool [J]. Journal of Knowledge Management, 10(5): 6-13.

Elena C, 2015. The Making of Knowledge Cities in Romania [J]. Procedia Economics and Finance, 32: 534-541.

Ergazakis K, Metaxiotis K, Psarras J, 2004. Towards Knowledge Cities: Conceptual Analysis and Success Stories [J]. Journal of Knowledge Management, 8(5): 5-15.

Ergazakis K, Metaxiotis K, Psarras J, 2006a. Knowledge Cities: The Answer to the Needs of Knowledge based Development [J]. Journal of Information and Knowledge Management Systems, 36(1): 67-84.

Ergazakis K, Metaxiotis K, Psarras J, 2006b. A Coherent Framework for Building Successful KCs in the Context of the Knowledge-Based Economy [J]. Knowledge Management Research and Practice, 4(1): 46-59.

Ergazakis K, Metaxiotis K, Psarras J, et al., 2006. A Unified Methodological Approach for the Development of Knowledge Cities [J]. Journal of Knowledge Management, 10(5): 65-78.

Ergazakis K, Metaxiotis K, Psarras J, et al., 2007. An Integrated Decision Support Model for a Knowledge City's Strategy Formulation [J]. Journal of Knowledge Management, 11(5): 65-86.

European Commission, 2012. Innovation Union's Performance Scoreboard 20112011[EB/OL]. (2012-04-16)[2016-03-11]. http://wbc-inco.net/object/document/7902/attach/ius-2011_en.pdf.

European Commission, 2016. European Innovation Scoreboard 2016 [EB/OL]. (2016-04-07) [2017-05-26]. http://ec.europa.eu/growth/industry/innovation/facts-figures/scoreboards_en.

Florida R, 2002. The Economic Geography of Talent [J]. Annals of the Association of American Geographers, 92(4): 743-755.

Florida R, 2004. The Rise of the Creative Class [M]. New York, NY: Basic Books.

Florida R, 2005. The Flight of the Creative Class [M]. London: Harper Collins.

Garcia B C, 2004. Developing Futures: A Knowledge-based Capital for Manchester [J]. Journal of Knowledge Management, 8(5): 47-60.

Garcia B C, Chavez D, 2014. Network-based Innovation Systems: A Capital base for the Monterrey City-region, Mexico [J]. Expert Systems with Applications, 41(12): 5636-5646.

Glaeser E L, 2000. The New Economics of Urban and Regional Growth [M]//Clark, Gertler, Feldman. The Oxford Handbook of Economic Geography. Oxford: Oxford University Press: 83-98.

Goldberg M, Pasher E, Levin-Sagi M, 2006. Citizen Participation in Decision-making Processes: Knowledge Sharing in Knowledge Cities [J]. Journal of Knowledge Management, 10(5): 92-98.

Graham B, 2002. Heritage as Knowledge: Capital or Culture? [J]. Urban Studies, 39(5/6): 1003-1017.

Hájková V, Hájek P, 2014. Efficiency of Knowledge bases in Urban Population and Economic Growth Evidence from European Cities [J]. Cities, 40(A): 11-22.

Henderson J V, 2010. Cities and Development [J]. Journal of Regional Science, 50(1): 515-540.

Huggins R, Izushi H, Prokop D, et al., 2014. Regional Evolution and Waves of Growth: A Knowledge-based Perspective [J]. Expert Systems with Applications, 41(12): 5573-5586.

Ishida T, 2002. Digital City Kyoto [J]. Communications of the ACM, 45

(7): 76-81.

Jong M, Joss S, Schraven D, et al., 2015. Sustainable-smart-resilient-low Carbon-eco-knowledge Cities: Making Sense of a Multitude of Concepts Promoting Sustainable Urbanization [J]. Journal of Cleaner Production, 109: 25-38.

Kitchin R, 2014. The Real-time City? Big Data and Smart Urbanism [J]. GeoJournal, 79(1): 1-14.

Klemmer P, Lehr U, 1999. Environmental Innovation[R]. BMBF, Analytica Veriag, Berlin: 63-81.

Knight R V, 1995. Knowledge-based Development: Policy and Planning Implications for Cities [J]. Urban Studies, 32(2): 205-212.

Landry C, 2000. The Creative City: A Toolkit for Urban Innovators [M]. London: Earthscan.

Lever W F, 2002. Correlating the Knowledge-base of Cities with Economic Growth [J]. Urban Studies, 39(5/6): 855-857.

López-Ruiz V R, Alfaro-Navarro J L, Nevado-Peña D, 2014. Knowledge-city Index Construction: An Intellectual Capital Perspective [J]. Expert Systems with Applications, 41(12): 5560-5572.

Martinez D, 2004. A Comparative Framework for Knowledge Cities [M]// Carrillo F J. Knowledge Cities: Approaches, Experiences and Perspectives. Oxford: Butterworth-Heinemann/Elsevier: 17-30.

Martini L, 2016. Knowledge Sharing in a Creative City [J]. Procedia Computer Science, 99: 79-90.

Mergel I, 2013. Social Media Adoption and Resulting Tactics in the U. S.

Federal Government [J]. Government Information Quarterly, 30(2): 123-130.

Mostafa A M, Mohamed K Y, 2016. An Approach for Promoting Urban and Architectural Potentials for Supporting Knowledge Economy, Case Study: Brisbane [J]. Procedia-Social and Behavioral Sciences, 216: 20-29.

Navarro J L A, Ruiz V R L, Peña D N, 2017. The Effect of ICT Use and Capability on Knowledge-based Cities [J]. Cities, 60(A): 272-280.

Nordfors D, 2009. Roots of Innovation [J]. E Journal(11): 3-8.

OECD, 1996. The Knowledge-based Economy[R/OL]. (1996-10-19)[2013-04-19]. http://www.oecd.org/science/sci-tech/theknowledge-basedeconomy.htm.

OECD, 2015. Science, Technology and Industry Scoreboard 2015[R/OL]. (2015-10-19)[2017-05-19]. http://www.oecd-ilibrary.org/science-and-technology/oecd-science-technology-and-industry-scoreboard-2011_sti_scoreboard-2011-en.

Oh D S, Phillips F, Park S, et al., 2016. Innovation Ecosystems: A Critical Examination [J]. Technovation, 54: 1-6.

Penrose E, Pitelis C, 2009. The Theory of the Growth of the Firm [M]. fourth edition. Oxford: OUP Oxford.

Ploeger R A, 2001. Innovation and Entrepreneurship: A Cross-national Survey of Policies in 11 European Cities[EB/OL]. (2001-11-20)[2013-01-16]. http://dare.uva.nl/search? metis.record.id=193589.

Romer P, 1986. Increasing Returns and Long-run Growth [J]. Journal of Political Economy, 94(5): 1002-1037.

Romer P, 1990. Endogenous Technological Change [J]. Journal of Political Economy, 98(5): 71-102.

Simmie J, Lever W F, 2002. Introduction: The Knowledge-based City [J]. Urban Studies, 39(5/6): 855-857.

Simmie J, Sennett J, Wood P, et al., 2002. Innovation in Europe: A Tale of Networks, Knowledge and Trade in Five Cities [J]. Regional Studies, 36(1): 47-64.

Solow R M, 1956. A Contribution to the Theory of Economic Growth [J]. The Quarterly Journal of Economics, 70(1): 65-94.

Solow R M, 1957. Technical Change and the Aggregate Production Function [J]. Review of Economics and Statistics, 39(3): 312-320.

van den Berg L, Pol P, van Winden W, et al., 2004. Helsinki in the Knowledge Economy [J]. Quarterly, 3(4): 22-26.

van Winden W, van den Berg L, Pol P, 2007. European Cities in the Knowledge Economy: Towards a Typology [J]. Urban Studies, 44(3): 525-549.

Wiig K M, 1997. Knowledge Management: Where Did It Come from and Where will It Go [J]. Expert Systems with Applications, 13(1): 1-14.

Wong C Y L, Millar C C J M, Chong J C, 2006. Singapore in Transition from Technology to Cultural Club [J]. Journal of Knowledge Management, 10(5): 79-91.

Yigitcanlar T, 2009. Planning for Knowledge-based Urban Development: Global Perspectives [J]. Journal of Knowledge Management, 13(5): 228-242.

Yigitcanlar T, 2010. A Comparative Knowledge-based Urban Development Analysis: Vancouver, Melbourne and Manchester vs. Boston[R]. The 3rd Knowledge Cities World Summit: From Theory to Practice, Melbourne, Australia.

Yigitcanlar T, 2011. Redefining Knowledge-based Urban Development[J]. International Journal of Knowledge-based Development, 2(4): 340-356.

Yigitcanlar T, Dur F, Dizdaroglu D, 2015. Towards Prosperous Sustainable Cities: A Multiscalar Urban Sustainability Assessment Approach [J]. Habitat International, 45(1): 36-46.

Yigitcanlar T, Lönnqvist A, 2013. Benchmarking Knowledge-based Urban Development Performance: Results from the International Comparison of Helsinki [J]. Cities, 31: 357-369.

Yigitcanlar T, O'Connor K, Westerman C, 2008. The Making of Knowledge Cities: Melbourne's Knowledge-based Urban Development Experience [J]. Cities, 25(2): 63-72.

Yigitcanlar T, Velibeyoglu K, 2008. Knowledge-based Urban Development: The Local Economic Development Path of Brisbane, Australia [J]. Local Economy, 23(3): 195-207.

You H Y, Bie C M, 2017. Creative Class Agglomeration across Time and Space in Knowledge City: Determinants and Their Relative Importance [J]. Habitat International, 60: 91-100.

Youssef K, Ahmed J, Mohammed A, 2013. The Comparative Importance of the Architectural and Urban Potentials of Knowledge Cities(KCs)[R]. Istanbul: The 6th Knowledge Cities World Summit, 694-704.

后　记

EPILOGUE

　　创新生态系统是实现高质量创新活动的新时代基础,也是区域实现可持续发展的必然要求。针对如何构建城市创新生态系统以支持城市创新发展问题,本书认为,知识型城市的发展模式与城市创新生态系统建设具有良好的契合性,城市知识型发展有利于建设城市创新生态系统。基于这种判断,本书重点围绕"什么是知识型城市和如何在中国发展知识型城市"的问题进行了探讨,分析了知识型城市的发展要素与机制问题,论证了中国发展知识型城市的可行性与挑战,并从资源与能力的角度探讨了中国发展知识型城市的行动路径。通过整体研究得出了以下几点认知:

　　第一,在知识型城市的内涵特征方面,通过城市形态的演化与比较分析可知,知识型城市是对创新型城市、智慧城市与生态城市等多种主流城市形态的综合表达。知识型城市的发展与我国经济社会发展的现实态势具有高度契合性,国内城市可以选择知识型城市作为城市转型发展的新模式。

　　第二,在知识型城市的发展过程方面,知识型城市应该作为一种城市战略进行发展。成功发展知识型城市需要一定的经济基础、社会基础、治理基础和技术基础,包括明确的政治意志与社会意愿、清晰的战略愿景与规划、充裕的财政与投资保障、良好的知识基础和数字基础设施,等等。

第三,在知识型城市的发展能力评价方面,城市知识型发展能力是城市知识经济的发展能力、社会资本的支持能力、城市政府的治理能力和数字技术的应用能力所共同形成的综合能力。本书设计的城市知识型发展能力评价体系是城市战略的一种环境分析工具。通过合肥市的评价实测表明,城市知识型发展能力评价模型基本可以显示一个城市知识型发展能力的优势与不足,可为知识型城市战略的路径设计提供参考。

第四,在知识型城市的发展路径方面,基于国际发展经验,作者认为,重点需要在以下几个领域做出努力:改善城市物理环境提升城市生活品质,增加知识密度促进知识经济增长,构建城市知识网络并推行知识管理程序,鼓励创新文化并发展知识专区等。但是,所有发展的最终目的在于城市的善治和增进社会公平,并将知识型发展的价值普惠于民。

对于未来研究而言,由于城市创新生态系统是一个比较新的理论,目前对其研究仍在继续,相关实践也在不断推进。本书只是基于"知识型发展是城市创新生态系统构建的一种可取路径"进行了探究,那么是否存在其他路径就需要在未来做进一步探讨。同时,创新生态系统理论本身的拓展和完善对于未来研究也是必要的。

行文至此,作者想表达的是,知识始终是人类进步和时代变迁的关键因素。尽管当前知识型城市的发展在国内仍然是"早春之色",然而"润物无声"的信息化和智慧化潮流已经让人看到发展知识型城市"缤纷多彩"的未来。尽管知识型城市的建设是一个复杂且庞大的系统工程,但是,它能够以更加包容开放的特质容纳多样性,并注重民生福祉和社会公平性,这种特质对于城市可持续发展的价值已被国外城市实践所证实。这是发展知识型城市的真正魅力之所在。

在本书付梓之际，借此机会向我的导师汤书昆教授、中国科学技术大学出版社以及本书所引用文献的作者一并表示衷心的感谢！也敬请各位读者批评指正！

王　明

2017年6月